福建省教育厅人文社会科学基地闽江学院海西财政与金融发展研究中心开放课题基金
福建省社会科学规划项目（FJ2018B019）

经济管理学术文库 • 金融类

区域金融风险防范和化解探索

Exploration on Regional
Financial Risk Prevention and Defusing

潘长风／著

经济管理出版社
ECONOMY & MANAGEMENT PUBLISHING HOUSE

图书在版编目（CIP）数据

区域金融风险防范和化解探索/潘长风著．—北京：经济管理出版社，2020.11
ISBN 978-7-5096-7560-1

Ⅰ.①区…　Ⅱ.①潘…　Ⅲ.①区域金融—金融风险防范—研究—中国　Ⅳ.①F832.7

中国版本图书馆CIP数据核字(2020)第169266号

组稿编辑：郭　飞
责任编辑：曹　靖　郭　飞
责任印制：黄章平
责任校对：陈　颖

出版发行：经济管理出版社
（北京市海淀区北蜂窝8号中雅大厦A座11层　100038）
网　　址：www.E-mp.com.cn
电　　话：(010) 51915602
印　　刷：北京玺诚印务有限公司
经　　销：新华书店
开　　本：720mm×1000mm/16
印　　张：17.25
字　　数：290千字
版　　次：2020年11月第1版　　2020年11月第1次印刷
书　　号：ISBN 978-7-5096-7560-1
定　　价：88.00元

目　录

第一部分　概念与相关理论

第二部分　风险成因、传导与测度方法

第三部分 风险预警与监管

第四部分 风险防范和化解专题

第一部分
概念与相关理论

第 1 章　绪论

1.1　引言

在现代市场经济中，随着经济货币化、资本证券化，金融化程度不断提高，金融已成为现代经济的核心；金融领域是竞争最激烈、风险程度也最高的领域，金融风险不仅反映了国民经济的运行风险，而且金融活动特有的信用性和虚拟性也加大了风险爆发的可能性。金融风险具有极强的传染性，部分机构的风险在区域内传导形成区域金融风险，当区域金融风险失去控制，形成跨区域传导，最终可能形成系统性风险，导致整体经济的动荡。我国政府自 2008 年全球金融危机以来，开始注重系统性风险和区域性金融风险的监管。"区域性风险"首次在 2012 年 2 月人民银行的报告中提及，此后陆续在政府工作报告、中央经济工作会议、十八届三中全会、"十三五"规划及纲要等重要文件中出现。十九大报告提出了健全金融监管体系，守住不发生系统性金融风险的底线。鉴于国际环境恶化，主动防范系统性金融风险处于非常重要和紧迫的地位，其中防范区域金融风险是一个重要任务，它不仅对区域金融稳定具有决定性作用，对宏观性、全局性的金融稳定也有着积极意义。

金融风险的释放、爆发与经济运行密切相关，经济上行风险不易被发现，经济下行时金融风险容易发生和爆发。目前，金融风险的防范和化解已经成为全世界都关注的重要课题，特别是多国发生债务危机以后，区域经济的复苏不均衡和区域金融不稳定对整体金融稳定的影响十分显著，一个局部地区的金融风险累积到一定程度并形成区域性金融危机，就可能通过各种途径对全局的经济金融运行造成较大影响。对我国而言，正处于经济增长速度换挡期、结构调整阵痛期以及面对经济下滑所出台的各项刺激政策消化期，防范和化解金融领域的各项风险是保持经济可持续发展的重中之重。因此，对区域金融运行规律及风险防范进行研究具有十分重要的意义。

根据研究对象和研究范围，区域金融风险可划分为宏观、中观和微观三个层次进行研究探讨。宏观层次金融风险，需要与宏观经济运行结合起来，将研究对象扩大到企业部门、金融部门、公共部门、家户部门乃至整个区域。中观层次金融风险需要与金融市场和产业相结合研究，研究对象扩大到一个行业或市场，如房地产、能源、银行业等；微观层次金融风险研究对象是微观主体，如单个的金融机构包括银行、保险公司、证券公司等，也包括地方金融机构如担保公司、小贷公司等。我国已有不少学者开展了区域金融风险研究，较多文献侧重对商业银行乃至金融行业的风险分析，包括各类金融风险预警指标体系的建立，基于这样的视角不能完全反应区域金融的真实风险大小，而且由于实体经济所出现问题而导致的金融系统风险无法及早发现。宏观金融风险是经济、金融运行中所产生矛盾的综合反映，因而研究金融风险应与宏观经济密切联系起来，结合地区的实际情况，将金融系统作为联系宏观经济的枢纽，从而能更好地说明金融风险的大小、传导以及对整体宏观经济方方面面的影响，无论是金融系统本身的脆弱性，还是由于实体经济引起的脆弱性，都可以在地区的宏观金融风险研究中得到反映。随着区域经济金融一体化进程的推进，为了促进我国区域经济发展，防范和化解地方金融风险，维护好区域金融稳定，需要对各所在地区的区域金融风险状况进行研究，并提出相应的管理措施和管理机制，通过合理途径来防范和控制金融风险的产生及传导，这对于维持各区域经济平稳发展和金融稳定具有重要意义。

因此，本书希望达到三个目标，一是希望通过结合宏观金融风险和微观金融风险研究建立区域金融风险防范和化解的理论和实践研究框架；二是在该研究框架下进行金融风险分析，包括定性和定量分析，提供研究问题的方法和思路；三是在金融风险防范和化解理论及实践研究的基础上总结区域金融风险管理经验和方法，研究已有案例，获得防范和化解金融风险的有效措施和建议，以应用到未来的实践中，促进地区经济和金融的稳定发展。

1.2 研究思路和框架图

1.2.1 研究思路

区域金融表现为一个相对完整的地理区域单元，金融是其核心内容，地域是其空间的表现形式。区域经济的发展水平决定了区域金融结构与发展水平。区域金融差异的核心表现为金融结构和发展水平的差异。在区域金融形成和发展过程中，区域金融中心起着核心作用，区域金融中心吸引与辐射功能的大小是决定该金融区域吸引范围和层次地位差异的重要因素，是构成区域金融不同特点的基础。现代金融具有六大基本功能——投融资、分散风险、价格发现、信息生产、流动性供给和公司治理。这些基本功能相互联系、相互作用和相互影响。金融风险的本质是上述功能没有正常发挥作用。同时，区域金融风险是一种不同于宏观金融风险和微观金融风险的中观层面的金融风险。中观层面的区域金融风险是指国内某个经济区域内金融体系面临的金融风险，主要是由于个别或部分机构的微观金融风险在区域内传播、扩散构成，或者其他经济联系密切的区域金融风险向本区域传播、扩散引起的关联性金融风险，当然也可以是宏观金融风险在本区域内传播引起的。因此，区域金融风险是由多种因素构成的环境条件的总和，它对金融机构的经营行为、经营效果、绩效评价有着各种各样的牵制和影响。这些因素的不同作用实质上就是研究和评估区域金融风险的主要内容。

区域金融风险发生的原因从当前我国发展的表现来看，主要来自区域经济发展中存在的地方政府债务过度、房地产市场过热、企业债务杠杆过高、区域金融机构风险管理漏洞和因企业自身治理机制不完善情况下经济下滑导致企业资金链断裂，以及区域影子银行和民间金融不规范等诸多原因导致。所以本书的研究思路主要以理论与实践相结合的方法，广泛收集和研读已有区域风险控制理论和模型，结合在我国局部金融风险存在问题的区域开展调研，从金融六大基本功能出发，分析区域金融风险出现的现象、问题，探究其深层次原因，得出分析的客观结论。同时通过开展学术和经验交流，在借鉴我国各地防范区域金融风险经验的基础上，结合经典案例和实际经验，提炼出风险防范和控制的新理论和模式，并提出可行的解决问题建议，从而保障区域经济顺利发展。

1.2.2 研究框架图

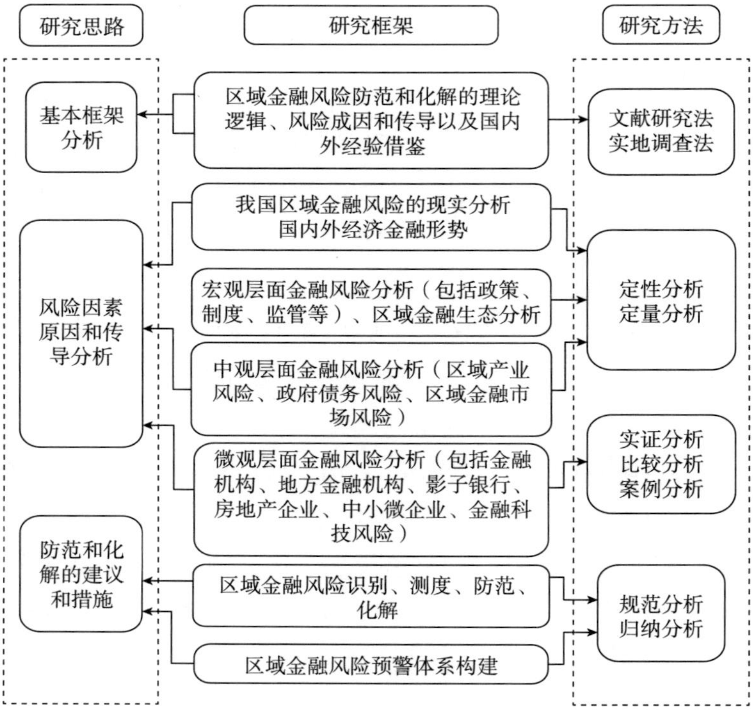

图 1.1 本书的研究框架

1.2.3 研究方法介绍

（1）实地调查法。主要通过实地调研和考察了解。

（2）问卷调查法。通过问卷调查方法，了解实际情况。

（3）文献研究法。通过已有研究资料，总结已有结论和方法。

（4）信息分析法。通过大量信息资料进行分析、筛选，获得相关结论。

（5）对比分析法。对数据进行横向和纵向比较获得结论。

（6）数据分析法。以实地调研和国家统计局以及研究机构的数据为基础，借鉴相关统计方法和计量模型进行科学的定性、定量分析。

1.3 结构与内容安排

本书结构分为五个部分，第一部分为概念与相关理论，第二部分为风险成因、传导和测度方法，第三部分为风险预警与监管，第四部分为风险防范和化解专题，第五部分为区域金融风险与案例分析，全书共分为13章。

第1章 绪论。介绍本书的研究背景和研究意义，内容框架、研究方法以及研究思路。

第2章 区域金融风险及其相关理论概述。介绍了区域金融风险的概念、内涵、类型、特征、风险后果等，并介绍了本书所研究涉及的相关理论，如金融脆弱性理论、信息不对称理论、金融风险管理理论、金融风险传导理论、金融风险识别和防控理论等，为后面的研究做好基本铺垫。

第3章 区域金融风险的成因和传导。阐述了区域金融风险的形成原因和传导机制。首先做了文献综述，介绍了前人的研究成果和主要结论，并就区域金融分析的成因和传导展开分析；主要分析了区域金融风险产生的基本原因、特点、表现形式，并对区域金融风险的传导机制进行了剖析。

第4章 区域金融风险测度——模型与方法。就区域金融风险的测度方法做了梳理，并分别介绍了早期风险预警法、常规风险测度法、综合指数法以及应用统计计量技术和相关模型解决指标体系的权重赋值问题，提高测度的准确度等，最后介绍了创新的测度方法和相关模型。

第5章 区域金融风险预警体系建构。根据区域金融风险预警指标体系的选择原则和规范标准，从七个方面构建区域金融风险预警指标体系：区域外部经济环境指标、区域银行业风险预警指标、区域证券业风险预警指标、区域保险业风险预警指标、区域民间金融业风险预警指标、区域政府负债风险预警指标、区域企业经营预警指标。其中又具体分为30多个三级指标，并对区域金融风险预警指标的评估的临界值和权重给出区间。

第6章 区域金融风险与地方金融监管。主要介绍了相关金融监管理论、金融监管的内涵和演进，介绍了我国地方金融监管的历史进程、与中央金融监管的关系、地方金融监管对于防范区域金融风险的作用，分析了当前我国地方金融监管的框架和协调机制，并指出当前存在的主要问题，最后提出加强地方金融监管的建议，确保我国不触及系统性金融风险的底线。

第 7 章　房地产金融风险的防范和化解。针对我国区域金融风险中最主要的风险——房地产金融风险展开讨论，详细论述了房地产金融风险产生的原因和传导路径，分析了我国当前房地产投资概况以及房地产市场、房地产金融产品存在的主要风险，并从政府层面、房地产金融市场层面、房地产企业层面和房地产投资者层面剖析了我国房地产金融风险，并提出了相应的防范和化解对策。

第 8 章　地方政府投融资平台债务风险的防范和化解。针对我国区域金融风险之主要风险的地方政府投融资平台债务风险展开研究，介绍了平台债务风险所涉及的相关理论和文献综述，梳理了学者和专家的成果，并就我国地方政府投融资平台债务风险的原因、传导做了分析，最后从八个方面给出风险防范和化解的建议和措施。

第 9 章　金融生态视角下的区域金融风险的防范和化解。从金融生态视角探讨了区域金融风险的防范和化解。介绍相关理论和文献综述，梳理了金融生态视角探讨区域金融风险防范和化解的相关文献，并就不良金融生态所产生的金融风险作了详细分析，对金融风险生态进行了评价，并就优化金融生态，防范和化解区域金融风险提出了对策和建议。

第 10 章　金融科技风险的防范和化解。就当前金融领域热点——金融科技展开探讨。分析了金融科技所带来的新的金融风险，预计如何利用金融科技提升防范和化解金融风险的水平，具体分析了金融科技影响金融风险的路径，提出了防范和化解金融科技风险的建议。

第 11 章　国内外经济金融形势及区域金融风险。通过对当前世界经济和我国经济环境和形势的分析，预测未来可能产生的困境和趋势，从中发现存在的问题和风险，分析我国金融运行状态和存在的主要风险。

第 12 章　我国区域金融风险的防范和化解对策。主要针对第 11 章中所分析的问题提出了宏观层面、中小企业发展层面、金融机构层面、影子银行层面以及其他方面的金融风险防范的一些思考和建议。

第 13 章　区域金融风险防范和化解案例。分析三个案例：钢贸信贷危机、Q 地区的金融风险处置以及中小金融机构的风险化解。通过案例分析可以带给我们启迪，以便更好地防范和化解金融风险。

第 2 章　区域金融风险及其相关理论概述

本章首先从金融风险、区域金融风险的概念和已有研究成果出发，从区域金融风险类型、区域金融风险特征和区域金融风险后果三个方面对区域金融风险进行了概述，为分析区域金融风险的成因和传导、区域金融风险的预警机制设计奠定理论基础。

2.1　基本概念及其类型

2.1.1　金融风险界定

金融风险（Financial Risk）主要是指金融市场主体（金融机构、个人、企业和政府）在参与金融活动过程中，因客观环境因素变化、决策失误或其他原因而引起金融资产的安全和收益以及金融机构的信誉受到损害等各种损失的可能性。金融风险包含金融市场风险、金融产品风险、金融机构风险等。一家金融机构发生的风险所带来的后果，往往超过对其自身的影响。金融机构在具体的金融交易活动中所出现的风险，有可能对该金融机构的生存构成威胁；一家金融机构因经营不善而出现的危机，有可能对整个金融体系的稳健运行构成威胁；一旦发生系统风险，金融体系运转失灵，必然会导致全社会经济秩序的混乱，甚至引发严重的政治危机。

风险是由不确定性因素而造成损失的可能性。投资者和金融机构在货币资金的借贷和经营过程中，由于各种不确定性因素的影响，使预期收益和实际收益发生偏差，从而发生损失的可能性。对于预期的不确定性是经济周期性过程中金融风险产生的主要原因，一旦经济出现衰退的迹象，人们就会质疑当前的投资的可靠性，对未来收益持怀疑态度，这种氛围不断扩散，就会大大降低资本的边际效率，一旦资本边际效率发生崩溃，就会发生金融危机，并且这种危机有极大的典型性。Stiglitz 和 Weiss（1981）的研究表明，不对称信息产生逆向选择，信贷市场的周期性变化引发宏观金融风险。特别是当市场信心崩溃时，金融机构就会面临囚徒困境。张亦春、许文彬（2002）认为金融风险是经济风险的集中体现，提出金融风险具有潜在性和累积性、突发性和加速性、扩散性和传染性。因此，金融风险是客观的、现实的存在，这是由金融过程内在的本质属性所决定的。刘尚希（2006）认为金融风险在部门和行业内累积，会导致单个部门和行业破产，而单个部门和行业破产，也会带来其他部门破产的连锁反应。贺聪、洪昊等（2011）认为不能只关注单个金融机构或单个行业的风险，还必须从系统性角度防范金融风险。他们提出在经济下行阶段，仅仅依靠传统的以维护微观机构稳健性为主要目标的微观审慎管理已难以有效应对跨机构、交叉性的系统性风险，而应兼顾开展宏观、逆周期、以防范系统性风险为主要目的的宏观审慎管理。于学军（2014）认为在经济下行压力下，需要特别重视房地产、地方债、“影子银行”三个方面的金融风险。

在现代市场经济中，金融风险无处不在，金融风险包括有信用风险、流动性风险、利率风险、汇率风险、作业风险、行业风险、法律法规或政策风险、市场风险、系统风险。没有风险就没有金融活动，因此，想要避免金融风险是不可能的，金融风险是不可能消除的，它伴随着金融过程的始终，也是符合部分人追求风险受益的本性的。随着金融市场的范围和容量的扩大、监管制度和有效性的滞后、金融竞争的加剧、资本充足性的不足，金融风险有螺旋上升的趋势。如果金融风险超过了承受能力，局部、个别的风险就会蔓延、传播开来，从而影响到区域、国家甚至国际范围，形成金融危机，给经济运行和社会福利造成灾难性的后果。既然金融风险是金融过程中内在的本质属性，那么唯一可行的办法就是将金融风险控制在适度范围内，让其为金融过程服务。由于金融过程的网络化和金融关系的广泛的渗透性，金融风险具有极强的联动性和自我增强的传播特性，宏观金融风险常常是区域风险暴露、传播、扩散的结果。对于决策当局来说，有决策参考意义的是要关注金融风险，防范和化解金融风险。

2.1.2 区域金融风险界定

2.1.2.1 区域

本书所指的区域不是简单的等同于人们思想观念上的空间概念，而更重要的是指一个客观上存在的方位，如地球上的某一个地区，一个国家乃至几个国家均可成为一个区域。它往往没有很严格的范围和边界，在实际应用时常常以指行政区在一个特殊的经济上尽可能完整的地区。随着互联网技术、区块链技术和互联网金融的发展，区域应该可以定义为虚拟空间中的某条区块链。考虑到实际实施的可行性，本书在对区域金融风险分析时，将主要以行政区域为例进行风险现状探讨。

2.1.2.2 区域金融

区域金融是指宏观金融体系在空间上的分布与运行，在外延上表现为具有不同形态、不同层次和金融活动相对集中的若干金融区域。区域金融这一概念的提出有一定的必然性和必要性，其实质就是将金融置于区域经济的环境中进行研究。由于金融资源的供给与需求在空间分布上的不平衡，金融运行必然具有区域性的不平衡特点。

区域金融主要有以下几个特征：一是时空性。区域金融表现在一个相对完整的地理单元上，其金融活动是其内容，地域是其空间表现形式。这种空间表现形式会随着时间的变化而变化。二是层次性。不同区域的经济发展水平决定该区域金融结构和发展水平的层次，区域金融差异的核心表现为金融结构与发展水平的差异。其中区域金融结构是从质的方面反映该区域金融的差异，包括金融机构、金融工具、融资方式、融资机制和金融行为的不同；金融发展水平则是从量的方面反映该区域金融差异问题，包括金融资源、交易数量的不同，以及货币化与金融深化的程度差异。三是吸引与辐射性。在区域金融形成和发展过程中，区域金融中心起着核心作用，其吸引与辐射功能的大小是决定该区域金融资源的吸引和辐射广度与层次差异的重要因素。四是差异性。不同经济区域的社会环境对区域金融的运行与发展有着重大的影响，它是导致不同区域金融差异的主要因素。区域金融的环境可分为硬环境与软环境两个方面。硬环境主要指区域经济条件，包括区域内产业部门的发展水平、区域经济的规模和结构、区域经济货币化与信用化程度以及区域经济的运行效率、区域信息的建设基础等；软环境主要包括区域内政治、文化和金融创新环境以及区域内金融市场化进程等。

2.1.2.3 区域金融风险（Regional Financial Risk）

区域金融风险是指在某一区域内，由于某个或某些机构的微观金融风险在本区域内累积、蔓延、扩散形成，也包括与本区域有经济联系的其他区域的金融风险向本区域传播、扩散引起的关联性金融风险。区域金融风险是金融风险的一种，强调地域概念，是某个经济区域内部金融产业所面对的金融风险。也就是说，根据金融风险的影响范围大小，可以将金融风险分为宏观金融风险、中观金融风险和微观金融风险，中观金融风险即区域金融风险。个体金融风险是指单个金融机构或单项金融活动发生损失的可能性，其所涉及的范围最小。系统金融风险所涉及的范围最大，往往波及较大范围甚至全国范围的所有金融业，并对全国金融乃至经济活动和社会安定形成冲击。这三种金融风险由于所涉及的范围不同，其所造成的危害也不一样，但三者之间存在着梯度递增和相互影响的关系，个体金融风险可以蔓延成区域金融风险，而区域金融风险对系统金融风险直接构成威胁。

2.1.3 区域金融风险类型

在金融领域，有多种不同类型的风险，常见的金融风险主要有市场风险、信用风险、流动性风险和操作风险。而对于区域金融同样存在这些常用风险，同时也有其区域金融特点的风险。区域金融风险强调地域概念，是某个经济区域内所面对的金融风险，因此区域金融风险的类型也侧重从区域角度分析区域金融风险的类型。下面就其风险进行解析。

2.1.3.1 信用风险

信用风险是由于借款人或市场交易对手的违约（无法偿付或者无法按期偿付）而导致损失的信用风险。这是区域金融风险最集中、最严重的反映，体现在商业银行、非银行金融机构、企业和民间借贷四个方面。在我国经济发展的多个阶段，金融机构和地方金融存在着以下现象：第一，对于商业银行而言，在经济下滑时期表内信贷资产不良率处于上升趋势，资产信贷质量持续下降，我国多个地区金融机构不良率曾超过10%。此外，包括理财产品在内的表外业务关联风险也进入了密集爆发期，商业银行理财产品和代理销售理财产品上也存在很多风险点。第二，非银行金融机构资产质量也处于不断下滑状态。信托投资公司从事的存贷款与投资业务，逾期待收贷款占贷款总额比率过高，账面统计资本充足率明显不足，有些机构甚至这一指标为负数，成为区域金融风险主要隐患之一。保险公司在片面追求保费收入的过程中，随意利用保单圈套社会资金，且迅速聚集的保费资金没有适当正常的投资渠道，也累积了风险。第三，民营金融机构如担保、小额贷款机构、典当等信贷风险普遍较高。由于民营金融机构资金规模偏小，整体抗风险能力较弱，开展银行信贷业务就必须承担100%的信贷风险，而服务对象以中小企业为主，其经营规模小、地理分布散、资产质量不佳、企业发展上具有很大的不确定性，普遍存在抵押物变现困难、企业信用度较低的现实状况，监管难度大、监管成本高。第四，产能过剩带来的企业违约风险持续增加。产能过剩导致企业信用违约风险接踵而至，此外房地产行业的虚假繁荣随着调控力度的加大也是企业信用违约风险的一个不可忽视的爆发点。第五，由于金融机构的信贷资金有限，且都偏向贷款给政府平台、国有企业、上市公司等大企业，而中小企业融资难问题突出，中小房地产企业融资需求很大，从而导致民间借贷融资规模越来越大，风险也越来越高，且对这些“影子银行”监管上的缺位，给区域金融埋下巨大的风险隐患，成为区域金融危机爆发的根源。

2.1.3.2 流动性风险

流动性风险是金融参与者由于资产流动性降低而导致的流动性风险。主要体现在银行业、非银行金融业对客户提取现金的支付能力不足。就商业银行而言，资产能否保持高流动性是能否实现稳健经营的一个关键因素。由于银行追求高利润，流动性管理弱，资金紧张时主要依靠人民银行，而一旦人民银行资金管理紧张时就出现流动性问题，我国多次在年中银行同业拆解市场利率大幅飙升，再加上经济下滑，企业流动性出现紧张，致使商业银行的资产流动性受到了相当的影响，个别地区的商业银行也在事实上出现过支付困难的情况。特别是一些中小金融机构，如城乡信用社和部分县、市金融机构，因管理不善，经营机制不健全，不良贷款率极高，随时都会出现支付困难。一旦在这些中小金融机构中出现挤兑风波或支付危机，就会成为区域性金融危机的导火索。

2.1.3.3 市场风险

市场风险是指在金融市场中因证券价格、利率、汇率等的变动而导致价值未预料到的潜在损失的风险。

（1）利率和汇率风险。

利率和汇率风险是指市场利率和汇率变动的不确定性对金融机构造成损失的可能性。利率的变动将可能导致金融机构的成本和收入的变化，将影响资产和负债，影响金融机构的头寸。汇率的变动将导致持有和运用外汇的经营主体可能的损失，可能产生交易风险、结算风险和经济风险。因而，利率和汇率风险对于区域金融风险的形成因地区的经济特性不同而不同。外向型经济的地区对于汇率的影响更大。

（2）证券资本市场风险。

随着企业直接融资规模的扩大，各地相继出现了各种区域性证券交易中心、产权交易中心、权证交易所等多种形式的区域性证券市场。对于这些区域性证券市场，由于缺乏明确的政策规范，有关部门也疏于管理，使其处于放任自流的状态。在一些地区，通过这些区域性证券市场直接改制的企业管理混乱，效益甚差而无力分红，催债的趋势日渐扩大。各类企业通过区域性金融市场甚至不通过任何机构批准，各种形式的乱集资、变相集资和企业内部集资在一些地区十分普遍，其中大多数存在到期兑付困难的问题。还有一些地区的农村合作基金会和部分供销社，以招股方式变相高息吸收公众存款，部分基金会因备付金太少已经引发挤兑风潮。

企业债券清偿风险也不容忽视。由于企业效益不理想，不少企业无力偿还到期债券，其中许多债券是由金融机构担保或代理发行，到期不能兑付时，往往要金融机构垫付，企业经营风险将转化为金融风险。

此外，各种形式的乱集资、变相集资和企业内部集资仍较普遍，大多数到期兑付困难，有可能引发社会动荡。这些问题无疑进一步加大了爆发区域性金融危机的危险，有些实际上已经是区域性金融危机的初期征兆，对此必须高度重视。

2.1.3.4　操作风险

操作风险是指金融机构由于不完善或有问题的内部程序、员工、信息科技系统以及外部事件所造成损失的风险。金融机构在办理业务或内部管理时往往会出现差错，需要做出补偿或赔偿；法律文书出现漏洞，或被人钻了空子；内部人员监守自盗，外部人员欺诈得手；电子系统硬件软件发生故障，网络遭到黑客侵袭；通信、电力中断；地震、水灾、火灾、恐怖袭击等，所有这些都会给金融机构带来损失都统称为操作风险。从操作风险的引发因素来看，主要因内部因素而引发，如内部程序、人员和系统的不完善或失效；银行工作人员越权或从事职业道德不允许的或风险过高的业务。一些地区金融机构因违规操作、过度投机，已造成了巨大的经济损失，加之金融业是巨额货币资金的集散地，容易滋生经济犯罪，也是抢劫、诈骗等犯罪活动的重要目标。近年来，金融领域内贪污、诈骗等大案要案不断发生，而且金额越来越大。目前，经济越是发达地区金融犯罪案件越多。犯罪分子内外勾结，利用银行承兑汇票、大额存单、信用证、保险单等进行资金诈骗。这些现象都说明，金融领域内的犯罪风险在我国不仅普遍存在，而且在一些地区还十分突出。

2.1.3.5 法律风险

商业银行的日常经营活动或各类交易应当遵守相关的商业准则和法律原则。在这个过程中，因为无法满足或违反法律要求，导致商业银行不能履行合同发生争议、诉讼或其他法律纠纷，而可能给商业银行造成经济损失的风险，即为法律风险。按照《巴塞尔新资本协议》的规定，法律风险是一种特殊类型的操作风险，它包括但不限于因监管措施和解决民商事争议而支付的罚款、罚金或者惩罚性赔偿所导致的风险敞口。企业法律风险是指在法律实施过程中，由于企业外部的法律环境发生变化，或由于包括企业自身在内的各种主题未按照法律规定或合同约定行使权利、履行义务，而对企业造成负面法律后果的可能性。

在全球化的国际金融市场环境中，银行业的风险状况日益复杂，除了传统的信用风险和市场风险外，法律风险在商业银行风险组合中的地位不断上升，对其风险总量的影响也越来越大。为此，巴塞尔银行监管委员会不但反复强调商业银行应当建立有效的法律风险管理体系，而且还将法律风险纳入了国际银行资本充足率监管框架，对商业银行法律风险管理工作提出了更高的要求。

2.1.3.6 经营风险

经营风险是由于金融机构企业在经营管理或市场环境改变下导致金融机构未来的经营性现金流量发生变化，从而影响金融机构的市场价值的可能性。主要有以下几个方面的风险：

（1）资产风险。

资产风险主要表现在金融机构资本金严重不足和经营利润虚盈实亏两方面。根据《巴塞尔协议Ⅲ》，商业银行的核心资本充足率将由目前的4%上调到7%，同时计提2.5%的防护缓冲资本和不高于2.5%的反周期准备资本，这样核心资本充足率的要求可达到 8.5% ~11%。总资本充足率要求仍维持 8% 不变。我国部分银行的总资本充足率与巴塞尔协议的要求存在差距，金融风险较高。但我国国有银行的核心资本充足率并不算低，真正低的是二级资本和三级资本的充足率。所以，商业银行宜通过补充附属资本，即二、三级资本来提高总资本充足率。

（2）市场竞争风险。

主要指金融机构非正当竞争给区域金融体系带来的效益损失和不安定因素。其影响因素主要有实际利率抬高、非法集资、金融机构设置过多导致过度竞争等。过度竞争必然导致银行业放宽门槛和逆向选择，基层支行为了生存和缓解考核的压力，与企业勾结，虚增存款，增加中小企业资金成本，导致企业成本增加，利润下滑，最终危及银行业。

（3）地方金融机构经营风险。

担保公司、典当行、小额贷款公司、投资公司、寄售行等地方金融机构由于在一定程度上拥有银行机构的间接融资功能。这些机构，归属于地方政府监管，由于地方政府监管经验和能力不足，加上这些机构由民营企业经营，存在超范围经营和违规经营现象，如变相开办贷款业务，甚至参与非法集资和民间借贷；一些融资性担保公司规模小、抗风险能力弱，存在运作不规范、内部管理松懈、风险识别和控制力不强及涉嫌抽逃资本金等问题，或因代偿贷款本金过大而停止担保业务。我国多个地区曾因担保公司经营管理不善、资金链断裂，致使银行信贷业务产生重大风险。

2.1.3.7　区域金融风险中的宏观风险

（1）通货膨胀风险。

通货膨胀风险指因通货膨胀引起货币贬值造成资产价值和劳动收益缩水的风险。各个地区因经济发展的环境和政策不同，通货膨胀的风险也不同。

（2）政策风险。

政策风险是指因国家宏观政策（如货币政策、财政政策、行业政策等）和地区发展政策发生变化，导致市场价格波动而产生风险。政策的风险对于区域金融风险的形成具有较大影响。

（3）环境风险。

环境风险是由人类活动引起或由人类活动与自然界的运动过程共同作用造成

的，通过环境介质传播的，能对人类社会及其生存、发展的基础——环境产生破坏、损失乃至毁灭性作用等不利后果的事件的发生概率。环境风险具有两个主要特点，即不确定性和危害性。环境的破坏导致地区经济损失，从而导致区域信用风险、流动性风险等金融风险的发生。

2.1.3.8 金融违法风险

（1）金融欺诈风险。

在金融领域，不法分子利用各种手段欺诈金融机构和投资者，如利用财务和材料作假骗取银行贷款。近年来，互联网金融欺诈更为盛行。一是庞氏骗局：披着亮丽外衣的“拆东墙补西墙”。二是虚拟货币：如比特币引发的各种紧跟风口的虚拟币新潮骗局。三是消费返利：伪装成公益消费的网络传销陷阱。四是违法网络借贷平台：以高利率诱惑的虚假标的。五是消费金融套现：利用网购平台的信用额度非法吸钱。六是借款佣金：利用“借款佣金”的网贷诈骗。七是“套路贷”：利用套路设计陷害债务人。八是钓鱼网站：仿冒真实网站地址或页面进行诈骗。九是网络外汇理财：“高大上包装之下”的投资平台易设陷阱。

（2）非法证券业活动。

非法证券业活动主要有以下操作手法：一是通过媒体广告或荐股博客、收费QQ群等渠道，非法从事证券咨询，或代理客户进行证券市场投资；二是利用销售炒股软件之名进行非法证券投资咨询活动；三是以代理境外期货的名义，用低手续费和低保证金等招揽客户，从事境外期货品种交易及投资咨询活动。

（3）非法集资、高利贷违法金融。

利用多种形式，以高息为诱饵进行的民间非法集资。主要特点有：一是形式多样，花样翻新。非法集资涉及金融、生产、销售等各个领域，名目繁多。如以“购物返利”、帮人“转贷”、投资房产和矿产项目需要大量资金，或以“民间标会”为由，向社会不特定人员非法吸收公众存款。二是名为集资，实为高利借贷。许多非法集资案件实际上与高利贷是“一体两面”。为维持高额的利息与成本，非法集资活动的实施主体往往以高息揽存，成为高利贷的借款方；而参与非法集资的所谓投资者，是以获取高息回报为目的，实质成为高利贷活动的放贷方。三是案值巨大，涉及面广。在当前银行存款利率低、股市低迷的背景下，民间集聚的大量资金因缺乏多样化投资渠道，不法分子打着“高收益”旗号，很容易吸收巨额的民间闲置资金。四是潜伏期长，后果严重。由于此类案件的特殊性，公安机关对信息的掌握比较被动，主动发现及有关部门移送的案件不多，而等到群众到公安机关报案，集资行为往往已经形成一定规模，甚至资金链已断裂，资金被转移。五是缺乏证据，维权困难。民间集资者一般都是向亲戚、朋友、同乡等熟人进行非法集资，集资形式多种多样，有的口头约定，有的写借条，有的以现金偿付利息，有的将利息加入现金另立借条进行“利滚利”。一旦案发，有些受害者无法提供相关证据材料，造成公安机关取证难和群众无法提供相关证据向法院提起民事诉讼。通常在案发后，集资者一般都已将集资款项挥霍一空，致使受害人经济损失无法挽回。六是滋生犯罪，影响稳定。非法集资活动的资金链一旦断裂，大部分资金追回难度较大，参与集资放贷者往往债台高筑、生计困难，甚至一夜陷入赤贫，轻则聚集上访“维权”，重则暴力讨债追款，不仅影响民生，而且影响社会稳定，形成众多不稳定因素。

2.1.3.9　政府债务风险

（1）政府导向型风险。

这是指在当地政府的不正当干预下，对银行资产造成损失，如银行“被迫”贷出的贷款到期不能收回，形成资产损失；或政府怂恿、暗示、默许企业不正当破产，逃废银行债务，造成银行贷款损失。

（2）政府融资平台风险。

这是指当地政府为发展当地经济，大量投资基础建设和大型公益项目而设立的政府融资平台，由于当地政府过度追求发展，而忽略其贷款资金的还款来源保障所导致的无法归还造成银行资产损失。

2.1.3.10　外部输入型风险

这是在开放经济条件下，由于国外或区外发生金融危机，从外部转嫁或传输到本金融区的风险，它充分反映出金融风险的“连锁效应”，或称多米诺骨牌效应。具体表现为本地金融机构对外投资、贷款收不回来形成的坏账，或本地金融机构、企业或个人在外地、国外的存款提取不到，而影响自身的资金周转。

2.2 区域金融风险特征

2.2.1 区域金融风险的社会性

金融行业不同于其他行业，金融机构一般情况是自有资本占全部资产的比重较小，绝大部分的资金来自存款和借入资金，因而决定了社会公众与金融机构的关系是一种依附性的债权债务关系。一旦金融机构经营不善，无力偿还债务，就会导致客户发生挤兑，损害公众利益，进而危害经济。此外，由于区域金融受到国家和地方政府的双重领导和影响。一方面，区域金融的发展要与国家经济目标一致，需要配合国家各项宏观经济政策，从而区域金融势必受到宏观金融风险的影响，会因为国家政策和经济、政治环境变化等因素而产生风险；另一方面，区域金融是地方经济的支撑，其与地区经济密切联系，地方政府会按照地方经济发展的重点方向和管理需要制定并执行地方法规、政策。此外，由于现代互联网技术的发展、金融科技的创新，区域金融的风险也来自于互联网技术和其他任何地区的影响。因此，区域性金融风险变得更加复杂。

2.2.2 区域金融风险的外部传导性

随着经济全球化的发展，宏观金融风险在国际间的传导效应日益加强，然而国与国之间毕竟有货币阻隔、贸易壁垒，资本和商品尚不能畅通无阻地流动，危机期间，政府更是可以采取严格管制以限制资本和商品的流动。然而区域之间没有任何天然的隔绝屏障，金融风险在区域之间具有更强的外部传导效应。一方面，区域内积累的金融风险能够较快地向区域外扩散；但另一方面，面对周边区域或全国性的金融风险，区域金融往往会受到巨大冲击。这就要求我们在防范和化解金融风险时必须将区域经济放在开放经济的假设下，关注周边地区乃至全国的金融稳定状况，监督主要外部传导渠道的资金流量。

2.2.3 区域金融风险的扩张性

宏观金融风险的爆发，一般情况下多数经济指标会同时恶化，大量机构同时出现经营困难，单个企业的信用危机一般不至于导致全国性的金融危机。但是，区域金融化解风险的能力会明显不足，局部单位甚至某个企业的经营恶化就有可能导致区域性的金融危机。因为现代金融业的发展，使得各金融机构紧密相连、互为依存。一家银行发生问题，往往会使整个金融体系周转不灵乃至诱发信用危机，这就是所谓的“多米诺骨牌效应”。所以，即使在整体经济状况还比较良好的情况下，区域金融风险也可能爆发。这就要求我们在防范区域金融风险的时候，更加关注企业单位的微观审慎指标和更具前瞻性的宏观先行指标。

2.2.4 区域金融风险的可测性

分析一国的整体金融风险无法直接考察单个金融机构，只能依赖于整体统计数据，而数据的加总结果即使不存在统计误差也会掩盖经济微观结构中的重要联系。在区域金融风险的分析中，关键企业和金融机构一般数量有限，我们可以单独分析具体单位和金融机构的风险状况，而不仅是使用整体统计数据。实际上，在防范区域金融风险时，我们要以系统论的思想分析各个机构间的联系。由于在区域金融风险的分析和识别中，我们可以透过总量数据来研究其背后的结构突变，因而可以在总量数据显现风险之前提前识别金融风险，所以区域金融风险具有更强的可测性。

2.2.5 区域金融风险的可控性

虽然存在经济形势变化和经济情况不确定因素带来的风险，但就微观意义上的某一金融机构而言，并不是说风险就不能抵御和控制。区域金融风险一般来源于局部经济单位的经营恶化。对于宏观金融风险的控制往往不得不改变货币供应量、利率、汇率、通货膨胀等重要经济变量，可能诱发其他经济问题；而对于区域金融风险，相应的控制措施一般不会造成整体经济运行状态的变化，在治理区域金融风险的过程中监管部门具有更强的主动性。可以通过要求金融机构采取增加资本金，调整风险性资产来增强抵御风险的能力，并及时以转移、补偿等方式将风险控制在一定的范围和区间内。区域金融风险具有更强的可控性，只要观察及时、措施得当就能够较好地控制风险。

2.3 区域金融风险产生的后果

2.3.1 演化为区域金融危机

金融风险与金融危机密切相关，一旦区域金融风险积累到一定程度就可能演化为区域金融危机，致使整个区域内的金融业陷入瘫痪。对银行而言，随着区域性金融风险不断积累，银行的呆账、坏账不断增加，不良贷款率逐步提高，从而银行将逐步提高放款门槛，企业想从银行拿到贷款变得非常困难。由于资金缺乏，企业出现周转不灵，负担变得越来越重，发展举步维艰。与此同时，由于金融资金供给不足，民间资本逐步活跃起来，而民间借贷大部分为高利贷，极大地增加了企业的债务负担。而这种风险具有自动实现机制，一方面银行对许多企业亏损、破产形成束手无策，不良贷款项目的增加，债务难以落实，应收未收利息增多，形成贷款资产风险；另一方面企业融资困难导致民间借贷猖獗，借贷成本高涨，并最终演化为区域金融危机。2011 年的温州事件是一个典型的区域金融风险暴露的案例，温州地区因为央行整顿票据违规融资，由前期信贷过度形成的金融风险致使部分中小企业资金链断裂产生流动性危机，风险通过担保、民间借贷等方式迅速传导。温州大部分银行处于亏损状态，房价也急剧下跌，多家企业老板逃跑，企业倒闭，严重扰乱了温州金融秩序和社会稳定。温州事件为我国区域金融风险敲响了警钟，当时温总理视察温州时强调“做到早发现、早处置，防止风险扩散蔓延，防范区域性风险”。

2.3.2 蔓延成系统性金融危机

一个区域往往与周边区域经济金融保持着千丝万缕的联系。区域间经济与金融联系越密切，则风险传播速度越快、冲击程度越深。区域性金融风险极易导致系统性金融危机。区域性金融风险是国家金融风险产生的导火索，一旦发生系统风险，金融体系运转失灵，必然会导致全社会经济秩序的混乱，甚至引发严重的政治危机。同时，金融风险是金融不稳定和金融危机爆发的根源，严重的金融风险迫使央行依法进行接管，造成宏观经济失控，危及经济的稳定。具体表现在以下几个方面：

（1）区域金融风险增加了政府的财政支出，损害了国家实力。

金融风险的存在使得金融机构不良资产比例过高，贷款损失严重、利润下降、亏损增加，不利于缓解国家财政收支紧张状况，从而增加了国家财政的负担。就目前我国金融机构所有制结构来看，属于国家垄断经营的金融行业还没有对国民放开，也就是说，金融机构的资产、收益及其风险损失都是国家的或者是集体的。

（2）区域金融风险损害了国家货币的稳定，破坏货币政策目标而影响国民经济持续、稳定、健康发展。

金融业的风险将倒逼中央银行超额发行货币，引起通货膨胀。从金融机构信贷资金的运行规律来看，国家稳健的货币政策和安全的金融运行是在信贷资金顺畅实现双重支付和双重归流的基础上实现的。在双重支付和双重归流过程中，任何一个环节一旦发生金融风险，资金就不能正常流动，国家的货币政策必然将遭到破坏，甚至危及国家的金融安全。

（3）形成经济危机，造成经济衰退。

金融危机动摇社会公众对经济稳定发展的信心，其向实体经济蔓延的过程不仅会带来投资下降，也伴随着消费紧缩，从而影响企业收入，导致企业倒闭，造成经济衰退。

2.4 区域金融风险相关理论概述

2.4.1 金融脆弱性理论

20 世纪 80 年代以来，随着金融自由化、金融全球化步伐的加快，在某些国家和地区甚至区域范围内金融动荡乃至金融危机频频发生，经济学家纷纷开展对金融危机问题的相关研究，从多方面阐释金融危机的成因。在研究过程中发现某些金融动荡的发生耐人寻味，危机发生国在危机发生前宏观经济状况良好，实际经济体正常运行，如果单纯从外部宏观经济角度分析无法解释危机的成因。因此，改变传统思维方式，从内因角度认识金融危机就变得十分有必要，这样金融脆弱性理论应运而生。金融脆弱性理论最早起源于货币脆弱性的论述，美国经济学家海曼·明斯基最先对金融脆弱性问题做了较为系统的阐述，它是基于资本主义经济繁荣与萧条的长波理论。从债务—通货紧缩的角度分析金融体系的脆弱性，其理论核心是“金融不稳定性假说”。他认为私人信用创造机构特别是商业银行和其他相关贷款人的内在特性，使得它们不得不经历周期性危机和破产浪潮，银行部门的困境又被传递到经济体的各个组成部分，最终导致经济危机的发生。从定义上看，金融脆弱性有广义和狭义之分。狭义的金融脆弱性是指由于金融业具有高负债经营的行业特点，因而它具有更容易遭受经济损失的天然属性，这也被称为“内在的金融脆弱性”。广义的金融脆弱性则是泛指整个投融资领域中所产生的风险积聚性，它涵盖了信贷市场和金融市场。现有的研究通常是针对广义金融脆弱性。对金融脆弱性的研究主要围绕两个部分，一是金融脆弱性的起因，二是如何应对金融脆弱性。

现代金融脆弱性理论通过引入信息不对称、外部性等一系列概念，以及以“个人利益最大化”为基础的主观选择理念，考察了在特定的信息结构下，金融市场如何通过经济主体自动的理性选择及行为变化，形成金融脆弱性。现代金融脆弱性理论的核心命题是市场经济内含金融脆弱性。在现代市场经济中，基于动态变化过程来分析经济主体的行为方式，是评价金融脆弱性形成、发展及经济萧条时期经济运行的必不可少的环节。金融脆弱性与金融风险之间具有较紧密的联系，但金融脆弱性并不完全等同于金融风险。从本质属性看，金融风险是指潜在损失发生的可能，而金融脆弱性不仅包含潜在的损失，也涉及已经发生的损失情况。形成金融脆弱性的原因有很多，通常主要从信息不对称、资产价格波动及金融自由化等几方面剖析形成金融脆弱性的主要原因。同时，金融市场的脆弱性还与资产价格的波动以及波动的联动效应密切相关。金融资产价格的过度波动一直以来都是金融体系风险积聚的主要成因，因为金融市场上各项资产业务并不是完全独立的，而是具有高度关联性的。在现代信息社会里，金融市场的波动效应能够更快捷地传导到相关行业领域。因为金融脆弱性根植于金融体系内部，在受到外力冲击或内在重大事件的影响下它更容易迅速演化为金融危机。特别是当前金融市场在经历了几十年的快速膨胀式发展之后，经济领域中“脱实向虚”的现象已较为严重，金融脆弱性也表现出逐渐增强的趋势。

2.4.2 信息不对称理论与信息经济学理论

信息不对称理论是由2001年获诺贝尔经济学奖的三位美国经济学家——乔治·阿克尔洛夫、迈克尔·斯宾塞、约瑟夫·斯蒂格利茨提出的。该理论认为，在市场经济活动中，由于社会分工和专业化，各类交易主体对有关信息的掌握是有差异的，即信息不对称；信息不对称会使得各交易主体处于不平等地位，掌握信息更充分的交易主体在交易中处于比较有利的地位，掌握信息更少的交易主体则处于弱势地位；信息不对称会导致逆向选择和道德风险。不对称信息是金融风险产生的主要原因。在金融市场中，信息不对称是指交易的一方对交易对手缺乏充分了解，以至于在交易过程难以做出准确的判断。信息不对称会导致金融体系中的逆向选择和道德风险问题。逆向选择是由于交易发生前的信息不对称而产生的问题；道德风险是由于交易发生后的信息不对称而产生的问题，取决于当事人的行为，道德风险普遍存在于以信用为基础的各种金融业务关系中。比如，由于信用不良借款者的存在，金融机构做出不发放任何贷款的决定，使得信用良好的借款也无法获得贷款，便产生了逆向选择问题；又如，借款人从金融机构获得贷款后，采取不负责任的态度，将资金用于不利于金融机构的投资活动，使得贷款不能偿还，便产生了道德风险问题。这两种问题都会影响金融资源的有效配置，降低金融市场的运行效率，从而产生金融风险。

信息经济学理论认为信息不对称问题普遍存在在于经济社会的各个领域，是指信息在交易双方的分布不均衡。金融领域内的交易主体之间同样存在着信息不对称。例如，在存贷款市场上银行和客户之间的信息具有不对称性，保险市场上投保人和保险公司之间的信息也存在着不对称，金融创新产品和金融衍生品市场上的信息不对称更为严重，由于信息不对称的存在，增加了信息主体的交易成本，为了降低或补偿获取信息的成本，贷款者可能会选择长期客户或者愿意接受高利率却从事高风险投资的借款者，从而限制了优质借款者的选择，最终影响了金融市场的资源配置效率，提高了金融风险。这就需要借助政府的外部力量对其进行干预，矫正市场失灵，提高金融市场的效率。

2.4.3 金融风险管理理论

随着金融一体化和经济全球化的发展，金融风险日趋复杂化和多样化，金融风险管理的重要性愈加突出。金融风险管理包括对金融风险的识别、度量和控制。金融风险管理的产生与发展主要原因在于：一是在过去的三十多年时间内，世界经济与金融市场的环境和规则都发生了巨大的变化。金融市场大幅波动的频繁发生，催生了对金融风险管理理论和工具的需求；特别是期间爆发了几次震惊世界的大规模金融危机，如1987年美国的“黑色星期一”大股灾，1997年的亚洲金融风暴，等等。这些事件的发生给世界经济和金融市场的健康发展造成了巨大的破坏，同时也使人们意识到了金融风险管理的必要性和紧迫性。二是经济学特别是金融学理论的发展为金融风险管理奠定了坚实的理论基础。三是计算机软、硬件技术的迅猛发展为风险管理提供了强大的技术支持与保障。

金融风险的管理过程大致需要确立管理目标、进行风险评价和风险控制及处置等三个步骤；金融风险管理的目标是在识别和衡量风险的基础上，对可能发生的金融风险进行控制和准备处置方案，以防止和减少损失，保证货币资金筹集和经营活动的稳健进行。金融风险评价是指包括对金融风险识别、金融风险衡量、选择各种处置风险的工具以及金融风险管理对策等各个方面进行评估。金融风险的控制和处置是指解决金融风险的途径和方法，一般分为控制法和财务法。

金融风险管理是为了控制风险的蔓延，保持经济的总体稳定。在复杂多样的全球经济浪潮推动之下，风险管理控制显得更为关键。掌握好金融风险管理，才能减少风险对经济的损失，减轻区域经济的承载压力。总结风险管理的技术方法，采取相应的对策进行有效的风险规避，稳定经济，赢得更多的市场机遇。金融风险管理有助于实现资源的合理配置，缩小地区差异，促进地区之间的合作共赢。

2.4.4 金融效应理论

随着经济社会的发展，金融对经济增长的影响日益重要，地方经济发展对金融的需求与日俱增。一方面，金融具有正外部效应。金融作为经济运行中的战略资源，具有引导和配置经济资源的功能，金融机构可以提高储蓄率、投资规模与效率，将极大地促进经济增长；另一方面，金融也有负外部效应。如果金融机构经营不善出现倒闭、破产，也将产生连锁效应，由于金融自身的内在脆弱性使得各个行为主体无法规避非理性的逆向选择，造成货币信用紧缩进而破坏经济增长的基础，产生金融经济危机。金融体系自身的效应使得金融监管具有必要性，通过政府或监管部门的外部干预可以降低市场机制导致的金融负外部性影响，使其能够保持健康运行，服务经济发展。科斯的交易成本说认为金融负外部性不可能通过市场机制自由交换得以消除，需要市场外的力量介入来限制金融体系的负外部影响。当外部效应存在时，自由竞争不能导致资源的有效配置。金融体系的负外部性是导致金融市场失灵的关键因素，金融监管是解决金融市场失灵的关键。

地方金融机构对区域经济增长的促进作用不断提升，在这种情况下，一旦地方金融机构出现支付危机等问题，地方政府没有足够的资源和手段来防范和化解风险，将引发区域性金融危机。因此，地方政府需要借助区域内经济主体进行的金融活动进行监管，采取措施矫正外部效应。

2.4.5 公共经济学理论

公共经济学理论在对政府制定的相关政策进行深入研究分析基础上使其能够满足全体公民的利益。在公共经济学理论视域下，金融监管是用一种公共产品，为了保障全民的利益而对金融业进行的监督与管控，进而降低金融市场的失灵，并力图消除市场失灵。金融市场由于存在信息不对称、金融机构的自然垄断和金融业自身的外部性效应而存在着市场失灵，这种市场失灵的存在，使得自由放任的金融业隐藏巨大的金融风险，能够危及整个经济体系的稳定运行。因此，通过政府的监管，能够不断健全市场环境，降低信息不对称带来的负面影响。

以上理论从不同角度阐释了政府进行金融监管的必要性，也是金融监管理论形成与发展的内在理论基础，具体到地方政府层面，地方政府为了保障其区域内金融系统的稳定运行，保护区域内公众的权益不受损失，降低区域性金融风险，提高金融资源的配置效率，需要对其管辖范围内的金融机构所从事的金融相关活动进行监控，增加信息透明度，发挥金融对区域增长的正效应，保障区域经济健康、稳定运行。

2.4.6 金融风险与经济发展相关性理论

金融活，经济活；金融稳，经济稳。金融与经济的关系研究始于经济增长的动因分析。传统经济理论认为经济增长是资本、劳动、技术等要素相互作用的结果，之后随着金融业的兴起，货币因素成为经济发展的新动因。周立（2002）第一次通过对中国各地区 1978 ~2000 年金融发展与经济增长情况进行实证研究，将中国金融发展的研究深入到地区层面，得出区域金融发展与区域经济增长存在高度相关性的结论。康继军等（2005）的实证研究表明，中、日、韩三国的金融发展与经济增长之间存在因果关系，但在因果关系方向上存在差异。

金融风险与经济发展密切相关，风险意识促进相关企业对经济转型的更新改革，推动经济的稳固前行。经济增速的提高会增加企业现金流和股本收益，从而降低融资风险，与此同时，投资者在经济增长的影响下加大对新技术的投入，由此投资风险也会相应增加。金融风险的存在对经济的发展起到冲击作用，刺激了经济向更好的方向进行深化改革，同时也给经济发展带来了困扰，引发了诸多问题。有效地应对金融风险，对经济发展本身意义重大，主要表现在：第一，发展是解决所有问题的关键。经济决定金融，地区经济能否得到良好的发展，影响区域金融的运行环境，也决定了地区金融的安全与否。第二，加快地方金融监管体制改革有助于缓解区域性金融问题，加强区域金融风险防范有助于提升区域金融的发展效果，为地方企业特别是小微企业提供良好的融资机会，促进经济持续健康发展。第三，妥善应对金融风险，确保金融创新的有效性，才能提供更好的金融服务。第四，合理利用金融杠杆，发挥本地的比较优势，通过优势产业带动地区完善市场经济体制，实现区域之间的协调分工。

2.4.7 金融风险的识别与防控理论

通过风险传导路径可以看出，地方政府和金融监管部门对区域金融安全状况以及区域内部金融风险的识别、防控承担主要职责。目前国家层面的宏观调控表明，当前我国发生系统性金融风险概率较小，但要高度防范区域性金融风险。对此，中央政府采取了多项措施，如加强银行现行管理体制，削弱地方政府对国有银行各地分支机构的影响；调整金融监管机构的设置方式，建立隶属于中央政府管辖的监管派出机构；完善金融监管法律条例，严肃处置金融违规案件，维护金融法规的严肃性等。这些措施在一定程度上取得了良好效果，抑制了部分金融风险的区域传递。

随着金融业的深化发展，市场范围不断扩大，金融体系的容量急剧膨胀，监管制度难以实现完全同步发展，金融竞争的加剧进一步导致资源的不平衡性，区域之间金融风险呈现出螺旋上升的态势。地区经济的发展赋予金融体系一定的风险承受能力，但如果风险水平超出了地区经济承受范围，个别金融风险就会演化为局部金融风险，进而向全局金融风险蔓延升级，由区域金融风险上升为国家的系统性风险，甚至爆发新一轮的金融危机，给经济运行和社会发展造成难以估量的损失。

从区域金融风险形成的微观层面来看，主要是信用风险和流动性风险，它们以信用关系为基础，通过货币信贷市场的途径对外扩散传播。在信用关系中，常见的是短期的商业信用和银行信用，不同企业的财务状况通过信用关系彼此联系在一起，再加上人们的心理预期和行为选择上的差异，同时可能将潜在风险成倍放大，由此带来“多米诺骨牌效应”。区域金融要实现良性发展，必须建立在严格控制金融风险的基础上，确保区域经济稳健运行，不能单纯以宏观经济形势平稳作为判断依据，局部地区的风险累积程度短期内难以通过宏观体系反映出来，而且地区之间存在特定的渠道，如产业间的相关性，都会影响彼此的金融稳定状况。我国金融运行的区域差异性也会导致金融风险累积程度的不同。以我国西部地区为例，长期沿袭传统产业模式，在这种“高投入、低产出”的粗放型经济发展路径下，资源利用率偏低，经济产出和附加值不高，资金的内生机制和再造功能差，呈现出“两高一低”（即高负债率、高利息率、低回报率）的特点，银行的信贷结构中不良资产占比居高不下，大量的信贷资金沉淀流失，若不及时处置，都会成为地区经济发展和转型的制约性问题。既然金融风险是存在于金融发展过程中内在的本质属性，那么最有效的方式就是内部控制，通过将区域金融风险水平控制在适当范围内，充分发挥金融服务经济的功能。这对于区域金融稳定发展具有决定性作用，对于宏观层面的金融稳定也有积极意义。因此，对于区域金融风险的识别和防控必须从风险水平评估和风险传播途径两方面切入，这有赖于建立风险监测指标系统的早期预警，同时，金融监管部门要配套相关的政策制度。首先，要分析识别风险成因，建立有效的金融风险预警系统，争取降低区域风险水平，确保地区经济正常运转，对此，国内已有诸多学者研究风险预警机制，但是缺少与地区发展阶段配套的评价机制；其次，防控区域之间风险传播途径，建立区域金融风险处置程序，保持地区经济部门的相对独立性，降低风险冲击带来的影响和损失。具体做法如下：一是风险识别。通过建立健全的风险监管体系，完善信息披露制度，及时获取需要的各类经济和金融信息，并建立风险预警机制，及时预警风险。二是风险防控。通过对风险传导路径的认知，明确各单位的职责分工，适时开展危机处置应对，必要时及时止损，通过建立存款保险体系，防范风险扩大产生系统性风险。

第二部分
风险成因、传导与测度方法

第 3 章　区域金融风险的成因和传导

3.1　引言

区域金融风险的发生不是偶然的，防范和化解区域金融风险的关键是明晰区域金融风险的诱因和传导机制。区域金融风险产生的原因是复杂的，由于金融发展的网络化和金融关系的广泛渗透性，金融风险具有极强的联动性和自我增强的传播特性，因而个别或部分机构的微观金融风险可能会在某一区域突现并逐渐累积、传播、扩散，形成区域金融风险。一旦区域金融风险突破可控边界，并且形成跨越区域范围的传染途径，就可能导致整体性的金融动荡，乃至形成金融危机。如 1997 年的亚洲金融危机，由泰国的局部金融危机蔓延到全亚洲国家甚至全球金融市场；2008 年金融危机，由美国的次贷危机进而引发全球金融市场的剧烈震荡；2009 年底爆发的希腊债务危机快速扩张并衍生为欧洲债务危机。纵观我国多个地区发展史，这种金融风险危机也曾经出现过多次，如 20 世纪 90 年代的海南房地产投机热，形成了大量的不良资产，致使海南发展银行等多家金融机构破产倒闭。

因此，为防范金融风险的发生，各国政府、国际组织以及学者们对于金融风险的成因和传导极为重视。通过分析金融风险的形成原因和传导路径，认清风险源和风险的传播路径及传导过程，以避免金融危机带来的危害，促进经济持续健康发展。本章首先对金融风险成因和传导的国内外文献进行了梳理和回顾，随后从宏观、中观和微观视角分析了我国区域金融风险的成因和传导路径，为后续研究防范和化解金融风险提供依据。

3.2 区域金融风险成因和传导研究文献综述

3.2.1 区域金融风险成因的文献综述

3.2.1.1 国外文献

国外学者对金融风险的产生原因提出了不同的解释，Fisher（1933）发现了债务清偿的重要性，并提出了著名的债务—通货紧缩理论，认为在经济衰退期企业逐渐丧失清偿能力，当企业将银行拖入债务链时，通货紧缩被引发，企业为偿还债务会低价抛售资产，从而导致大量的破产失业，随之引发金融危机。基于银行体系的脆弱性，Diamond 和 Dybvig（1983）用银行挤兑模型（D－D 模型）解释了信息不对称导致金融风险的产生，指出理性存款人的集体行为会导致银行挤兑的出现，同样银行之间也会由于信息不对称而遭到挤兑，最终产生系统性金融风险。此外，Mckinnon 和 Pill（1996）认为，道德风险和逆向选择的信息不对称也会引发金融风险。由于银行之间存在强外部关联性，因此，当多数银行产生道德风险时，银行体系会因逆向选择而变得异常脆弱，从而增加了危机发生的可能性。Bernanke 和 Lown（1991）认为，金融资产价格下跌会导致银行资产负债表恶化、信贷扩张能力和借款人信用获得能力减弱、信用紧缩、借款人负债率增加，从而增强了金融系统的不稳定性。Minsky（1992）以金融体系的内在不稳定为视角，提出了“金融不稳定假说”以解释金融风险的成因，开创了金融脆弱性理论研究的先河。他指出商业银行的信用创造功能使金融体系具有天然的内在不稳定性，金融风险积聚到一定程度后便会引发金融危机。Mishkin（1999）认为，金融资产价格的波动会通过引发逆向选择和道德风险的加剧来引起信贷收缩和经济紧缩，导致金融体系的不稳定，从而引发金融危机。Borio 和 Lowe（2002）认为资产价格过度膨胀会增加发生金融风险的可能性。Brunnermeier 和 Pedersen（2009）通过研究股票市场发现，资金流动性紧张会导致市场流动性紧张，两者的联动效应增大了融资风险，进而可能带来系统性金融风险。以此，学者们开始注意到金融市场的关联问题，逐步挖掘金融机构间的联系。Daníelsson和Zigrand（2008）运用多资产价格均衡模型进行研究，发现引发系统性金融风险的重要因素是金融资产价格波动。Korinek（2011）在研究系统性金融风险时将社会福利加入一般均衡模型，发现金融资产价格的波动会引发甚至放大系统性金融风险。金融资产价格波动对金融风险影响的研究主要集中于金融资产价格波动对信用扩张、信息不对称等影响的理论研究，而实证研究进一步证实了金融风险的发生源于资产价格波动。Anabtawi和Schwarcz（2011）指出，影子银行通过金融机构的关联性使得金融风险的传染性加剧。Schwarcz（2012）认为影子银行在使金融风险加速传染的同时，会增加系统性金融风险爆发的可能性。

3.2.1.2 国内文献

国内学者以国外经典研究为基础，结合中国国情，从多方面、多角度对金融风险形成的原因进行了研讨。张本照、孙悦（2005）指出区域金融风险主要由个别或部分机构的风险在区域内的传播扩散、其他经济联系紧密的区域金融风险在该区域内的传播扩散以及宏观金融风险在该区域内的传播等因素引发。李嘉晓（2006）认为形成区域金融风险的原因包括很多方面，其中不仅包括金融机构自身的原因，还可能是金融业之外的原因导致的。他认为金融业自身原因是金融机构没有转变发展模式，其原有的传统模式是重规模、轻效益的粗犷模式；一些缺陷存在于金融监管体制中；金融机构的内部控制体系不完善等。此外，金融业之外的原因包括当地政府的不适当干预、相对不完善的社会信用等。孙清、蔡则祥（2008）认为区域金融风险是由多种因素所构成的环境条件的总和，它对金融机构的经营行为、经营效果、绩效评价有着各种各样的牵制和影响，选取四个方面共57个子指标建立区域金融风险的评价指标体系来分析长三角区域金融风险。肖崎（2010）认为，系统性金融风险因场外交易增多而增大，影子银行的高杠杆操作、期限结构极端错配、过度创新、依赖批发市场融资等特征使其面对内外力量的共同作用时产生系统性金融风险。黄佳军和蒋海（2011）认为，金融风险的形成主要受到两方面影响，即金融风险集聚和信息缺失。由金融集聚带来的信息不完全和信息不对称，加剧了金融风险的形成。只有通过提高金融认知的整体水平、减小金融主体之间的信息不对称和信息不完全才能够达到预防金融风险的目的。昌忠泽（2011）提出，土地财政可能会引发金融风险，因为以政府信用为依托的贷款规模较大，常会超过地方政府的财政收入规模。曹红辉（2011）在分析地方融资平台风险的成因时提出，在相当多的县级融资平台中，银行贷款高达90%以上且多数为保证贷款。地方政府用少量资金进行周转，对银行的信贷资金进行“钓鱼”。许安拓（2011）指出，地方商业银行（如合作社、信用社等）的恶性竞争和无序发展是中国地方政府融资平台债务面临的主要风险；地方商业银行所有者与经营者融为一体，风险爆发时会直接导致挤兑，从而影响社会安定。庄毓敏、孙安琴和毕毅（2012）从信用衍生品的角度进行分析，认为信用风险转移创新对银行体系的稳定性具有至关重要的影响，原因在于信用衍生品创新虽然降低了银行个体的风险，但是导致银行增持高风险资产，从而增大了银行系统风险。张健华和王鹏（2012）认为，过度的信贷供给将造成贷款规模扩张，从而使银行的资本充足率降低、银行风险增大。张宝林和潘焕学（2013）提出，影子银行通过房地产泡沫引起系统性金融风险，影子银行的影响机制包括信用生成机制、抵押品渠道、资产替代渠道以及风险传染渠道，通过实证研究得出房地产泡沫的膨胀对系统性金融风险有显著的正影响。刘忠和汪仁洁（2014）认为，地方债务蕴藏的金融风险包括地方债务来源单一、抗风险能力差，政府担保易造成政府的财政风险和信用风险，地方债务导致银行不良资产规模增大，以土地收入为主的地方财政无力偿还地方债务。李成和白璐（2013）从资本项目开放的角度分析了资本开放度与金融风险的量化关系，认为资本账户的开放会形成金融风险隐患、“双顺差”的国际收支状态会引发金融风险、国内证券市场的显著不稳定会加大金融风险、外国资本的进入会引发银行危机甚至金融风险。张平（2017）认为地方政府债务在影子银行的金融创新下越来越隐性化，缺乏监管的影子银行可能引发整个金融系统风险。刘向耘、王琰（2018）指出房地产市场加速金融膨胀的一般性渠道，房地产交易和投资、银行资产负债表扩张、抵押品效应、房地产金融创新，房地产过度繁荣将加剧金融膨胀、增强金融风险。

3.2.2 区域金融风险传导的文献综述

3.2.2.1 国外文献

最早系统研究金融危机传导的是美国著名经济学家查尔斯·金德尔伯格。他所著的《狂热、恐慌、崩溃——金融危机的历史回顾》一书是第一部系统研究金融危机的学术论著，也首次提出了金融危机的国内、国际传导问题。该书从分析1636年荷兰的“郁金香热”开始，到1987年10月的纽约股市暴跌、1990年

11月的日本股市暴跌等，认为金融危机的爆发与经济周期的波动密切相关。众多学者研究认为金融市场的关联性和互动性是金融危机和金融风险传导的重要根源。随着全球经济一体化和金融自由化的发展，金融市场间的关联性在增强。Jana - kiraman，Lambert 和 Larckerren（1992）研究发现，发达国家之间、发展中国家之间都存在明显的风险传导，但是发达国家与发展中国家之间不存在风险传导。Gerlach 和 Smets（1995）建立了两贸易国间的货币危机模型，发现一国货币因投机攻击而贬值，这给贸易伙伴国带来风险，致使贸易伙伴国的外汇储备逐渐减少，并使贸易伙伴国出现贸易逆差、干预外汇市场能力被削弱，从而实现了金融风险的跨国传导。Calvo，Leiderman 和 Reinhart（1996）从“经济基本面传染”的角度分析了金融风险的传导，发现经济与金融的联系使得金融风险和金融危机可实现跨国传递。Rigobon 和 Forbes（2002）认为，金融风险主要通过国际贸易向国外溢出，实现国际传递。Mondria 和 Quintana - Domeque（2013）认为，由于市场不确定性的存在，因此一国发生的金融风险会导致投资者对风险的容忍度逐步降低，投资者风险容忍度的降低会导致其重新配置投资组合，进而引发另一国金融资产价格的波动，由此实现了金融风险在国际间的传导。随着金融风险国际传导研究的逐步加深，学者们逐步意识到金融资源在各金融市场之间高度流动，因此金融风险不仅在局部存在，而且会在各金融市场之间进行传导。金融风险的国际传导属于风险的外部传导。与之对应，学者们也开始从金融市场关联性与互动性的角度对金融风险的内部传导展开研究。Caramazza，Ricci 和 Salgado（2000）通过分析墨西哥金融危机、亚洲危机以及俄罗斯危机，检验了金融风险在关联市场间的传导。Caillault 和 Guegan（2005）通过研究债券市场与股票市场的风险传导发现，股票市场对债券市场的风险传导影响大，债券市场对股票市场的风险传导影响相对较小。金融资产价格的波动会通过金融市场进行传导。金融风险就是通过各层面、各阶段的传导逐步演变为金融危机的，学者们从不同角度挖掘金融风险的传导。随着市场化程度的提高所带来的经济信用化和信用证券化，加剧了各地区资源、各行业的资源倾斜性流动，仅以货币资金来看，各类资金的流动性明显增强，资金回报率越高的地区，对其他地区资金的吸引力度越强。在外部资金大幅度流入的情况下，如果实体经济发展不能充分利用这部分资金，而是任由资金进入投机性产业领域，那么该区域经济的泡沫化程度会进一步提升，逐渐演化为金融高风险区。

3.2.2.2 国内文献

姜建华、秦志宏（1999）认为区域性金融危机由部分地区的金融风险通过不断积累到一定程度所引发，或者是相关区域的金融安全受到特定的传导机制影响。刘立峰（2000）研究了宏观金融风险的传导，认为风险形成以后，会通过各种渠道与形式向外扩散、传播，形成新的风险。宏观金融风险反过来影响经济、投资、贸易和金融过程，影响制度变革与政策修订；不同宏观金融风险的形成原因都会有其风险的传导机制与过程，但通常情况下，宏观金融风险与危机形成及发展的原因是综合的，传导机制也是复杂的。易纲（2001）首先从理论层面上分析非均衡发展格局下区域金融风险的形成与传导、存在状态及区域金融风险防范与宏观金融稳定运行之间的关系。石俊志（2001）在他的《金融危机生成机理与防范》中分析了推动金融危机传递和扩散的主要因素：一是恐慌心理的传播是金融危机传递和扩散的重要动力；二是不同类型金融市场的关联性、互动性是金融危机传递和扩散的重要机理；三是某些国家和地区之间经济结构的现实性是金融危机在不同地域之间传递和扩散的重要媒介；四是某些国家之间的经济关系过于密切形成金融危机在不同国家之间传递和扩散的纽带；五是国际间金融协调与干预机制跟不上国际金融业发展的步伐，为金融危机的传递和扩散提供了有利条件。姚国庆（2005）在分析经济虚拟化条件下金融危机的传导时认为，将金融危机的传导分为内部传导机制和外部传染机制。金融危机在一个国家的传导与扩散为金融危机的内部传导，金融危机在国与国之间的扩散称为金融危机的外部传染机制。邹小芃等（2008）提出的地方金融风险传导分为区域内和区际间的传导。经济区域的概念与地理上的行政区域并不完全相同，区域金融风险更常指某个经济区域内部金融产业所面临的金融风险。吕勇斌等（2014）证明我国各区域的宏观金融风险存在企业到银行和政府与银行的部门间传染路径。刘冰（2015）对重庆市政府性债务进行研究时将地方政府债务风险传导渠道划分为四种：垂直层级的上下级财政路径、产生不良贷款率的银行金融路径、不规范融资的实体经济路径和隐形信用担保的资本市场路径。王营和曹廷求（2017）基于社会网络分析方法，研究了中国31个省市区域金融空间关联性和传染效应，发现区域金融风险有明显的省际关联传染趋势，各省市均处于风险传染网络结构中；处于网络中心的省市较易与其他省市交叉传染。李飞、郑美莲（2018）探讨了区域金融风险的内涵并从房地产市场、地方政府债务以及金融市场对区域金融风险传导相关文献进行梳理、提炼，试图从传导的角度为区域金融风险的预警和防范提供一定的思路。丁述军等（2019）采用2005～2016年我国31个省（区、市）的面板数据，使用静态面板数据模型，对我国区域金融风险四部门间的传染机理进行了实证研究。研究结果表明：在我国区域金融风险部门间传染的过程中，四部门之间存在多条风险传染路径，金融部门在传染机理中处于核心地位，金融部门受其他部门的风险传染并且也影响其他部门；近年来，家庭部门面临的风险增大，对其他部门风险传染的效应也较强，且家庭部门最易受其他部门的风险传染。

3.3　区域金融风险的成因分析

3.3.1　区域金融风险产生的宏观因素

综合分析认为，区域金融风险形成的主要宏观因素有宏观金融政策、金融开放程度和金融制度和金融监管制度的健全性。

首先，一个国家的宏观金融政策一般来说是以经济发达地区的经济发展水平为参照系的，即普遍实行一元化的金融政策。但是不同区域，基于区域经济发展水平不同，金融产业成长水平存在较大差异，对统一金融政策的传导力度和速度也就不同。对于那些金融产业成长水平较高的区域而言，面对紧缩或扩张的政策，可以通过多样化的金融工具、多元化的金融组织机构、健全的金融市场迅速调整金融活动，并在风险分散的情况下实现预期的政策效果。相反，对于那些金融产业成长水平较低的区域而言，由于经济结构的低级化，金融工具和金融组织的单一化，以及金融市场的不完善，在调整金融活动水平时，往往无法化解政策调整带来的影响，导致金融风险在欠发达地区形成并累积起来。例如在我国，经济相对发达的东部地区在全国经济中居于核心地位，国家出台宏观经济政策更多以东部地区经济运行为依据，实行统一的经济政策。但是不同区域的金融制度、产业结构、金融发展水平尚存在无法忽略的差距。东部地区非国有经济占国民经济的比重较大，金融市场化程度较高，企业产权关系明确，企业筹资渠道宽广，面对紧缩或扩张的宏观经济政策，可以通过其健全的金融市场，运用多样化的金融工具及金融衍生工具快速调整其金融活动，迅速分散金融风险，同时实现预期的经济政策效果。相比之下，中西部地区经济发展明显落后于东部沿海地区，国有经济占国民经济的比重较大，金融市场仍不成熟，民间资本比重较低，企业融资渠道少，主要依赖于银行贷款。因此，当实施紧缩的货币政策时给中西部地区企业带来的不利影响将远远大于经济较发达的东部地区的企业。这是由于央行实施紧缩的货币政策对于中西部地区过度依赖银行资金的企业造成致命的打击。总的来说，单一的宏观经济政策导致金融风险在欠发达地区产生并进一步集聚。

其次，金融开放虽然可以使所在国参与到金融全球化的过程中，从而享受到全球金融创新和金融发展的带动和辐射，加速金融深化改革的步伐。但不可忽视的是，在世界任何一个地区累积并爆发的金融风险也会沿着金融开放的链条向其他地区或国家蔓延，并且本国金融产业的系统风险也会通过与国际金融风险的叠加而无限放大。金融开放还使国内金融产业直接面对国际竞争，也会诱发一些竞争性风险。国际资本通过各种形式参与国内金融产业的经营和管理，一些难以有效甄别的、以套利为目的的短期行为也会导致较大的损失，甚至形成金融动荡。因此，国家层面的金融开放不仅要遵循合理的时间序列，也要兼顾国内不同区域的风险承受和抵御能力，盲目或过早的全面开放，必然诱发某些落后区域的金融风险。

再次，金融制度的缺陷是金融风险存在的最直接原因。如我国金融制度中的计划经济基因是导致金融制度缺陷的主要原因。与现代西方发达国家自由开放的金融市场环境相比，我国金融市场化程度相对较低，金融机构存在根本的制度性缺陷，使得其缺乏良好的市场运作机制与先进的管理理念指导，无疑会导致一些问题产生：银行盈亏严重不平衡，金融机构所有者不明确，监管力度有限，金融机构战略目标不清晰，资金运作违反市场规律，人为干预因素太多，主体资金过多集聚于效益并不存在优势的国有大中型企业，而相对具有市场灵活性的私营企业却难以获得资金支持。从而导致了金融机构不良资产急剧增多，资本充足率约束软化，灰色金融及灰色金融机构暗度陈仓。

最后，金融监管水平不高是发生金融风险的重要原因。亚洲金融危机中一些国家受到严重冲击的原因虽然可以归咎到本国金融市场全面开放，但更为直接的原因还在于这些国家金融机构风险管理欠缺，风险意识低，对外资的规模、流向没有进行正确的控制和引导，金融监管制度不够健全。金融产业固有的脆弱性，在不对称信息条件下容易引发挤兑等风险，因此，金融监管是防止个体性危机产生及扩散的必要手段。在某种意义上，金融监管是金融安全的外在保护措施。健全的金融监管体系应该包括：完善的监管组织体系，科学的信息决策体系，完备的监管制度体系，有效的危机处理体系等。

3.3.2　区域金融风险产生的中观因素

首先，地方政府对金融活动的干预是诱发区域金融风险的重要原因。

1978 年改革开放至今，我国经济依旧处在转型之中，地方政府往往在地方利益的驱动下干预金融活动，导致金融财政化的趋势，降低了金融资源的使用效率，使金融组织行政化，自身的约束能力、内控能力得不到有效提高。一是区域金融受到国家和地方政府的双重影响。国家对经济政策的调整变动，会影响某个区域的金融发展，而地方政府对其管辖区域制定的经济政策也必然会影响到该区域的金融发展。在市场经济条件下，这种双重政策会使金融风险复杂化。地方政府通常会采取地方保护主义政策，对区域金融发展形成不利影响。政府干预形成的区域金融运行封闭化和区域间产业同构化弊端，增大了金融产业的经营风险，也影响了宏观金融调控目标的实现。二是地方经济政策中的重复建设使各区域产业结构同构化弊端在经济发展进程中被不断复制和放大。重复建设、盲目建设极大降低了资金效率和不良贷款集聚，其结果是金融系统承担了最终风险。三是地方政府的经济决策失误，特别是投资决策失误，也会形成或加剧区域金融风险。如果地方政府不能保证经济决策的科学性和有效性，对投资项目缺乏充分、必要的论证，导致决策失误，就会直接影响区域经济效益，在造成资源浪费的情况下，恶化区域资金短缺状况，延误区域经济发展，甚至导致企业及金融机构陷入严重危机。还有就是政府的某些奖惩制度与官员政绩有极大的相关性，从而导致个别部门盲目投资，导致项目失败。四是地方政府对金融活动的干预会增加金融风险。当区域内的金融组织与地方政府之间形成难以分割的关联网络时，地方政府就自然地承担了隐含的担保责任。区域内的金融组织会无所顾忌地涉足高风险投资项目，使大量银行资产价值收缩的风险越来越大，并且这种隐含的政策担保还会使人们对经济产生过于乐观的预期，产生过度借贷综合征，从而使大量银行信贷资产面临着相当高的风险。

其次，区域经济发展状况与运行状态是决定区域金融风险抵御能力的重要因素。

金融体系的稳健运行需要状态良好的实体经济的支撑，其主要表现就在于运行良好的区域实体经济能够提高金融资源的使用效率，并提供较高资金回报率，从而增强外部融资能力，降低区域内源金融风险形成的概率；一旦关联区域的金融风险通过债务链条等途径向本区域扩散，或者出现宏观金融风险向本区域传播时，区域经济发展水平越高，经济结构越合理，对风险的消化能力就越强。

再次，区域间资金流动是形成区域金融风险的直接原因之一。

由于不同区域之间投资环境差异较大，追逐较高回报率的资金或资本通过金融市场进行跨区域流动，特别是随着金融产业的成长，金融市场日益完善，金融主导型资金流动逐渐取代财政主导型资金流动，成为区域间资金流动格局中的主导模式。这种转变加剧了存在梯度势差的区域间的资金非平衡流动，扩大了资金流出区域的资金缺口，降低了区域金融产业系统的支付能力。同时，区域间大规模频繁的资金流动以及由此形成的债务链条，也是关联性区域金融风险的传播途径。

最后，社会不稳定因素将影响区域金融风险发生。

社会公众非常关注自身金融资产的安全。若该地区社会不稳定因素多，金融领域的乱象无疑会降低公众对本地区金融机构的信任度，从而产生金融机构与社会公众的鸿沟，这对于地区金融安全具有极大的负面效应；特别是社会就业压力增大、职工下岗趋势加剧、劳动纠纷增多，城乡差距与地区经济差距的持续扩大，都会影响到社会的稳定，而社会不稳定因素增多必然会导致金融风险增大。

3.3.3 区域金融风险产生的微观因素

区域金融风险形成的微观因素主要包括区域金融产业的内控机制、金融市场健全性、金融产业资产质量以及金融产业人力资源条件等。

（1）区域金融产业的内控机制完备性。

内控机制是指金融产业内部克服金融脆弱性，保证金融资产质量，从而保障支付能力的机制。建立完善、科学的内控机制的前提是建立现代金融产权制度和经营机制，如果建立了现代金融产权制度，并在此基础上确立了现代法人治理结构，形成了健全、完善的内部监督、决策、管理、经营体系，就可以大大降低微观金融风险发生的概率，预防微观金融风险的累积和扩散。

（2）区域金融市场健全性。

一方面是指区域内所有的金融组织能够充分利用票据市场、同业拆借市场甚至资本市场获得长短期资金融通，减少发生流动性风险、信用风险以及经营风险的可能性。另一方面，健全的金融市场体系包含了金融活动规范性的约束、监督机制，既能避免或控制内源性金融风险的产生，也能扼制关联性金融风险通过金融市场的传播或叠加。

（3）区域金融产业资产质量。

区域金融产业质量是决定区域金融风险水平，进而影响区域金融安全的重要因素。如果金融产业特别是其中主要组织机构的资产质量较低，一方面会降低金融产业的盈利能力，从而导致竞争力低下；另一方面也会降低金融产业的信用等级，影响信用扩张。如果金融产业资产质量问题不能得到有效解决，发生流动性风险、信用风险的概率就会大大提高，而且资产质量问题是金融产业内疾，会大大降低区域内金融产业对输入性金融风险的免疫能力和抵御能力。当一个银行或整个金融机构的不良资产率超过20%，或者不良资产额超过资本金的两倍时，将会大大增加金融风险发生的概率。

（4）区域金融产业从业人员素质。

人员素质主要是指管理人员的管理能力、决策水平，项目投资和审贷等业务人员的业务组织、风险意识和风险防范能力等，是影响区域金融风险水平的直接因素。

（5）信息缺口增加金融风险发生的可能性。

信息缺口导致金融风险的发生主要表现在以下几个方面：一是信息披露不全面不充分；二是信息充分但不具备良好的鼓励架构，以至于不能正确地处理信息；三是信息虽然全面充分，但金融机构缺乏专业人员及时分析和传递信息，甚至扭曲信息；四是金融监管架构存在问题，使得信息出现偏差或信息合成谬误，导致企业决策失误，进而产生金融风险。

（6）区域金融活动面临的不良因素滋生金融风险。

灰色金融、黑色金融的存在导致金融风险的发生。灰色金融是指不符合法律规范但却有些合理的金融活动。例如，老百姓之间内部互助会、未经有关机构正式批准的合作基金会、民间的高息借贷等。所谓黑色金融是指既不合法也不合理的金融组织及金融活动。如地下钱庄、诈骗团伙、洗钱以及非法集资等都属于黑色金融。

3.4 区域金融风险的传导

区域金融风险的积累和扩大，一般情况需要一个传导过程，本节重点分析其传导路径，以利防范和控制区域金融风险。

3.4.1 区域金融风险传导路径分析

区域金融风险是中观层次的金融风险，是某个经济区域内部金融产业所面对的金融风险。就某一区域金融风险而言，其形成的根由主要包括自源性、关联性、上源性三个方面。这三个层次的金融风险均源于金融的本质属性，贯穿于金融过程的始终。仅就某一区域金融风险的形成路径来看，主要有三种形式：一是微观金融风险在区域内部的传播、扩散是沿着自下而上的途径形成的，属于自源性风险形成；二是区域内高度关联的行业、部门之间风险的传导、扩散是通过横向传播的途径形成的，属于关联性风险形成；三是宏观金融风险在具体区域内的释放，通过产业系统内部累积、扩散是沿着自上而下的途径形成的，属于上源性风险形成模式，如图 3. 1 所示。

首先，如果金融风险在区域内某个金融机构的某个部门发生，但是没有及时控制和化解，就会引起风险在所在金融机构内部各部门间扩散，进而使该金融机构面临风险。其次，区域内金融机构之间的联系，会随着经济一体化进程的加快而变得更加密切。当某一金融机构引发信用风险产生危机，会引起公众对所有金融机构丧失信心，从而使风险传导到该区域内的其他金融机构中。再次，各类金融资产和各类金融机构相互交织在区域内统一的金融市场中，形成了一个复杂的金融体系，当某一金融资产价格发生波动，会影响到其他金融资产价格发生变化，基本上不同种类的金融机构呈现出相互牵连、互相影响的网络性效应。例如，美国次债危机首先在美国金融机构中出现，随后传递到美国资本市场，然后世界其他地方的股票市场也受到了巨大冲击。最后，不同区域之间互相联系、互相影响，区域间资金通过金融市场进行跨地区流动是造成风险传导的又一重要表现。因为较大的投资环境差异存在于不同区域之间，资本通过金融市场实现了跨区域流动能得到较高的回报率，尤其是金融产业已开始成长，区域间资金流动的主导方式是金融资本流动，这种转变加剧了资金非均衡流动，尤其是存在梯度势差的区域间，现象更为明显。

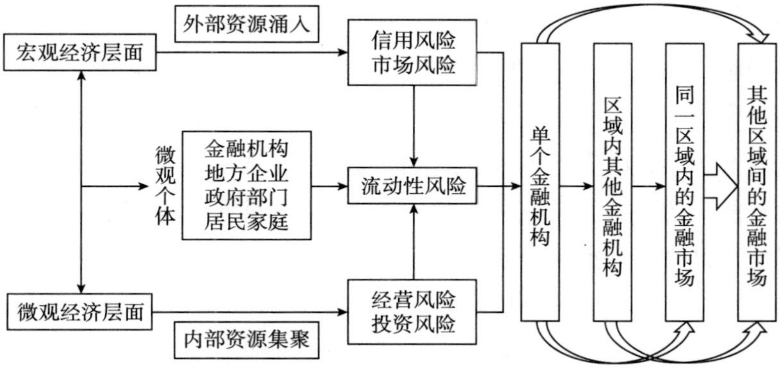

图 3.1　区域金融风险的传导形成路径

综上所述，金融风险无论是产生于金融体系内部还是外部，一旦产生后就会在金融机构内部、金融市场之间、金融机构之间、金融机构与金融市场之间顺着特定的路径传导，最终形成错综复杂的传导路径网络。

3.4.2　区域内金融风险的内生传导

金融主要的本质是为实体服务的，金融风险发生最主要的原因是由于实体经济的下滑而逐步由实体经济运行风险向金融领域传导，这也是当前我国金融风险运行的主要特征。实体经济的运行风险主要包括实体经济效益下滑、产能过剩、房地产泡沫、僵尸企业、地方基建项目过度扩张等，这些风险暴露后导致实体经济的信用风险、流动性风险发生，并分别沿着几条路径扩散与积累，加速向金融领域传导。

一是由民间借贷“抬会”倒闭快速扩散到局部地区。如 2011 年温州爆发民间融资风险事件。《温州民间借贷市场报告》显示，温州民间借贷极其活跃，89% 的家庭、个人和 59.67% 的企业参与其中，规模高达 1100 亿元。20 世纪 80 年代，以“抬会”为形式的温州地区民间高利贷一度蓬勃发展。虽然曾经受严厉打击，但是以逐利为目标的高利贷并没有消亡，并在2009年全民炒房的狂欢中再创辉煌。然而，由于温州房地产泡沫的破灭，各类“抬会”纷纷倒闭，导致温州民间借贷几乎全军覆没。而民间借贷的资金大多是通过房产抵押从银行贷出，从而导致金融机构发生金融风险。当然，值得注意的是，这些情况并非只在温州出现，其他沿海地区，甚至内陆地区均有类似情况。

二是通过担保链条快速传导扩散到整个地区。担保是法律为确保特定的债权人实现债权，以债务人或第三人的信用或特定财产来督促债务人履行债务的制度。在金融实务中，由于相当多借款人的有形财产不足，且难以满足金融机构对抵押品变现能力的要求，以第三人担保进行信用增级是我国债务形成过程中较为常见的做法。这种形式担保，在民营经济发达的江苏、浙江、福建、广东较为普及，并逐步演化成相同行业或相关行业企业之间的互保圈。因此，单家企业经营不善导致资金链条断裂，将会通过复杂的担保链条很快波及互保圈的所有企业。如江苏、上海地区的周宁、福安人的钢贸担保圈资金链断裂事件。除钢贸担保圈以外，我国各个地区存在各类担保圈。担保圈的形成，主要基于资本纽带、上下游关系、财务关联等。在宏观经济上升期，担保圈在相关行业的繁荣上有明显的促进作用。但同时，担保圈也是“双刃剑”，特别是遭遇经济周期不景气，担保圈的某个环节链条断裂将会形成加速、倍增效应。2012年，浙江民营工商界发生一波担保圈借贷危机，涉及600多家知名民营企业。事件起因是各大银行对中江集团集中催收贷款进而引发担保圈风险。由于担保圈较为隐蔽，且不易被单家金融机构察觉，一旦担保圈风险引爆，难以估量最终影响与波及程度。

三是通过影子银行领域的刚性兑付迅速扩散。影子银行领域的刚性兑付传导区域金融风险是风险隐性累积的支点，主要分为以下四个方面：

第一，刚性兑付破坏了风险与收益匹配的原则。风险与收益相匹配，是金融市场投资的基本原则，也是市场经济运行的根本要求。而刚性兑付割裂了风险与收益的平衡关系，提供了全额保险功能。在存款保险制度出台前，实际上国家对居民和企业的存款提供了全额的隐性担保，在一定程度上助长了部分金融机构的冒险行为和道德风险。

第二，刚性兑付排除了风险信息的引导作用。在刚性兑付的潜规则下，金融市场风险信息对资金以及投资者行为的引导作用几乎不存在。在没有风险的情况下，投资者只会关注金融产品的收益率，而不会真正关心项目运行可能存在的风险，更不会关心项目存在的政策风险。

第三，刚性兑付易使金融机构项目管理责任落空。财富管理产品是影子银行体系的重要组成部分。典型财富管理合同，通过合同条文明示，排除了相关金融机构的偿付责任，因而更容易导致对应融资项目管理责任落空。与贷款项目完全由商业银行承担全部风险不同，很多财富管理对应融资项目管理由非银行金融机构负责。但由于非银行金融机构的项目管理能力远远弱于银行，所谓项目管理跟踪的责任往往会流于形式。在这样的现实背景下，影子银行较正规银行体系更容易遭受实体经济风险冲击。如中诚信“诚至金开 1 号”信托计划最终以兑付本金结局，兑付危机至此化解。

第四，刚性兑付隐藏了地方债务运行的风险。在地方政府融资平台贷款规范后，地方政府积极介入影子银行体系进行债务融资。一般来说，政府融资项目盈利能力低，不足以支付相对较高的收益率。但由于刚性兑付的潜规则，投资人相信即使出现偿还风险，也可以通过信托计划的滚动发行来覆盖本息，真正出现兑付危机的可能性极小。事实上，刚性兑付掩盖了地方政府债务的实际风险，地方政府财务破产并不是没有可能，政府卖地收入模式终究会无法持续。

3.4.3 区域金融风险的外部传导

在经济开放条件下，各种金融资产、各类金融机构密切相连，相互交织成一个复杂的金融体系，金融资产价格波动相互影响传递，不同种类的金融机构也基本上呈现出一荣俱荣、一损俱损的网络性效应。由于其他地区发生金融危机，从外部转嫁或传输到本地区的金融风险，它充分反映出金融风险的“连锁效应”，或称“多米诺骨牌效应”。具体表现为本地金融机构对外投资、贷款收不回来形成的坏账，或者本地金融机构、企业或个人在外地、国外的存款提取不到，而影响自身的资金周转。

3.4.4 金融行业内部传导

由于现代金融机构存在极其密切的联系，如银行同业支付清算系统把所有银行联系在一起，多边清算差额的支付清算系统面临的任何微小的支付困难都会酿成全面的流动危机。金融机构内部某个部门发生了风险，如果没有及时化解，就会引起风险的传导，即传导到该机构的其他部门，然后使该金融机构面临风险。

如信贷部、国际业务部、资产管理部、财务部等部门之间风险的传导。当信贷部在发放贷款时，由于信息的非对称性，很难确保在资金配置上的合理和安全，所以发生资产和收入损失的可能性也在所难免；当贷款不能及时全额收回时，银行会产生不良资产（即信用风险），如果不良资产的比例达到一定程度，会造成其资产质量不佳、收益质量下降；如果此时银行的大部分债务到期，该银行将面临不能偿债的风险，其信用风险就会传导到该金融机构的财务部、资产管理部等，从而使该金融机构面临风险，这就是风险在金融机构内部各部门之间的传导。

此外，金融机构作为储蓄和投资的信用中介，连接和聚集着众多的储蓄者和投资者；再加上金融机构之间的同业拆借，造成金融机构之间时刻在发生着复杂的债权债务关系。这就使各金融机构之间紧密联系、互为依存，在金融机构的客户与客户之间、金融机构与客户之间、金融机构与金融机构之间，形成了一个个错综复杂的债权债务关系网络链条，任何一个链条被破坏都可能引起一系列连锁反应，导致整个市场出现危机。

3.4.5 行业间交叉传导

当前行业交叉传导主要集中于经济发展过程中产业结构不合理上，不仅大量企业因为涉足房地产的投机模式纷纷放弃实业经济的发展，金融机构也因为利益驱动跟风而加剧了风险。金融资本未能适应经济发展的水平进行升级，大量资金流向房地产行业，企图通过房地产的持续繁荣来获得增值。而如果房地产行业下滑，将直接导致钢铁、建筑、建材等企业效益下滑，从而又传导到煤炭企业、金属开采制造业，继而电力产业、运输产业等企业的效益下滑。因此，若房地产行业泡沫崩裂可能将直接导致区域金融危机的爆发。

第 4 章　区域金融风险测度
——模型与方法

4.1　引言

区域金融风险的研究离不开金融风险的测度，从金融风险识别、金融风险的评估以及金融风险的预警和控制都需要对金融风险进行度量。国内外文献中研究金融风险用到了众多的模型和方法，尤其在防范和化解金融风险方面，需要建立金融风险预警和监测体系，这些体系的建立需要研究区域金融风险的测度方法和相关模型。随着金融分析工具的逐步完善，由最开始的理论研究，到现在的定性分析与量化风险，都体现了对金融风险的重视。金融风险不是随时随地一触即发，它有一个量变到质变的过程，具有前期特征，因而可以寻找合适的方法与模型加以监测，在出现危机之前发出预警信号。如何对风险发生的概率进行测算，对风险的度量给出一个指标，让政府监管部门及时采取相关措施防止出现金融危机，这在当前我国防范化解重大金融风险的关键时期，维护金融稳定具有十分重要的意义。

本章通过梳理国内外风险测度与预警模型的发展脉络，详细介绍相关模型和方法以及不足，为更好构建适合我国国情的区域金融风险测度与预警体系提供参考和基础。

4.2 早期预警法

早期预警法，即选取能够反映金融风险的因变量以及与该因变量存在一定相关性的自变量，通过建立拟合方程得出由自变量的变化所引起的风险变化，由此对风险的发生进行预测。在早期金融风险预警模型的方法研究中，国外学者Frankel和Rose（1996）提出了FR概率模型（Probit/logit model），FR模型的原理是根据引起金融危机有关指标概率的大小预测危机发生的概率，并利用FR概率模型预测了100多个发展中国家金融危机的概率大小。Sachs，Tornell和Velasco（1996）提出横截面回归模型（STV模型），该模型分析了墨西哥的“龙舌兰酒危机”在1995年对20个新兴国家的影响。Sachs（1996）、Glick和Rose（1999）等均运用横截面回归模型对国家未来金融和经济发生危机的不确定性进行了预测。STV模型克服了FR概率模型的某些缺陷，考虑了国别的差异，但是STV模型选择危机成因类似的国家作为研究样本，因此，限制了该模型在实际中的应用。Kaminsky，Lizondo和Reinhart（1998）提出了“信号法”模型（KLR模型），该模型采用15个发展中国家的月度数据，对货币危机做出预测。这些模型与方法各具特点，在预测金融风险方面均有一定成效。上述模型的优点是可操作性较强，所以这几种模型影响的范围也较广。对金融危机或金融风险的预警实证研究中，有一半学者采取了FR概率模型与KLR模型。随后的研究中，金融风险预警模型种类更加多样，都得益于数量经济学的进步，通过对已有预警模型完善和改进，得到若干创新型风险预警模型，如马尔科夫区制转移模型和人工神经网络模型等创新风险预警模型。

国内关于早期预警法的研究并不多，主要是基于国外模型进行本国实践。唐旭和张伟（2002）基于Berg和Pattillo（1998）的工作，深入比较FR概率模型、STV模型和KLR信号分析法的优劣，从货币危机、银行危机和股市危机构建了中国金融系统性风险的指标体系。吴海霞（2004）运用KLR信号模型法，对不同的风险程度用相应的信号灯加以显示，信号灯选取绿灯、蓝灯、黄灯和红灯，所代表危险程度依次变大，文章利用1993～2002年的指标数据进行实证分析得出结论：我国的金融风险在系统性风险方面表现为财政风险突出，非系统性风险则聚集在银行系统。徐道宣和石璋铭（2007）引进 KLR 预警模型研究了我国金融风险预警体系，结合郑振龙（1998）所选定的预警指标，对 KLR 做出了适合中国国情的改进。黄朱文（2017）采用 KLR 信号分析法，以湖南某地市的数据进行实证分析，测算了该地区综合风险监测指数。结果显示，预警模型能够较好地反映区域金融风险状况，对区域金融风险监测预警具有一定的参考价值。郭春松（2018）构建了银行业的 Logit 风险预警模型，并通过 X 省银行业的数据对风险预警模型进行了有效性和稳定性检验。该模型虽然简单易用，但是存在局限性，例如它没有考虑国别的差异性等，导致模型的预测结果准确率较低。KLR 指标的选取相对全面，预测结果较准确，而且可以明显地告诉决策者哪些指标呈现出异常，方便对金融风险采取对策。局限性在于阈值的设定主观性强，会影响预测结果的准确性。

如上所述，早期预警法的应用主要集中在国外，对我国而言适用性不强，这是由该法的前提条件所决定的。早期预警法应用的前提是目标经济体在历史上存在金融危机或对系统性风险预警事件有准确的定义。对于历史上未曾从严格意义上发生过金融危机的国家（如中国）而言，早期预警法的应用会受到极大的限制。

4.3　综合指标法

国内外针对区域金融风险测度的研究，比较多的是侧重于区域金融风险指标设计和模型的构建，一般方法是首先通过选取影响区域金融风险的指标，然后对相关金融风险指标赋予相应的权重，并建立起相关数学模型或综合评价体系对区域金融风险进行测度。综合指标法，就是通过构建子系统指标，综合衡量区域金融体系风险的综合状况方法，其主要包括两个步骤，第一步是选取对区域风险影响较大的指标，第二步是采取一定的统计方法对指标进行综合，从而得到能够衡量当前系统性风险整体状况的指数。从预警应用角度来看，综合指数法是基于历史数据设定阈值或划定风险等级，当指数高于阈值或在风险等级中处于高位时，可做出预警。由于综合指数结构法明了清晰，并且运用起来较为灵活、可简可繁，因此在实践中被广泛运用。

4.3.1 区域金融风险测度指标选择

在指标选择方面，大多数学者是从从宏观、中观、微观三个层面选取影响区域金融风险的指标。曹文炼（1998）指出，区域金融风险指标的宏观层面主要包括与宏观经济运行有关的金融相对量指标，中观层面主要包括反映金融市场供求状况的资金价格指标和金融机构的头寸状况，微观层面则主要是金融机构财务状况指标。中国人民银行南宁中心支行金融稳定课题组（2005）选择区域金融风险的宏观经济金融指标主要包括经济增长率、货币流通状况、物价水平、就业率等，中观经济金融指标主要包括实际利率水平、不良贷款比例等，微观经济金融指标主要包括经营效益指标、流动性指标、资本充足状况指标、金融犯罪发案率和信贷收支指标。陈秋玲（2009）采用世界通行标准法、文献综述法、极值－均值法、专家经验判断法、综合分析法、类推法从宏观、中观和微观三个层面构造了区域金融风险指标体系，其中包括国际收支风险、股市泡沫风险、货币风险、财政风险、经济增长风险和银行风险六类一级风险指标，一级指标下又分成了共20个二级指标，由此构成了金融风险的评价指标预警体系。冯科（2010）、林筱文（2011）等人的研究均类似地从宏观、中观、微观角度选取风险测度指标来加以探讨。

根据文献研究发现，还有较多学者是从宏观、微观两个层面选取区域金融风险的测度指标。易传和和安庆卫（2005）将区域风险稳定指标分为宏观指标和微观指标两类；微观指标主要有银行的风险管理能力、资产质量、资产流动性、盈利能力和资本充足率五大类指标，这些指标从微观角度出发综合考虑银行业金融机构经营管理能力和水平；宏观指标主要包括政府调控能力、盈利增长水平、债务清偿能力、市场风险程度以及总规模五类指标，着眼于总体区域金融稳定状况。在区域金融风险指标的选取上采用宏观和微观两类指标的还有周才云（2006）、汪祖杰和吴江（2006）、尤旸（2010）等几篇研究成果。张亮（2013）同样将宏观指标和微观指标纳入区域金融风险测度中，在本期和前期数据已知的条件下，通过指标评价体系对本期的区域金融风险进行测度的同时对下一期的风险数据进行预测。

除了以上构建方法外，其他区域金融风险预警文献中大多数学者，如彭军娥（2008）、赖娴（2009）、谭中明（2010）都是从区域的经济环境和区域金融部门来选取指标，其中金融部门包括银行、证券和保险三个部门类别。此类的指标体系，主要包括区域GDP增长率、失业率、企业亏损率以及银行不良贷款率、资本充足率、佣金收入增长率、保险深度和保费收入增长率等指标。吴国培（2014）根据区域金融运行的特征，构建了包括银行、证券、保险和区域宏观经济运行等四部分的指标体系，该指标体系共包括GDP增长率、不良贷款率、净资本比率、保费收入增长率等20个小指标。黄朱文（2017）从宏观经济、金融运行及金融市场三个方面选取了包括GDP增长率、城镇人均可支配收入、存贷比等11个指标，构建预警指标体系，为区域金融风险的具体研究打下基础。少数学者基于区域发展角度来选取风险测度指标，如殷兴山等（2005）从区域银行稳定性、区域经济发展水平以及区域金融生态环境三方面构建了区域金融风险评价体系。还有学者从金融稳定角度选取指标：如齐娜（2006）从经济发展水平、金融市场、金融制度、金融机构以及币值稳定程度五个方面选取相关指标，建立综合评价模型。上述文献关于指标的选取方式能够在一定程度上反映区域金融风险的特征，但文献大多是从金融部门的角度出发，较少涉及政府部门、企业部门。

4.3.2　区域金融风险预测指标权重的确定

区域金融风险综合测度的重要环节是对指标体系进行赋权。赋权方法主要有以下三种：主观赋权法、客观赋权法、组合赋权法（将主观和客观结合起来进行赋权的方法，我们也称其为主客观赋权法）。

主观赋权法指按照决策者主管信息进行赋权的一类方法。常用的方法主要有层次分析法（AHP）、模糊综合评价法（FAHP）和德尔菲法（专家调查法）等。主观赋权法以专家经验为判断基础，虽然是研究较早、较为成熟的方法，但它的弊端是过分依赖专家的意见，有较大的主观性，指标赋权结果受人为意志的影响较大。而客观赋权法则是按照初始数据间的相互关系，利用一系列数学计算方法得出指标权重大小，其中比较常用的是熵值法和主成分分析法。客观赋权法的判断结果不依赖人的主观判断，有较强的数学理论依据。但它的弊端是过分依赖统计或数学的定量方法，而忽视了评价指标的主观定性分析，没有考虑决策者的意向。主客观赋权法针对主观和客观赋权法的优缺点，兼顾决策者的偏好，同时又能减少赋权的主观随意性，使赋权的结果达到主观和客观的统一，它可以使研究问题的结果更加真实、可靠，避免单一风险测度过程中的片面性，从而提高风险测度的准确性。

采取主观赋权法的文献主要有：孙清和蔡则祥（2008）着眼于区域经济环境、区域银行业、区域证券业以及区域保险行业风险，通过模糊层次模型对“长三角”地区的两省一市金融风险状况进行了分析评价。周泽炯（2010）运用德尔菲法和层次分析法计算求得每一个金融风险预警指标的权重大小，然后构建形成一套对金融风险进行监测的指标体系。中国人民银行南京分行课题组李文森（2015）通过运用层次分析法从法人银行机构、房地产、银行信贷、地方政府债务、非法金融活动和影子银行六个层面选取风险指标，对区域金融风险状况进行评估。刘林（2014）将模糊数学引入金融风险测度的研究中，构建了以模糊综合评价方法为基础的金融风险预警系统。

采用客观赋权法的文献主要有：林筱文（2011）、宋保庆（2011）等均采用熵值法对金融风险测度指标进行了客观赋权，构建我国金融风险综合预警指数。马天禄（2014）首先运用主成分分析法构造区域银行业压力指数，然后运用VAR方法构建金融风险预警模型。宋巍（2018）、郭春松（2018）均运用主成分分析法对我国银行风险预警指标进行赋权。冯科（2010）、李梦雨（2012）等学者均采用主成分分析法对中国金融风险测度指标进行赋权。胡志强（2016）采用客观赋权法从区域经济、区域金融和影子银行体系选取指标，运用熵值法赋权，计算了2011～2015年安徽省区域金融风险的大小，对结果分析发现，安徽省区域金融风险有上升的趋势。

采用主客观赋权法的文献主要有：谭中明（2010）采用主客观综合赋权方法（熵值法和层次分析法相结合）求得每个指标主客观结合计算的综合权重，由此构建的模型是区域金融风险的综合度量模型，卢芹（2012）构建了中国金融风险预警指标体系，同样采用熵值法和层次分析法相结合的主观和客观综合赋权法，对预警指标进行赋权，继而构建出与我国经济发展水平和发展模式相适应的预警体系，然后根据我国的金融风险现状提出了相应对策与建议，寿晖（2013）从宏观经济、国际冲击、资产泡沫、银行体系四个方面选取14项风险预警指标，采取AHP－熵值法综合赋权法构建我国商业银行风险预警指标体系。同样利用熵值法和层次分析法，陈保君等（2015）将区域宏观经济指标和区域银行微观指标纳入指标体系，构建了区域金融风险预警评价模型，提升了区域金融风险研究的实用性。

4.4 创新的风险预警模型

在早期预警模型使用过程中都需将连续变量转换成离散的0－1变量，这不可避免地造成信息损失，且早期预警模型均为静态。创新的风险预警模型主要有：马尔科夫区制转移模型和人工神经网络模型。

4.4.1 马尔科夫区制转移模型

最早在危机预测中引用马尔科夫机制的是Jeanne和Masson（1998）、Fratzscher（1999）、Jeanne和Masson（2000）建立了货币危机的多重均衡模型，为了刻画不同均衡状态之间的转换，在预警模型中引入马尔科夫区制转移变量，以此表现金融风险的动态效应，增加预警的有效性。之后的国外学者（Cerra，2002；Abiad，2007）都将马尔科夫区制转移模型应用到金融风险的预警当中。Knedlik和Scheufele（2008）针对2006年南非货币危机分别运用Probit/Logit模型、KLR信号模型以及马尔科夫模型进行模拟比较，结果显示马尔科夫模型的预测能力在三类模型中最强，在危机爆发前两个月发出了明显的预警信号。国内学者王春丽（2014）从外汇市场、银行业以及股票市场三个维度合成符合我国的金融压力指数，然后基于马尔科夫区制转移模型进行金融风险预警实证检验，实证证明了无论是高风险状态还是低风险状态，金融风险都存在一定的持续性，而且马尔科夫区制转移模型较好地模拟了我国过去几年的金融风险，并且预测了未来两年金融风险状态的概率。马尔科夫预测模型的前提条件是，在每个状态下，我们所研究变量的状态接下来的转移概率均不变，不会因为时间的推移而有所差别。如果不同时间的转移概率有所不同，马尔科夫模型需要更换概率转移矩阵的相关数值，不然，我们得到的预测值极有可能出现错误或偏差。

4.4.2 人工神经网络模型

金融风险预警研究中采取人工神经网络模型（BP 模型），相对于常见传统模型来说无疑是一种创新和突破。人工神经网络模型的原理是：对 BP 模型进行训练，训练的样本选取对应的输入例子和符合要求的输出，按照相应算法做充分的训练，让人工神经网络可以做到蕴涵解的基本原理，此程序之后，这个模型就能解决与之类似的研究问题。

胡燕京（2002）运用改进的人工神经网络模型建立了中国金融风险预警模型并对其训练检验。检验结果表明实际输出与期望输出接近，误差满足要求，因此可以用人工神经网络模型对中国的金融风险进行预警、检测和分析。经过实证检验表明金融风险不仅与资本市场现状相关，也与检验年份临近几年实行的积极的财政政策效应相关，而外国投机资本对中国货币金融市场尚不构成严重冲击。牛润盛（2013）根据广东省自身发展特点构建代表整体区域性金融风险的指标，利用 MATLAB 神经网络工具箱进行训练和仿真直到达到训练精度要求，用样本检验训练后的 BP 模型，预测结果和实际数值相差很小，预测效果可以接受。孙涌（2017）用 BP 神经网络模型构建了我国房地产金融风险预警系统，利用 MATLAB 程序模拟了 2017 年房地产金融风险情况。虽然人工神经网络模型能够解决内部机制复杂的问题，但是网络规模和应用实例规模之间的矛盾问题，BP 神经网络仍然存在缺陷。

4.5 权重赋值方法

4.5.1 主观赋权法——AHP（层次分析法）

层次分析法是指将一个复杂的多目标决策问题作为一个系统，将目标分解为多个目标或准则，进而分解为多指标（或准则、约束）的若干层次，通过定性指标模糊量化方法算出层次单排序（权数）和总排序，以作为目标（多指标）、多方案优化决策的系统方法。在风险测度指标系统中，AHP 的主要思路是，依照我们关注的影响地区风险问题的因素，确立我们的总风险度，然后再按照各层级问题的复杂程度将其分为若干个组成因素，对这些因素分层划分，最后在每个层次上因素两两对比，即可得到各个因素的权重占比。地区风险度 AHP 确定权重步骤如下：

（1）建立层次结构模型。

将决策的目标、考虑的因素（决策准则）和决策对象按它们之间的相互关系分为最高层、中间层和最低层，绘出层次结构图。最高层是指决策的目的、要解决的问题。最低层是指决策时的备选方案。中间层是指考虑的因素、决策的准则。对于相邻的两层，称高层为目标层，低层为因素层。

（2）构造判断（成对比较）矩阵。

我们采用 Saaty 等人提出一致矩阵法，即不把所有因素放在一起比较，而是两两相互比较，对此采用相对尺度，以尽可能减少性质不同的诸因素相互比较的困难，以提高准确度。如对某一准则，对其下的各方案进行两两对比，并按其重要性程度评定等级。a_{ij} 为要素 i 与要素 j 重要性比较结果，表 4.1 列出了 Saaty 给出的 9 个重要性等级及其赋值。

表 4.1　比例标度表

因素 i 比因素 j	量化值
同等重要	1
稍微重要	3
较强重要	5
强烈重要	7
极端重要	9
两相邻判断的中间值	2，4，6，8

按两两比较结果构成判断矩阵：

$$A = (a_{ij})_{n \times n} = \begin{pmatrix} a_{11} & a_{12} & \cdots & a_{1n} \\ a_{21} & a_{22} & \cdots & a_{2n} \\ \cdots & \cdots & \cdots & \cdots \\ a_{n1} & a_{n2} & \cdots & a_{nn} \end{pmatrix} \tag{4.1}$$

其中 $a_{ij}>0$，$a_{ij}=\frac{1}{a_{ji}}$，$a_{ii}=1$，$i=1, 2, \cdots, n$。

（3）计算权重的步骤。

①计算判断矩阵每一行元素的乘积 B_i：

$$B_i = \prod_{j=1}^{n} a_{ij}, i = 1,2,\cdots,n \tag{4.2}$$

②计算 B_i 的 n 次方根：

$$C_i = \sqrt[n]{B_i},\ i=1, 2, \cdots, n \tag{4.3}$$

③归一化：$W_i = \frac{C_i}{\sum_{j=1}^{n} C_j}, i = 1,2,\cdots,n$ （4.4）

$W=(W_1, W_2, \cdots, W_n)^T$ 即为所求的特征向量，W_i 分别为同一层次各指标对上层指标影响大小的权重。

（4）做一致性检验。

①计算一致性指标 CI（Consistency Index）：

$$CI = \frac{\lambda_{max} - n}{n - 1} \tag{4.5}$$

$$\lambda_{max} = \frac{1}{n}\sum_{i=1}^{n} \frac{\sum_{j=1}^{n} a_{ij} W_j}{W_i} \tag{4.6}$$

λ_{max}为判断矩阵的最大特征值，n 为判断矩阵 A 的阶数。

②计算一致性比率 CR（Consistency Ratio）：

$$CR = \frac{CI}{RI} \tag{4.7}$$

式中，RI（Random Index）为平均随机一致性指标，其值可以从表 4.2 中 n 相对应的数值获得。

表 4.2　平均随机一致性指标（RI）取值表

介数	1	2	3	4	5	6	7	8
RI	0	0	0.58	0.89	1.12	1.26	1.36	1.41

若 $CR<0.1$，接受一致性，即判断矩阵一致性检验被通过，若 $CR\geq 0.1$，则

对应判断矩阵重新做适当调整。

4.5.2 客观赋权法

客观赋权法主要有变异系数法、熵值法和多元统计分析法，其原始数据来自评估矩阵的数据。它的基本原理是利用指标的观测值进行赋权，权重的确定完全由统计数据得出。这类方法切断了权重系数的主观性来源，使系数具有绝对的客观性，但却容易出现“重要指标的权重系数小，而不重要指标的权重指标系数大”的不合理现象。

4.5.2.1 变异系数法

变异系数法的基本思想是：在通过指标体系进行评估时，指标体系中各指标所包含的信息量不同，即各指标对被评估对象的区分能力不同。一般来讲，如果一个指标能够明确区分其他指标，则该指标与其他指标的差异大，说明该指标包含的信息量大，应该赋予该指标较大的权重；反之，则应赋予较小的权重。在统计学中，指标的变异信息量常用方差衡量，但由于指标量纲和数量级的差异，各指标的方差不具有可比性。因此，选用各指标的变异系数作为衡量指标变异信息量大小的指标。将各指标的变异系数做归一化处理，就可得到各指标的权重。具体过程如下：

设指标体系由 m 个指标组成，以 X_1，X_2，…，X_m来描述每个指标，而每个指标有 n 个参评样本。求出各指标的均值$\overline{X}_i$ 和方差 S_i^2 计算出各指标的均值和方差；则各指标的变异系数为：

$$V_i = \frac{S_i}{\overline{X}_i}, \ i = 1, \ 2, \ \cdots, \ m \tag{4.8}$$

对 V_i 做归一化处理，即可得出各指标的权重：

$$W_i = \frac{V_i}{\sum_{j=1}^{m} V_j}, \ i = 1, \ 2, \ \cdots, \ m \tag{4.9}$$

异系数法主要通过比较指标数值之间的差异确定指标的差别档次，很好地反映了指标数值上的差异档次，变异系数法可修正主观指标权重。采用变权综合方法更能突出指标体系中个别指标的明显变化，区别被评价的对象、区别能力强。但它不能体现指标的独立性大小以及评价者对指标价值的理解，因而在评价指标独立性较强的综合评价中采用。

4.5.2.2 熵值法

在信息论中，熵是对不确定性的一种度量。信息量越大，不确定性就越小，熵也就越小；信息量越小，不确定性越大，熵也就越大。根据熵的特性，我们可以通过计算熵值来判断一个事件的随机性及无序程度，也可以用熵值来判断某个指标的离散程度，指标的离散程度越大，该指标对综合评价的影响越大。熵值法就是根据各指标传输给决策者的信息量的大小来确定指标权数的方法。某项评价指标的差异越大，熵值越小，该指标包含和传输的信息越多，相应权重就越大。设指标体系由 m 个指标组成，以 X_1，X_2，…，X_m来描述每个指标，而每个指标有 n 个参评样本。熵值法的步骤如下：

（1）将各项指标数值进行归一化处理：

$$p_{ij} = \frac{X_{ij}}{\sum_{i=1}^{n} X_{ij}} \quad i = 1,2,\cdots,n \quad j = 1,2,\cdots,m \tag{4.10}$$

（2）计算评价指标的熵值：

$$H_j = -k\sum_{i=1}^{n} p_{ij}\ln p_{ij} \quad k = 1/\ln n, j = 1,2,\cdots,m \tag{4.11}$$

（3）将熵值转换为反映差异大小的权数：

$$W_i = (1 - H_i)/\sum_{j=1}^{m}(1 - H_j) = (1 - H_i)/(m - \sum_{j=1}^{m} H_j) \tag{4.12}$$

用熵值法确定指标权重，评价结果虽然具有较强的数学理论依据，但由于熵值法要求有一定量的样本单位才能使用，并且熵值与指标值本身大小关系十分密切，因此只适用于相对评价而不适用于绝对评价，只适用于指标层的赋权而不适用于中间层的赋权。

4.5.3 多元统计分析法

多元统计分析法是处理多变量数据的有力工具，在构建评估指标体系的权重时，主要使用到主成分分析法和因子分析法。

4.5.3.1 主成分分析法（Principal Component Analysis）

用主成分分析法进行多指标综合评价的基本原理是通过适当的数学变换使新的指标成为原有指标的线性组合，并用较少的指标（主成分）代替原有指标，主成分之间相互独立。可以证明：指标的协方差矩阵的第 k 个特征值等于第 k 个主成分的方差（k = 1，2，…，n）；其对应的特征向量是第 k 个主成分的相应系数；并且主成分按照方差大小顺序排列。因此，第一主成分代表原有指标的信息最多，第二主成分次之，根据此原理，利用主成分能构造综合指数。

主成分分析确定权重的步骤如下：

（1）原始指标数据标准化；

（2）计算指标间的相关系数矩阵 R；

（3）计算 R 的特征根和特征向量；

（4）根据主成分的方差贡献率确定主成分个数 p；

（5）将 p 个主成分综合为综合指数。

4.5.3.2　因子分析法（Factor Analysis）

用因子分析法确定权重的原理是：从所研究的全部原始变量中，将有关信息集中起来，通过讨论相关矩阵的内部依赖关系，将多指标综合成少数因子（综合指标），再现指标与因子之间的相关关系，并进一步分析这些相关关系的内部原因。因子分析法确定权重的步骤是：

（1）原始指标数据标准化。

（2）计算指标间的相互关系矩阵 R。

（3）计算 R 的特征根和特征向量。

（4）根据方差贡献率（α 一般取 85%）确定特征根的个数和相应的特征向量 U_i（i = 1，2，…，m），利用 m 个特征值和特征向量建立初始因子载荷矩阵 A。

（5）建立因子模型。

（6）对初始因子载荷矩阵进行旋转变换，使载荷矩阵结构简单，关系明确。如果初始因子间不相关，采用方差进行极大正交旋转；如果因子间有相关关系，则进行斜交旋转。通过旋转得到比较理想的因子在乎矩阵 Al = （a_{ii}） n × m。

（7）将因子表示为变量的线性组合，由最小二乘法估计求出因子得分系数矩阵。

（8）确定权重。

4.6 违约测度方法

从信用风险发展进程来看，其发展大致可以分为三大类。第一类是以定性分析为主的古典分析方法，第二类是包括统计学方法和非统计学的以定量分析为主的违约预测模型，第三类是信用风险高级度量模型，是大型银行和金融公司在经济理论基础上建立的金融风险度量模型。

4.6.1 古典信用分析法

在信用风险发展的最初阶段，古典信用分析法是由经验丰富的专家结合已有的金融知识、经验和主体相关的财务信息，来对主体信用风险的高低主观判断并得出具体数值。其中，判断依据的都是专家的金融知识和获贷企业的定性信息来决定，因此，古典信用分析法亦被称作专家制度法。最先是商业银行将古典信用分析法用来评估银行放出贷款的对应违约风险，在评估的过程中，古典信用分析法被分为七种形式介于风险评价要素的异同，包括 5C 分析法、5P 分析法、5W 分析法、4F 分析法、LAPP 分析法、CAMPARI 分析法和 CAMEL 评级法（也称为骆驼分析）。其中 5C 分析法是古典分析法中最具代表性质的，从五个方面要素分析放出贷款的信用风险。

4.6.2 基于计量模型的违约风险模型

以定性分析为主的古典信用分析法在随着数学模型的发展和成熟后，不能满足商业银行的风险评估需求。在数学理论的基础上，学者们引入了信用违约度量模型，从定量的角度，以统计学和非统计学公式为理论依据，生成多个能够较为全面的覆盖评估范围并更加准确地度量违约风险。由于最早被银行用来分析企业破产预测研究，也被称为破产预测模型，逐渐过渡到信用风险计量中。

4.6.2.1 Logistic 回归模型

Logistic 回归模型是一种处理定性因变量的方法。它依据数值型变量建立函数关系式，通过回归计算出样本的发生概率然后进行分类。其中，解释变量为相关数值型变量，被解释变量为定性因变量。与多元判别分析法类似，但不同在于逻辑回归的是其没有相应的假设条件，即不需要自变量分布满足多元正态分布和相等的协方差，并且运行结果很稳定，这使得其被学者广泛应用，其中的二元逻辑回归更适用于信用风险度量的研究。

二元逻辑回归中因变量的取值为0或1，只分为两类，通常称为0－1型变量。用于违约风险预测的逻辑回归模型，其解释变量通常会选取与之相关的能反映公司经营状况的指标，被解释变量是公司是否发生过违约的定性变量，发生过违约赋值1，未发生过违约赋值0。函数表达式如下：

$$P(Y=1)=\frac{1}{1+\exp[-(\alpha+\sum_i\beta_i x_i)]} \tag{4.13}$$

其中，Y表示被解释变量，$p=P(Y=1)$为发生违约的概率。

但是从上面公式看，因变量p与解释变量之间呈现非线性关系，为了使其能够进行回归，需要变换形式，对其进行Logit变换：

$$\mathrm{Logit}(P)=\mathrm{Ln}\left(\frac{P}{1-P}\right)=\sum_{i=0}^{9}\beta_i X_i \tag{4.14}$$

其中，X_i为选取的解释变量，β_i为解释变量对应的回归系数。

Logistic回归采用最大似然估计方法，即最大化对数似然值之和的目标函数等于最大化平均对数似然值的目标函数，而使平均对数似然值最大化的目标函数是让逻辑回归曲线最大限度地拟合样本观测值。

利用回归参数得到样本发生概率$p=P(Y=1)$，若$p>0.5$，则归类结果为事件会发生；若$p<0.5$，则归类结果为事件不会发生，对应的经济学意义为会不会发生违约。

4.6.2.2　Probit回归模型

Probit回归模型也被称为单位概率回归，和逻辑回归模型较为相似，被解释变量都是定性变量，用于信用风险方面研究的模型都是0－1变量。区别在于：一是两个模型对于基本函数式的变换形式不同，前者为了使被解释变量P大于零小于1，使用Logit进行对数变换，后者为了使函数非递减，需要使用分布函数进行变换，非常复杂；二是两者需要的假设条件不同，前者不需要特定假设，后者数据必须满足正态分布的假设要求。Probit模型的函数表达式如下：

$$P_i=F(Y_i),Y_i=\alpha+\sum_i\beta_i x_i \tag{4.15}$$

经过变换之后，Probit 模型和逻辑回归模型的函数表达式都是线性回归表达式，但是前者的分布函数变换太过繁琐，与后者相比具有一定的劣势。因此，Logistic 回归模型在实际中用的更多。陈守东（2006）为了研究我国金融风险的成因，采取了因子分析法对所选指标进行了因子分析，随之采取了 Logit 模型构造了宏观经济风险预警模型和金融市场风险预警模型，并且预测了 2006 年中国的金融风险。

4.6.3 神经网络与遗传规划方法

（1）神经网络。

神经网络基于计算机的神经网络方法具备模式识别能力，把知识编码用于全部权值网络，有着自学习、自组织和自适应的特点。它对数据分布没有严格的假设，对解释变量和被解释变量之间不要求严格函数关系，还具备相当的容错能力。它的基本原理是基于 neural networks 的分类功能，对神经网络的输入是搜索出会对分类产生影响的所有因素，对所有因素进行训练使之形成神经网络，训练包括有导师的和无导师的，这样形成的风险分析模型可以作为决策依据，判断新样本是否违约。

（2）遗传规划模型。

遗传规划在吸收了遗传算法优势的基础上开发出可以利用广义计算机程序来描述问题的模型，以短的编码机制来对个体进行编码的结构描述方法。树形字符串结构是广义的计算机程序的表现形式，还可以在不同背景条件下改变架构与长度。构建逻辑是搜索样本金融指标的观测值，找寻样本信用风险状态和与其有关联的信息之间的联系，运用遗传算法来对样本信用风险的大小做出评估。

第三部分
风险预警与监管

第5章　区域金融风险预警体系建构

5.1　引言及相关文献述评

5.1.1　引言

防范和化解区域金融风险的一个重要手段就是要建立区域金融风险的预警体系。金融风险预警是指构建一套适合区域经济金融发展现状的金融预警模型，持续的监测某一地区的金融风险指标，当金融风险指标出现较大波动时，及时发出预警信号，监管部门及时采取相关措施来化解风险，避免发生金融危机。

建立区域金融风险预警体系的目的，是使监管部门尽可能全面、具体地了解影响金融安全的各种相关因素，提高金融风险预警的准确性，以便针对性地采取有效措施。影响金融稳定的因素不胜枚举，而且同一因素也会因不同区域的具体情况而大相径庭。因此，有效识别区域金融风险还要准确把握分析风险的方法和角度，科学选择相关的因素和指标，这是有效预警金融风险的先决条件和制定金融政策的依据，才能保障区域金融体系发展安全，促进竞争秩序的形成。根据对区域金融风险发生的原因和传导机制研究，我们已经比较清楚地了解了区域金融风险的形成机理。

本章首先回顾和总结了已有研究的文献成果，并从金融风险的识别展开探讨，主要从宏观经济和政策层面、金融机构（银行业、证券业、保险业、信托业）、民营金融（小贷、担保、典当、融资租赁、民间拆借）、区域政府财政和融资平台以及区域企业经营发展层面来分析怎样有效识别区域金融风险。其次，根据全面性、准确性、科学性、互补性、显著性原则，运用风险测度相关方法进行区域金融风险预警指标体系的框架构建，并设定了监管指标区间范围。需要说明的是，本章构建的仅仅是一个范例，我国区域发展不平衡，各地区的金融风险也不尽相同，因而指标设置和参数范围也会有各自不同的特点。

5.1.2 文献述评

许多专家学者就区域金融风险预警体系进行了深入细致的研究分析，并结合科学方法构建了不同的指标体系，定性、定量地判断区域金融系统的风险状况，这些研究成果为我国最终确立完备的区域金融风险预警指标体系提供了有力的理论依据。

Kaminsky 等（1998）运用信号分析法，对连续 15 个月的数据进行处理，对金融风险提供预警，Kaminsky（2006）在此基础上，加入 5 个新的指标，构建了包含 20 个指标的指标体系，有效地防止了指标之间的互补性；邹积尧和隋英鹏（2000）对区域性金融风险的防范和化解进行了研究，认为应当加强立法，深化改革建立金融风险预警防范；IMF（2003）给出由核心指标集和鼓励指标集所构成的预警指标集。仲彬、刘念和毕顺荣（2002）系统地构建了区域金融风险预警体系的框架，在研究中初步解析了区域金融风险预警体系的构成要素和基本的运作机制，确定了风险评定方法，构建了指标体系，并建立了相对应的统计模型。吴海霞等（2004）从货币、财政、国际收支以及银行的信用风险、流动性风险、资本风险、经营风险等层面选取指标，构建了我国金融风险预警指标体系，并设置风险等级，运用信号分析法对金融风险进行监测预警。易传和、诸彩云（2004）将区域金融稳定指标分为核心指标和相关指标两大类；其中核心指标又包括资本充足性、资产质量、盈利能力、流动性和管理能力五大类 24 个指标，它们从微观方面考察区域内金融机构的综合状况；相关指标包括政府调控能力、企业效益市场风险性、债务清偿能力、增长能力和银行业总规模五大类 13 个指标，它们从侧面评价区域金融的稳定状况，是对核心指标的补充。张耀平、罗小锋（2005）以我国农村为研究区域，设计出包含信息系统、指标系统、分析系统和处理系统的农村金融风险模型。邢越（2005）提出为防止区域性金融风险，应当建立具有安全接口转换的并有一定准入限制的全国性金融大数据库，对数据库进行监测及风险等级进行分类。周才云（2006）在前者的理论基础上加以改进的同时也构建了相应的区域风险预警指标体系，在文章中阐述了宏观先行指标、微观审慎指标的选取方法和权重的确定原则；提出了完备的风险预警体系必须同时包含多个层次的审慎指标。王立平、陈瑶（2007）将区域金融风险指标分成四大类：经济金融环境指标、人民银行基础指标、银行系统指标和借款实体指标，构建了台州区域金融稳定预警指标体系。崔艳娟、张风海、徐晓飞（2008）将区域金融风险指标分为金融运行环境指标、宏观指标、微观指标三大类，具体又分为居民消费价格指数增长率、信贷增长量、金融案件发案率等10个指标，把定性和定量指标相结合构建风险预警体系。姚星垣（2008）依托浙江省区域金融发展特点，提出区域金融风险的预警机制即预警评价体系包括三个模块：经济数据输入、计算与结果输出；其中在计算模块中又分为指标分析、评估模型分析两个子模块，并在此基础上进行定量分析。而谭中明等（2010）指出，区域金融风险状况包含外部影响因素以及内部影响因素两个方面。因此，在其相关研究中，将区域金融风险预警体系分为两个分系统，在两个分系统中分别构造了8个子模块，并运用相关科学方法筛选出一套有效的指标体系，确定了相应的临界值以及风险监测预警区间。

2008年次贷危机后，国内外学者对预警指标进行了详细的分类，从宏观和微观两个层面进行了更为科学的分类。张凤超（2009）以东北地区为研究对象，认为东北金融产业不发达，经济基础不牢固，信用环境有待提升，提出应当设置金融风险预警机制、采用SAP方案、建立区域征信系统措施。冯科（2010）构建了包括宏观经济系统、金融部门系统、外部金融子系统三方面的指标体系，并利用神经网络模型对金融风险进行预警。贾拓（2012）等以泰州为研究对象从宏观经济金融、地区经济和地区金融三个方面选取指标构建预警模型，运用1998～2010年的数据对预警模型的及时性、准确性进行了验证。林宏山（2012）通过对漳州市的研究，认为区域性金融风险的来源主要有：银行体系风险、保险体系风险、“影子银行”体系风险、金融诈骗风险和非法集资和民间借贷风险。张亮（2013）从区域银行业视角出发，根据科学性、显著性和可测性的指标构建原则，构建了区域金融风险预警指标体系，认为即使区域经济发展稳定，也可能受到国内其他省份金融风险的感染，需要国家层面统筹兼顾。刘海二、苗文龙（2014）从金融宏观、金融市场、金融机构三个层次分析了区域性金融风险的来源和传导变化；王俊（2014）研究认为区域性金融风险存在，只是在国家的隐形担保下，并未全面暴露，在此基础上将区域金融风险来源分为区域宏观金融和区域微观金融两部分，并运用自回归积分滑动平均模型构建了区域金融系统评判体系。饶勋乾（2015）从金融脆弱性理论出发，运用单一指数法、加权指数法和分析方法，构建我国金融脆弱性指数，得出我国金融脆弱性指数，结果显示30%以上的时间段超过预警值。王园园（2015）选取了宏观经济、国际冲击、金融市场和银行系统10个指标，构建了基于我国银行业系统性风险预警指标体系。于华鑫（2016）对山东省区域性金融风险的来源进行了识别，认为区域性金融风险主要来源于山东省各级政府债务、地方法人银行、房地产行业和产能过剩行业，而且还受资产价格影响，国家政策变动也对区域金融风险有一定影响，并在此基础上运用主成分分析进行了估测。孙晓宁（2016）从微观、宏观和对外三大系统，构建了我国系统性金融风险指标，并合成金融风险指数，测算了我国面临的系统性风险。李正辉等（2017）依据中国大陆31个省级行政区划单位，构建单因素、多因素、交互效应的区域性金融面板固定效应模型，考量了区域性金融风险的影响因素。孙强、崔光华（2017）从宏观、中观和微观三个层面选取风险预警指标，运用FR模型构建我国银行业系统性风险指数，实现了从空间和时间两个维度监测预警。

综上所述，专家学者在他们研究的金融风险及区域金融风险指标体系中，尽管选择的指标和划分风险状态的数量不尽相同，各个状态的临界值选择也存在差别，但是他们建立指标体系的目的都是衡量金融业的风险大小和稳定状况。从上述研究成果看，这些研究还存在以下不足：一是预警指标体系的选择主要侧重于国家宏观因素，对区域中观条件下的一些重要的因素还欠缺考量，特别是缺乏地方金融机构对区域金融风险影响的研究，开放条件下一些重要的外部冲击影响如汇率预期、“热钱”流动也关注较少；二是金融风险预警较多侧重于长期，而对中短期金融风险预警关注较少。从金融风险发生的易变性来看，这些研究还有待于进一步深入。

5.2 区域金融风险的识别

5.2.1 从金融机构层面识别风险

区域金融风险的识别最能发现问题的就是考察区域金融行业的健康主要指标。我们主要可以从区域金融行业的资产质量和流动性问题来考虑，因为金融行业的资产质量是决定区域金融风险水平和区域金融安全的重要因素。如果区域金融行业，特别是其中主要组织机构的资产质量较低，就说明其盈利能力差，从而导致其竞争力低下、信用等级下滑，影响信用扩张。如果金融行业资产质量问题不能得到有效解决，发生流动性风险、信用风险的概率就会大大提高，而且资产质量问题是金融行业的内疾，其会大大降低区域内金融行业对输入性金融风险的免疫能力和抵御能力。区域内的金融行业主要分析银行、证券公司、保险公司、信托公司等金融机构的运行状况，分析它们的盈利性、流动性和安全性风险。

5.2.1.1 银行业分析

银行业是金融行业最重要的金融机构，业务占比在一般地区都在70%以上。根据银行的性质，我们主要从银行的资产负债表和运用状况来分析金融风险。

（1）从银行资产负债表来识别区域金融风险。

第一，根据银行的资产负债性质判别金融风险。银行资产项目主要分为现金资产、贷款、证券投资、固定资产以及其他不同种类的资产。现金资产是流动性最强的资产项目种类，是银行的一线准备金。如果一线准备金过少，将导致流动性风险。贷款是商业银行的重要资产项目，也是银行最大的盈利来源。贷款的金融风险相对较大，贷款具有不可预知性，因为市场的任何变化都会影响贷款的来源和收益。贷款最大的风险是信用风险，此外是利率风险和汇率风险。另外，银行的证券投资是其另一个重要资产项目，证券投资具有明显的流动性优势，它的主要风险是价格风险、利率风险和信用风险。再就是银行的固定资产、其他资产如衍生产品，这部分资产的主要风险是价格风险。

第二，从银行的负债分析风险。银行负债主要是存款负债、借入负债和结算中负债，其主要风险为利率风险和流动性风险。负债业务是银行发展的前提，各家银行都争相采取手段吸引存款，但自阿里巴巴推出余额宝以来，银行存款增速已明显下滑。对银行的流动性将是考验。我们需要分析银行吸纳存款的成本以及它的期限，防范银行存贷期限结构不合理而导致的流动性风险，以及存款成本过大的盈利风险。

第三，从银行表外业务分析风险。银行的表外业务主要包括以下几个方面：一是信用类业务：票据、信用证、保函等，其主要风险是信用风险。二是承诺类业务：贷款承诺函等，主要也是信用风险。三是委托类业务：委托贷款、代理清算、代收代付、代理产品销售等，主要风险是操作风险和道德风险。四是金融顾问服务等咨询类业务以及保管箱等其他类业务。其主要风险是道德风险和其他风险。表外业务是当前银行大力发展的业务，其存在的隐性风险不可忽视，尤其是信用证、保函等均存在较大风险。

第四，从银行的资产负债表的结构分析风险。主要分析银行资产负债结构比例是否合理。主要指标有存贷款比例、中长期贷款比例、流动性比率、国际商业借款指标、境外资金运用比例、备付金比例、单个贷款比例、拆借资金比例等。

（2）从银行的整体运营情况来识别区域金融风险。

银行的自身经营情况是识别风险的首要考量维度。银行拥有的资产存量以及拥有的发展价值信息，能够影响其未来的发展。一是通过银行的盈利水平来识别金融风险。每个银行拥有的资本情况各不相同，在追求利益的过程中，经常会选择投资时间短，收益高的资产。而这样就会阻碍资产流动的速度，使资产在流动过程中出现损失。银行的盈利能力是衡量其发展水平的关键因素。我国商业银行的盈利能力，需要从资产结构提升，有效组合资产，负债改善情况以及降低付息率等多方面入手分析。可以通过盈利性财务指标来分析。二是从银行的经营管理水平识别风险。如银行的信息系统、规划系统、控制系统、操作系统等的运行效率，经营成本的控制能力等。可以通过各类财务运营指标来计算。三是通过银行的风险敞口来识别金融风险。具体的度量有各类风险度量模型来计算。风险是一个预测性的比例概念。对风险的识别需要从多方面进行把握。金融风险的存在，需要各个市场参与者能够根据市场变化适时进行有效掌控。

5.2.1.2 证券业分析

证券业对区域金融风险的影响主要从证券公司的自营、经纪、资产管理和承销业务所产生的风方面，以及涉及股指期货、融资融券等金融衍生产品业务等创新业务的风险和证券公司的管理水平等方面进行分析。

自营业务风险主要来自利率、汇率、股票、商品等的价格变化所产生的损失以及业务操作风险、决策风险等。承销业务风险主要来自行情低迷时经营成本高、业务难以拓展及承销证券质地差而导致发行失败的风险。

5.2.1.3 保险业分析

保险业的风险主要来自保险投资、保费收入率与赔付率的变化，以及保险骗保案件和保险公司自身的管理水平等方面。

一是保险资金运用风险。区域保险市场的保险机构基本是各大保险公司在区域范围内的支公司或营销部门，经营范围仅限于收取保费、办理理赔支出等工作，而对保险资金的运用则无权涉及，因而保险资金运用风险在区域保险市场不多见。

二是经营管理风险。主要是保险公司的经营机构以及营销服务部的内部控制制度是否落实。主要问题是截流保费收入，违规操作理赔报案、理赔支出，业务提取高额回扣；以及保单资金入库滞后。地区意外事故或突发性灾难可导致地区赔付增高。

三是利率风险。保险机构费率的厘定与银行利率呈现负相关关系，如果银行利率上涨，保险费率一般会下调；如果银行利率下调，保险机构的费率则一般会上调，如果二者能够保持这种协调关系，从理论上讲保险业务的利率风险应该可以避免。但有些业务已经发生且费率在保单有效期内不能变更，银行利率的变化则直接影响到保险机构的收益，这就要求保险费用的厘定要充分考虑利率风险。第一，利率升高往往会诱发投保人退保，变现资金以购买其他收益更高的金融产品；第二，退保对保险公司销售队伍的稳定带来冲击，没有续期佣金，一些保险业务员可能选择退出保险业；第三，影响保险公司的现金流和资产的流动性，迫使保险公司调整投资策略，增强投资组合的流动性，从而降低投资的预期收益，导致恶性循环，甚至可能影响一些保险公司的偿付能力。

四是交叉性保险业务风险蔓延。如车辆消费贷款保险形成风险的主要原因有：第一，银行方面为了扩大放贷规模，竞争车贷业务，出现一些不严格审查买车人资质信用的现象，使得不按期还贷比例增加，承保了车贷保证保险的保险公司因而增加了经营风险。第二，一些车商和民间担保公司分走了大部分信用良好的优质客户，留给保险公司的投保客户信用风险远高于一般人群，这与保险公司按照一般风险率制定的车贷险费率不相匹配，使得保险公司车贷险赔付率大大高出预计的经营风险。第三，一些车商、代理商违规操作，为一些营运车辆特别是一些工程车办理贷款和投保，由于建筑工程本身常有拖欠款发生，工程车贷款也往往被拖欠。上述交叉业务发生的风险必然波及银行业的正常经营。

五是分红保险对银行经营产生影响。保险业的快速发展尤其是分红保险业务的快速增长，分流了县域储蓄资金，这对于长期依靠储蓄而发放贷款的银行机构来说，容易引起银行机构经营性风险，降低银行性经营机构的支付能力。

5.2.1.4 信托业分析

信托业的风险主要有自有资金的运营、托管资产的运营风险、流动性风险、财务风险和道德风险。

一是信托业的投资风险。因投资项目和合作对象选择不当使投资的实际收益低于投资成本，或未达到预期收益，以及资金运用不当而形成风险。如，资金来源利率高于资金运用利率，短期资金来源作长期运用，等等。这种状况普遍存在于信托投资公司的自营投资和委托投资中，是造成信托投资公司资产质量差的主要原因。

二是信托业的流动性风险。一方面，由于缺乏稳定的负债支撑，信托机构不能比较方便地以合理的利率借入资金周转，从而发生支付困难；另一方面，一些信托投资公司用负债炒房地产、股票、基金，因大量资金被套牢套而产生流动性风险。

三是信托业的财务风险。财务风险是指因财务管理不善而造成的风险。我国许多信托投资公司对本单位资产负债比例管理指标、成本、损益等重大经营情况没有专门的分析报告和财务评价，更没有发挥财务部门的日常监督作用，有些公司财务状况岌岌可危仍全然不知。由于管理不善，不能及时察觉财务风险隐患，长期积累可能会引起更大的危机。

四是信用风险。信托机构因受信者经营状况恶化，不能按初始条件偿还资金而产生大量不良资产的原因有三个方面：第一，对借款人、承租人、被担保人的资信情况、项目技术、经济和市场情况缺乏必要的调查研究；第二，对担保、抵押、反担保的各项要件审查不细，核保不严，抵押物不实，缺少法律保护措施；第三，政府干预下产生的非市场化业务。

五是道德风险。道德风险在信托业中主要是指受托人的不良行为给委托人或受益人带来损失的可能性。信托是以信用为基础的，信托投资公司作为受托人，应该忠于委托人和受益人，在任何时候都绝不能以谋取私利为动机。但目前我国的信托投资公司普遍存在着受托人的不忠实行为，如挪用信托基金或其收入为受益人以外的他人谋利，不按信托契约投资多样化，导致委托财产受到损失，超过授权限度投资，给委托人造成损失，等等。

5.2.2　从地方金融机构层面识别风险

地方金融机构主要指国家正规金融机构以外的从事金融活动的企业，主要包括担保公司、典当公司、小贷公司、经营租赁公司、投资公司、财务公司、民间拆借以及 P2P 等。这些机构服务主体定位于中小企业及个人，其特点不同于传统的银行、保险、证券业务；它不受人民银行、银监会、保监会、证监会直接监管，下放到地方由当地政府监管或缺乏监管，注册资金相对金融机构小，资金来源为私募而非公募，管理不规范，人才队伍素质参差不齐，公司管理结构不合理，基本是控股股东说了算。

地方金融机构的风险分析基本与银行类似。首先要关注这些公司的资产负债表，关注其资产质量情况。其次需关注其负债，关注其流动性和资产结构，多数机构都是借入资金再贷出资金。对于担保公司需关注其对外投资，担保资金的保证金是否到位，担保放大倍数和代偿率。对于民间借贷目前以分散的个人与企业之间、地方金融机构与企业之间、个人与个人之间的借贷为主，而其中由于存在债务链条的多层次性和复杂性，一旦出现较大风险，可能会波及银行等金融体系。评估民间金融风险，可以从民间借贷纠纷案例入手，通过对显性案例进行分析，得出相应的量化指标和评价标准。民间金融具有借贷利率高和规模变动快的特征，这两方面正是民间金融链条的脆弱环节，是风险积聚点。因此，本书将民间金融风险区分为民间借贷利率风险和民间借贷规模风险，以此细化民间金融风险的形式。

5.2.3　从房地产、工商企业的经营层面来识别风险

（1）房地产企业风险评估。

当前我国金融风险的源头主要体现在房地产企业的经营状况上，因为房地产价格经过十几年的持续上涨，我国房地产业已成为国民经济的支柱产业，政府的

土地财政和民间房地产投资的高回报都促使我国房地产业成为资金流入的重点行业，在我国温州、神木、鄂尔多斯等地的金融风波主要就是该地区的房地产泡沫破灭而导致的。目前我国金融业投入房地产的贷款金额占比已达30%左右，一旦房地产业出现下滑，必将发生连锁反应，加上目前贷款都是以房地产抵押贷款为主，房地产价格下跌必将迫使银行重新评估房地产抵押物的价格，下调贷款额度，收回部分贷款，从而导致工商企业资金减少，最终影响国民经济发展。

（2）工商企业风险评估。

第一，根据工商企业的资产负债表判别金融风险。资产主要包括现金和短期投资，主要看流动性风险和环境风险。存货，主要是流动性风险和价格风险。应收账款，主要是信用风险。长期投资，主要有利率风险、汇率风险、通胀风险、政策风险和环境风险。固定资产主要是价格风险。无形资产主要有商誉风险、环境风险和专利的价格风险。第二，从工商企业的负债及资产负债比例来识别。资产负债结构决定该企业的偿债能力和抗风险能力，主要有利率风险和汇率风险以及信用风险。第三，从工商企业的盈利水平和经营管理水平来识别。工商企业的规模和经营管理水平决定其企业的未来发展，也决定其金融借贷的能力大小。

5.2.4 从政府财政和融资平台层面来识别风险

（1）区域政府调控能力下降风险。

区域金融的发展状况通常还与政府的调控有关。比如区域性的城市商业银行、农村信用合作社在业务经营中往往要执行政府政策，支持本地经济发展，一旦出现经营风险，政府将以财政收入作为保障，帮助它们摆脱困难。

（2）政府融资平台和区域政府的负债状况也会影响其调控能力。

一旦出现一些意外的重大风险事件，政府就有可能无力偿还债务，出现支付困难。

5.2.5 从区域环境层面来识别风险

（1）宏观经济失衡引发的风险。

区域金融风险的发生与宏观经济运行是否合理有着相当密切的关系。如果经济运行中存在发展速度过快或过慢、经济结构失衡、发生严重的通货膨胀等问题，那么即使区域金融风险程度不高，也有可能从外部环境角度引发区域金融危机，因此，国家宏观经济运行状况是评判区域金融风险的重要条件。

（2）泡沫经济引发的风险。

这种风险的典型特征就是货币流通与商品流通的联系逐渐脱离，资本在逐利的天性下纷纷从实体经济涌向股市、房地产等投机性市场，金融资产的现实价格被严重高估，与其代表商品的基础价值之间偏差越来越大，金融资产在虚拟的价格高位上就必然伴随着金融风险。一旦泡沫破裂，就将出现大量银行等金融机构面临破产倒闭的风险。

（3）区域宏观经济引发的风险。

区域经济发展状况与运行状态是决定区域金融风险抵御能力的重要因素。金融体系的稳健运行需要运行状态良好的实质经济的支撑，其主要表现就在于运行良好的区域实质经济能够提高金融资源的使用效率，并提供较高资金回报率，从而增强外部融资能力，降低区域内源金融风险形成的概率。而一旦关联区域的金融风险通过债务链条等途径向本区域扩散，或者出现宏观金融风险向本区域传播时，区域经济发展水平越高，经济结构越合理，对风险的消化能力就越强。

（4）区域间资金流动问题引发风险。

区域间资金流动是形成区域金融风险的直接原因之一。由于不同区域之间投资环境差异较大，追逐较高回报率的资金或资本通过金融市场进行跨区域流动，特别是随着金融产业的成长，金融市场日益完善，金融机构主导型资金流动逐渐取代财政主导型的资金流动，成为区域间资金流动格局中的主导模式。这种转变加剧了存在梯度势差的区域间的资金非平衡流动，扩大了资金流出区域的资金缺口，降低了区域金融产业系统的支付能力。同时，区域间大规模的频繁的资金流动以及由此形成的债务链条，也是关联性区域金融风险的传播途径。不同区域内的银行、证券公司、保险公司、民营准金融机构的运行状况会导致资金流动性问题，从而引发区域金融风险。

（5）外部（国外）冲击引发的风险。

这种风险是指外国投机资本对本国货币和金融市场进行攻击的可能性，它的手法一般是在短期内低进高出或高出低进，由此操纵着金融资产的价格，如股价、汇价在短期内暴涨、暴跌，人为制造金融风险。当然，这种风险只有在资本流动比较自由的情况下才有可能发生。其风险的大小主要取决于本币币值的高估程度、外资流入规模等因素。

5.3 区域金融风险预警指标体系基本架构

本章根据指标体系的选择原则并借鉴国内外学者理论研究和各国金融风险防范经验，结合我国金融业的风险实情，从多个方面构建了区域金融风险预警指标体系。一级指标主要包含宏观环境检测指标、区域经济和金融生态检测指标、金融机构监测指标、地方金融检测指标。

5.3.1 区域金融风险预警指标体系的选择原则

在总结以往预警理论研究经验的基础上，我们提出以下几条区域金融风险预警指标的选取原则：

一是全面性原则。必须在充分理解区域金融风险内涵的基础上，由多部门共同参与、逐级划分层次，并选取既能客观反映金融部门风险情况，又能反映金融资产合理利用程度的、最具代表性的变量。

二是准确性原则。充分考查现有数据资料的真实性和准确度，尽量使用统计调查部门的原有数据，避免使用其他业务部门层层上报汇总的数据，尽量将调查误差控制在最小范围内。确保区域金融风险预警指标数值的准确性和权威性，进而确保评估结果的客观性。

三是科学性原则。区域金融风险预警指标体系设计是否科学，直接关系到评估工作的质量，应尽可能以现代统计理论为基础，既要科学合理、简单易行，又要反映各时期区域金融风险的情况，实现由定性分析到定性和定量分析相结合的飞跃。

四是互补性原则。区域金融系统内部关系错综复杂，正是这种错综复杂的关系影响了区域金融稳定的效果，所以在设计任何一个指标时都要考虑到整个系统的结构，使指标之间相互联系、相互补充，客观、全面地反映区域金融的变化状况，否则便会造成评价结果的失衡、失真。

五是显著性原则。指标体系灵敏度要高，指标数值的细微变化能直接反映出区域金融稳定的变化情况。只有这样，监管部门才能及时发现经济社会活动中出现的问题，采取相应措施化解风险、稳定金融。

5.3.2 宏观环境因素检测指标

宏观环境检测指标主要有：经济风险检测、货币风险检测、对外经济检测、资产价格检测。

（1）经济风险检测指标包括 GDP、财政收入、财政赤字、宏观经济指数变动。

（2）货币风险检测包括 M2 增长率/GDP 增速、信贷增速/GDP 增速和通货膨胀率三个指标作为衡量指标。

（3）对外贸易风险检测包括外债总额/GDP、短期外债/外债总额、外汇储配支持进口时间、实际汇率升值幅度。

（4）资产价格泡沫检测包括股票市盈率、股票指数、房地产价格指数、大宗商品价格指数。

5.3.3 区域经济与金融生态因素检测指标

区域经济与金融生态因素检测指标主要有：区域经济运行、区域金融生态、区域资产价格和区域企业经营。

（1）区域经济运行检测指标包括区域 GDP、区域财政收入、区域宏观经济指数变动、信贷增速/GDP 增速、区域投资增速/GDP 增速、出口增长率/GDP 增速、区域失业率。

（2）区域金融生态检测包括区域经济案件增速、家庭抵押贷款债务比率、恶意逃废债务比率、外贸依存度。

（3）资产价格泡沫检测包括区域房地产价格指数、区域通货膨胀率、土地交易价格指数变动、区域房地产投资增速/GDP 增速。

（4）区域工商企业经营检测包括企业资产负债率、企业资产利润率和区域内企业亏损率。

（5）区域政府负债及投融资平台检测。包括平台的资产负债率、政府负债及或有负债增速/GDP 增速。

5.3.4 区域金融机构检测指标

金融机构主要包含银行业、证券业、保险业和信托业，下面我们分别分析这四类机构的风险指标。

（1）区域银行业检测指标包括资本充足率、核心资本充足率、不良贷款率、资产利润率、贷款收息率及资产费用率、流动性比率、存贷款比率和超额准备金比率、拨备覆盖率。

（2）区域证券业检测指标包括佣金收入增长率、成本收入比、违规案件率。

（3）区域保险业检测指标包括保险深度、保费增长率、赔付率。

（4）区域信托业检测指标包括：不良贷款率、资产利润率、贷款收息率及资产费用率、流动性比率、拨备覆盖率。

5.3.5 地方金融机构风险检测指标

地方金融主要包括担保公司、典当公司、小贷公司、经营租赁公司、投资公司、财务公司、民间拆借以及P2P等，地方金融检测指标主要包括经营管理水平检测和民间利率水平检测。

（1）经营管理检测。

包括这些机构的资本到位率、不良贷款率、资产利润率、贷款收息率、资产费用率、流动性比率、资产负债率、拨备覆盖率及担保公司的代偿率、资金放大倍率、投资回报率。

（2）民间借贷利率检测。

包括民间借贷平均利率、银行业平均贷款利率。

5.4 区域金融风险的评估

5.4.1 区域金融风险预警指标临界值的划分

临界值确定依据有两个：一是如果有公认的临界值就按照公认标准来确定。如《新巴塞尔协议》等国际通用标准，如资本充足率、核心资本充足率等以及中国人民银行资产负债管理指标，如流动比率等。二是如果没有公认的临界值，则通过比较确定临界值，可以参照同一国家在金融稳定时期的相应指标值，也可以参照经济金融背景相似国家在金融稳定时期的相应指标值，或据国内权威文献和相关专家意见确定。各指标临界值的划分区间具体见表 5.1。

表 5.1　区域金融风险预警指标临界值的划分区间表

指标名称	金融安全	金融基本安全	金融不安全	金融危机
GDP 增长率	>10	(6，10]	(4，6]	≤4
通货膨胀率	<5	[5，10)	[10，15)	>15
股市平均市盈率	<15	[15，30)	[30，60)	>60
股价指数波动率	[0，8)	[8，15)	[15，30)	>30
房价增长率/GDP 增长率	[5，15)	[15，20)	[20，25)	>25
固定资产投资增长率	(13，19]	(10，13] 或 (19，22]	(7，10] 或 (22，25]	<7 或 >25
房地产投资增长率	(13，19]	(10，13] 或 (19，22]	(7，10] 或 (22，25]	<7 或 >25
失业率	≤4	(4，6]	(6，8]	>8
企业亏损率	≤15	(15，20]	(20，25]	>25
资产利润率	>2	(1，2]	(0.5]	≤0.5
财政收入占区域 GDP 比率	≥24	(20，24)	(15，20)	<15
财政支出占区域 GDP 比率	≤40	(40，45]	(45，50]	>50
企业信用状况	很好	较好	较差	差
核心资本充足率	>5	(3，5]	(2，3]	≤2
资本充足率	>9	(7，9]	(4，7]	≤4
不良贷款率	<5	(5，15]	(15，25]	≥25
呆账贷款比率	<1	(2，3]	(3，4]	≥4
逾期贷款比率	<4	(4，8]	(8，12]	≥12
最大十家客户贷款比率	≤45	(45，55]	(55，65]	>65
资本收益率	≥4	[2，4)	[0，2)	<0
贷款收息率	>90	(75，90]	(60，75]	≤60
资产费用率	≤0.2	(0.2，0.4]	(0.4，0.5]	>0.5
流动性比率	>30	(25，30]	(20，25]	≤20
存贷款比率	≤70	(70，75]	(75，80]	>80
超额准备金比率	>8	[4，8)	[2，4)	<2
风险管理能力	很强	强	较弱	弱
佣金收入增长率	>20	(10，20]	(10，0]	<0
成本收入比	<50	(50，65]	(65，80]	>80

续表

指标名称	金融安全	金融基本安全	金融不安全	金融危机
违规案件率	<20	(20, 50]	(50, 80]	>80
保险深度	>5	(3, 5]	(1, 3]	<1
保费增长率	>20	(10, 20]	(5, 10]	<5
赔付率	<50	(50, 65]	(65, 80]	>80
民间借贷平均利率（月）	<1	[1, 3)	[3, 6)	≥6
城镇登记失业率	<3	[3, 6)	[6, 8]	>8
拨备覆盖率	≥100	[60, 100]	[30, 60]	<30
区域经济景气指数变动	≥3	[-3, 3)	[-10, -3)	< -10
家庭抵押贷款债务比率	<25	[25, 45)	[45, 60]	>60
恶意逃废债务比率	<1	[1, 3)	[3, 4]	>4
外贸依存度	[20, 40)	[40, 70)	[70, 100)	≥100
房价增长率/GDP 增长	[0, 1)	[1, 4)	[4, 6)	≥6
土地交易价格指数变动	>8	[6, 8]	[2, 6)	<2

5.4.2 指标数据的标准化处理

由于各个监测预警指标的性质和意义不一，有的指标是属于越大越好的正指标，而有的指标是属于越小越好的逆指标，还有些指标则属于适度性指标。因此需要对指标数值进行标准化处理，以反映风险程度的高低。数据的标准化处理有多种方法，本章采用映射的方法将指标值映射为统一的分数值。具体做法是：对于每一个指标值，根据其在不同风险状态的警界限上限和下限中的相对位置，按照相同的比例映射到分数上限和下限的对应位置。

5.4.3 综合风险度的计算

将指标值标准化为分数值后，运用科学的方法对分数进行合成，形成一个能够综合反映区域金融风险的数值（即综合风险度），对区域金融的总体风险水平做出准确评判。综合风险度是区域金融风险影响因素综合风险度加权平均值。计算公式表示为：

$$M(x) = \sum_{i=1}^{n} w_i x_i (i = 1,2,\cdots,n) \tag{5.1}$$

上式中，M（x）是由 x 确定的区域金融风险影响因素指标的综合风险度，

w_i、x_i 分别为区域金融风险影响因素指标的组合权重和映射分数值。M（x）的取值在0~100之间。据此可以监测某个区域金融风险的大小。其中权重的选择可以按照AHP法和熵值法计算。

5.5 区域金融风险预警区间的确定

区域金融风险预警区间的划分是根据金融风险的大小把金融风险划分为几种不同的状态。简单来说，区域金融安全是指区域金融业在遭受外部冲击时，能够确保金融体系的安全，并能够持续保持稳健运行与发展的态势。与金融安全相对立的是金融危机，它是金融风险积累到一定程度时的总爆发，表现为大量金融机构顷刻倒闭，整个区域内的金融业一片混乱，金融体系最终全面崩溃。处于这两种极端态势之间的是金融基本稳定和金融稳定恶化。金融基本安全仅次于金融安全，它是指金融机构整体运行平稳，但部分指标已达到了预警值，并且有少数金融机构正常倒闭。金融不安全处于金融基本安全和金融危机两者之间，它的金融稳定状况较差，部分指标已超过预警值，多数金融机构已无力经营，虽然还未达到危机爆发的状况，若不立即采取挽救措施，则离危机爆发的时日并不遥远。由此可见，我们把区域金融风险基本态势划分为安全、基本安全、不安全和危机四种情况。同时，分别为金融风险的四种基本态势赋予不同的分值范围，分值越高，说明金融稳定状况越好，分值越低，说明金融风险越大，金融稳定状况越差。具体见表5.2。

表5.2 区域金融风险预警区间

M值	安全状况	风险状况	金融运行状况
$80 \leq M < 100$	金融安全	无明显风险	各项风险指标均在安全区内；金融市场稳定，金融运行有序，金融监管有效，金融业稳健发展
$50 \leq M < 80$	金融基本安全	轻度风险	金融信号基本正常；部分指标接近预警值；不良资产占总资产比重小于10%；有正常的金融机构倒闭，但所占比重很小；金融运行平稳；对实体经济造成较小的冲击

续表

M值	安全状况	风险状况	金融运行状况
20≤M<50	金融不安全	严重风险	大部分金融指标恶化；大多数金融机构有不同程度的不良资产问题；有较多的金融机构倒闭；金融动荡、区域经济衰退
M<20	金融危机	风险总爆发	金融不安全状况累积的结果，爆发严重银行危机和民间借贷危机，大批金融机构、准金融机构倒闭；区域实体经济严重受损、经济衰退、社会动荡

第6章　区域金融风险与地方金融监管

6.1　引言

地方金融相对于全国整体金融而言，是整个金融体系的基础，只有地方金融的风险做到可控，才能最大限度地降低整个国家金融体系的风险。地方金融的市场定位主要是服务于地方经济发展，服务“三农”、中小微企业以及当地百姓。地方金融主要包括城市商业银行、农村信用社，地方组建的证券公司、保险公司、信托公司、小额贷款公司、融资担保公司、融资租赁公司、典当行、商业保理公司和新型互联网金融公司等机构。从监管职责上划分，主要负责地方性金融机构的审批和监管。近年来，随着我国地方经济的大力发展，地方金融具有增长速度快、面临挑战多、发展责任重等特征。自“十二五”开始，我国地方政府便相继出台地方金融规划，地方政府对地方金融的重视达到前所未有的新高度。据银保监会公布的数据，我国仅农村商业银行已超千家。随着地方金融的快速发展，地方金融机构数量快速增长，一些地方金融组织和新型的金融业态迅速膨胀，地方金融面临的不确定性因素和金融风险发生的概率也大幅度增加，这也从多个领域和层面挑战地方政府金融监管体制。地方政府不仅要维护地方经济稳定，而且也是地方金融风险的最终处置责任人。2014年8月，国务院出台相关文件界定了中央和地方的金融监管职责和风险处置责任，重点强化职能转变和制度体制建设、完善中央和地方金融监管工作协调体制，明确中央和地方金融监管职责和风险处置责任。经过多年的金融监管体制改革，各地政府也已基本构建了以地方金融监督管理局（金融办）为核心、相关行业主管部门共同参与的地方金融管理体制。

2018 年起，地方金融监督管理局陆续在全国各省开始挂牌，我国已形成了分工明确、各司其职的金融监管机构——中央人民银行（外管局）、银保监会、证监会和地方金融监督管理局。随着我国区域经济、区域金融、互联网金融、金融科技以及区域金融机构的快速发展，对有效防范及化解区域金融风险提出越来越高的要求。然而，在地方政府承担维护地方金融安全的极大责任同时，它被赋予的对金融事务的权利及可动用的金融手段却极为有限。区域性的金融机构为了扩展经营而盲目争取客户，区域内原有金融机构为留住客户也被迫采取各种优惠措施，这些行为的发生，都加大了区域金融风险。区域金融的开展受到国家和地方两级政府所制定的经济政策影响，在市场经济条件下，国家和地方区域经济发展的目标不一定统一，这就使区域金融风险变得复杂化。可以注意到，有些地方政府甚至将银行视为当地政府的职能部门，摊派行为时有发生，对银行贷款的安全性、流动性和盈利性极少考虑，这些行为加大了区域金融风险的积累。区域金融与区域经济的发展紧密关联，区域金融风险处理不当，就会影响区域经济的发展，甚至会诱发金融危机。目前，我国区域性金融风险增大的重要原因之一是体制不完善造成的，因此，深化地方金融监管体制改革、加强地方金融监管建设就显得尤为迫切。

6.2 地方政府金融监管内涵和演进

6.2.1 地方政府金融监管的概念和内涵

6.2.1.1 地方金融监管的概念

金融监管是一国金融监管当局为实现宏观经济和金融目标，依据法律法规对全国银行和其他金融机构及其金融活动实施监督管理的总称。本质上是一种具有特定内涵和特征的政府规制行为。它作为政府提供的一种纠正市场失灵现象的金融制度安排，目的是最大限度地提高金融体系的效率和稳定性。金融监管可以分成金融监督与金融管理。金融监督指金融主管当局对金融机构实施的全面性、经常性的检查和督促，并以此促进金融机构依法稳健地经营和发展。金融管理指金融主管当局依法对金融机构及其经营活动实施的领导、组织、协调和控制等一系列的活动。

地方政府金融监管是地方监管主体在国家赋予的权限内，对区域范围内的经济主体进行各种监督和管理，主要包括金融企业的市场准入、市场运行、市场退出、风险监测、风险预警等监管内容，其目的是保证金融机构稳健运行，推动地方经济与社会的和谐发展。一方面，地方政府在培育金融产业、服务中小企业、支持小额贷款等方面具有重要作用；另一方面，一旦地方政府管辖的区域范围内出现地方金融风险、偿债危机时，地方政府应承担一定的责任。监管的客体是地方经济主体的金融活动、金融机构和地方金融企业、金融市场等，以保证区域金融体系的健康运行。地方金融监管是防范区域性金融风险的重要保障。强化地方人民政府金融监管意识和责任是中央在全国金融工作会议上的明确要求。

6.2.1.2 地方金融监管的内涵

（1）监管依据。

传统金融监管理论源于政府干预理论，地方金融监管的理论依据是区域内存在金融市场缺陷和市场失灵问题。导致区域金融市场失灵的原因是多方面的：其一，金融业自身具有外部效应，这种效应将金融系统自身的不稳定性扩散到了整个区域金融市场内的所有金融机构，某一个金融主体隐藏的金融风险一旦爆发，将导致“多米诺骨牌效应”危及整个金融市场，对地方金融市场的信用和金融秩序造成危害。其二，由于金融业具有一定的垄断性，对市场竞争具有一定的约束，这降低了金融体系的服务质量，最终影响金融资源配置效率。因此，从地方金融业的发展来看，地方政府应介入到金融监管当中。

（2）监管层面。

地方政府金融监管在市场经济快速发展、金融业混业经营、金融创新产品不断涌现的背景下不断发展，地方政府金融监管属于区域范围内的中观层次金融监管。不同于中央政府对于整个金融业的监管目标，地方金融监管的目标是提高区域抵御金融风险的能力和金融竞争力，保证区域内金融市场的运作与发展高效、健康和安全，保证区域内金融业的规模不断扩大以满足地方经济发展的资金需求。因此，地方金融监管需要考虑到地方金融体系的不完整性和特定的区位功能性，不同地区经济发展水平和金融业发展程度存在较大差距，因此对各个地方政府的金融监管目标不能采用统一的标准。

（3）监管主体。

地方政府金融监管的主体具有多元性，各主体之间需要进行协同互动。地方金融监管的主体主要是地方政府金融监管部门和国家层面监管部门的分支机构。我国目前采用的这种监管模式是在金融业务专业化发展情况下的模式，实施的是分业监管。然而，随着金融业混业经营的趋势和金融产品创新收益复杂性，分业监管模式难以实现对金融领域的全局监管。因此，从地方政府对于促进区域金融发展和防范金融风险的需求出发，地方政府需要对区域内各金融领域相关活动和隐藏金融风险进行总体掌控，防止单一金融机构的风险扩散到整个地区金融风险甚至危及全国的金融稳定。地方政府金融监管的主体具有多元性，各主体之间需要协作互动，对区域内经济活动主体所从事的金融活动进行监督和管理。

（4）监管对象。

地方政府金融监管的对象具有广泛性。伴随着地方区域经济不断发展，地方政府对于金融的需求日益增大，地方性金融机构企业的数量和规模也在不断扩大，已成为整个我国金融体系中的重要组成部分。因而监管的对象应扩展到地域范围内所有从事金融领域相关活动的经济主体，包括企业、投资公司及国有商业银行在地方的分支机构、证券公司、保险公司以及信托公司、财务公司、小额贷款公司、担保公司、融资租赁公司等，这些参与地方金融活动的金融主体带有明显的政府背景特征，或者本身是民营合股企业，是证券和保险之外的重要非银行机构，也是地方政府金融监管的主要机构对象。

6.2.2 我国金融监管概况及机制

6.2.2.1 我国金融监管发展概况

我国金融监管体制建设大体分为三个阶段：第一阶段是 1998 年以前，由中国人民银行统一实施金融监管。第二阶段是从 1998 年开始，对证券业和保险业的监管从中国人民银行中分离出来，分别交由中国证券监督管理委员会和中国保险监督管理委员会负责，形成了由中国人民银行、证监会和保监会三家分业监管的格局。2003 年中国银行监督管理委员会正式组建，接管了中国人民银行的银行监管职能，由此我国正式确立了分业经营、分业监管、三会分工的金融监管体制。我国现行金融监管体制的基本特征是分业监管。按照金融监管的分工，银监会主要负责商业银行、政策性银行、外资银行、农村合作银行（信用社）、信托投资公司、财务公司、租赁公司、金融资产管理公司的监管。而证监会和保监会则分别负责证券、期货、基金和保险业的监管。银监会成立后，中国人民银行侧重加强制定和执行货币政策的职能，负责金融体系的支付安全，发挥中央银行在宏观调控和防范与化解金融风险中的作用。第三阶段是自 2017 年至今。2017 年 11 月，经党中央、国务院批准，国务院金融稳定发展委员会成立，旨在加强金融监管协调、补齐监管短板。设立国务院金融稳定发展委员会是为强化人民银行宏观审慎管理和系统性风险防范职责，落实金融监管部门监管职责，并强化监管问责。要求金融监管坚持问题导向，强化综合监管，突出功能监管和行为监管。要求地方政府要在坚持金融管理主要是中央事权的前提下，按照中央统一规则，强化属地风险处置责任。要健全风险监测预警和早期干预机制，加强金融基础设施的统筹监管和互联互通，推进金融业综合统计和监管信息共享。对深化金融改革的一些重大问题，要加强系统研究，完善实施方案。金融稳定发展委员会成立后，各监管机构协调性大幅提高，规章统一性大幅加强，体现出较强的执行力。

2018 年 3 月 13 日，根据国务院机构改革方案的议案，银监会和保监会合并，组建中国银行保险监督管理委员会，拟订银行保险业重要法规草案和审慎监管基本制度的职责划归人民银行。主要目的还是进一步加强监管的协调性，防范监管空白和监管套利，同时进一步加强监管部门之间的相互制约。我国现行金融监管体制不仅统一了监管框架，加强了监管专业化，提高了监管效率，而且还有利于中央银行更加有效地制定与执行货币政策。从其实际运行以来所取得的成效来看，在总体上是值得肯定的。

6.2.2.2 地方金融监管演进

随着地方经济高速发展，实体经济需要更多金融机构提供多元化的金融服务，各地方金融机构应运而生并蓬勃发展。但在经济下滑的背景下，地方金融机构的不规范运作和风险不断暴露，成为区域金融稳定的重要威胁。面对地域分散、数量庞杂、业务多元以及风控薄弱的地方金融机构，中央集权的金融监管体制已是力不从心。因此中央需要地方金融管理部门能够凭借地方的行政资源、信息优势和政策便利，将繁琐复杂的各类地方金融风险按照行政地域划分为区域性、专业化、小规模的金融风险进行监管和处置。我国地方金融监管大约可分为四个阶段。

第一阶段，下放单点处置权力阶段。1996 年中央授权地方政府对农村合作基金会的债务风险进行处置，开启了地方金融风险处置及监管的实践。

第二阶段，下放多点监管权力阶段。伴随着金融创新深化以及地方金融与经济融合程度不断提升，地方金融风险处置及监管权力逐渐扩大。2004 年，省级地方政府获得监管农村信用社的权力，2006 年，地方政府被明确赋予具有处置地方金融风险的责任；2009 年，地方政府成为监管融资性担保机构的主体。

第三阶段，下放由点到面的处置权力阶段。2011 年“十二五”规划纲要提出要完善地方政府金融管理体制，并首次明确“中小金融机构的风险处置责任”归地方政府所有，2012 年第四次全国金融工作会议再次对此进行强调。

第四阶段，监管权力强化阶段。虽然 2017 年前地方金融监管权力获得重大的进展，但是地方政府仍没有法定意义上的金融监管事权。2017 年第五次全国金融会议要求地方政府要在坚持金融管理主要是中央事权的前提下，下放适合属地管理的监管事权，并强化属地风险处置责任。中央政府明确了地方政府的监管事权：对于小额贷款公司、融资担保公司、区域性股权市场、典当行、融资租赁公司、商业保理公司、地方资产管理公司七类机构的监管，由中央监管部门制定规则，地方金融监管部门具体实施，对于投资公司、开展信用互助的农民专业合作社、社会众筹机构、地方各类交易场所四类机构的监管则由地方金融监管机构全面负责。这是中央政府首次给予地方政府金融监管事权，同时初步确定了地方金融监管的职能、责任和权力范畴。

值得注意的是，P2P 网络借贷平台的监管不属于地方金融监管机构，而属于银保监会。在第五次全国金融工作会议后，为完善现代化金融监管体系，夯实地方政府金融监管事权，截至 2019 年 3 月底，全国除西藏自治区和港澳台地区外的省、市和自治区均先后成立了地方金融监督管理局。广东、福建、四川等地市级地方金融监督管理局也已成立。值得注意的是，绝大部分省级金融监督管理局为省级政府的直属机构，只有上海地方金融监督管理局是由上海市政府组成的部门。

6.2.3 我国金融监管体制

6.2.3.1 监管框架

当前我国金融监管体制按照“一行二局”纵向管理与地方金融监督管理局

（金融办）横向管理相结合的形式安排。

（1）我国中央金融监管框架，如图 6.1 所示。

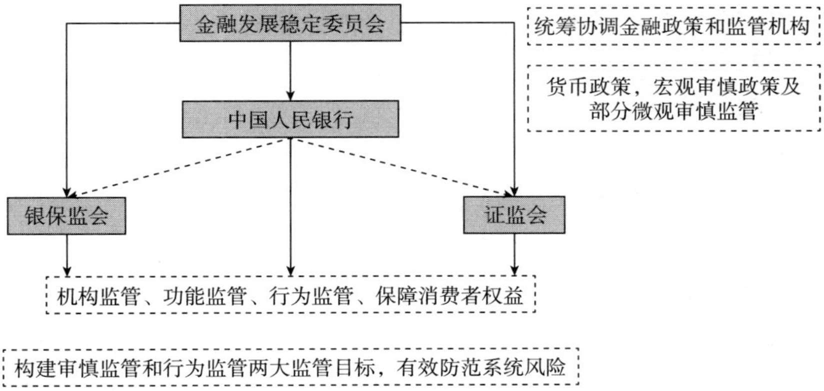

图 6.1 我国中央金融监管框架

（2）我国地方金融监管框架，如图 6.2 所示。

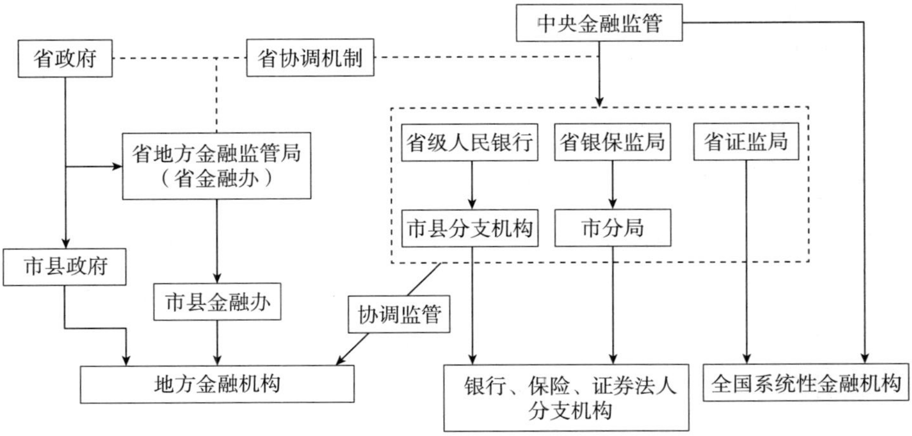

图 6.2 我国地方金融监管框架

6.2.3.2 两类监管差异

经过对纵向管理和横向管理进行比较发现，两类监管模式在机构设置、职能和履职手段等方面存在差异。

一是机构覆盖面、管理架构不同。人民银行、银保监会在省、市、县三级均有派出机构，证监会仅在省级有派出机构；“一行两局”均实行总部归口管理。省、市地方金融监督管理局（金融办）目前基本已为省、市政府直属机构，但区、县级机构设置还不统一，部分挂靠发展改革局、财政局等；同时其金融办也未设置归口部门。

二是监管侧重点不同。人民银行派出机构负责推动落实宏观审慎监管政策，加强地方金融基础设施建设等；银保监会、证监会派出机构负责金融机构的准入和监管。而地方政府金融监督管理局（金融办）职责既包括对地方金融机构的监管，也包括推动地方金融行业发展、牵头协调地方性金融稳定等。

三是履职手段不同。人民银行派出机构通过现场检查、非现场检查、考核等方式履职；银保监会、证监会派出机构通过对金融机构的准入管理、对高管任职资格的审批，以及日常监管等手段履职。而地方政府金融监督管理局（金融办）职能上有所不同，明确了地方金融监管部门对金融业态的监管职责，具体职责界定尚不得而知，也没有明确具体执法权等问题。履职手段有限，主要为沟通协调、牵头建立议事规则等。

综上所述，“一行两局”设置更规范、稳定，履职手段更明晰，更注重传导落实中央层面的政策指令。而地方政府监督管理局（金融办）更注重地方经济金融发展，防范化解地方金融风险。

6.2.4 地方金融监管协调机制

当前我国地方金融协调机制的主要形式是“一家牵头、多家参与”。以牵头部门与参与部门的地位关系为标准划分，地方金融监管协调机制包括由中央金融监管派出机构牵头、地方政府部门参与的纵向协调机制，以及地方政府牵头、中央金融监管派出机构参与的横向协调机制。

6.2.4.1 纵向协调机制

一是人民银行牵头建立金融监管工作联席会议机制，主要组织形式为：人民银行派出机构牵头，银保监局、证监局共同建立联席会议制度，同时根据需要邀请地方政府部门和地方金融监督管理局负责人参加。联席会议原则上每季度召开一次例会，由“一行两局”轮流组织。其主要职责是：通报各自出台的重大政策、工作情况；相互通报银证保等行业运行的基本情况、发现的重大风险及采取的监管措施；讨论和协调有关金融监管的重大事项、已出台政策的市场反应和效果评估；相互通报监管对象处罚信息等。二是财政专员办牵头建立财政金融监管协作配合机制，主要组织形式是：财政专员办牵头，人民银行派出机构，银保监局、证监局共同建立财政金融监管协作机制。其主要职责是：每年定期或不定期召开会议，通报各单位金融监管工作的开展情况；各联席单位及时抄送本单位出台的金融监管规范性文件、监管简报等，并对监管中的问题相互咨询；联合组织开展对金融机构的专项检查或调查；对监管工作中发现的重大违法违规问题，需要跨部门进行追查处理的，按各自职能分工正式移送；加强部门信息共享和数据校验，定期通报监测结果等。

6.2.4.2 横向协调机制

地方金融监督管理局（金融办）牵头建立地方金融稳定协调机制，主要组织形式为：地方金融监督管理局（金融办）牵头，人民银行派出机构，银保监局、证监局共同建立联席会议机制。其主要职责包括：开展政策措施协调，促进地方经济社会发展战略及相关政策措施与金融政策有机衔接；协助地方政府全面，及时了解重要政策措施，掌握金融运行情况；密切与其他金融管理部门就有关情况进行沟通协调与配合；及时掌握区域金融风险重点环节、重大问题及变化趋势；商议防范化解金融风险的重要措施，以及处置重大金融风险的应急预案；交流金融监管工作经验，等等。

6.3 当前地方金融监管存在的主要问题

6.3.1 监管目标不统一，监管体系仍然薄弱

（1）地方金融监管目标不统一，支持地方发展和强化监管目标冲突。

首先，当前所有省级政府在成立省级地方金融监督管理机构的同时，仍加挂地方金融工作办公室或金融工作局的牌子。这使得地方金融监管局实质上同时承担了金融服务支持地方经济发展的责任，在地市级的机构改革和设置中大部分也

是“两块牌子、一套人马”。即地方政府同时承担了金融监管功能和金融发展功能，而这样的功能定位目标是不一致的，有时甚至是冲突的。其次，当前我国不同地方政府的金融监管目标也不尽相同，存在多样化现象。如北京市金融发展的目标是加强首都金融环境和金融服务体系的升级，浙江省金融监管的重点在于推进地方金融的创新发展，加强对地方民间金融机构的监管。地方政府金融监管的目标不统一，使得当前地方金融监管的范围和重点均不同，金融监管的方式也有差别。这样一来，由于缺乏明确统一的目标，国家金融监管难以与地方金融监管相互协调，不同地方金融监管机构间的协调合作也有一定的困难。

（2）金融监管体系仍未实现全覆盖。

除人民银行有较完整的机构设置外，银保监会在县域只设办事处，人员编制仅3～4人，监管权集中在上级；而证监会未设立市县级机构，县域金融监管力量较弱。但县域金融机构数量逐年增加，部分机构游离于金融监管之外。以某市为例，现有证券机构14家，期货公司5家，保险机构40家，却没有相应行业监管机构；其辖区内某县甚至没有银保监派出机构。金融监管资源匮乏可能导致部分违法违规金融行为未被发现。

（3）地方金融监督管理局（金融办）的机构和职责有待加强。

地方金融监督管理局（金融办）暂无立法层面授权，只履行有限管理权。机构设置不统一，区县级地方金融办或挂靠地方政府，或挂靠发展改革委（局）、财政厅（局）等。人员配备较少，以某市为例，现有32家典当行，而该市负责典当行监管的人员仅1名。同时，地方金融办的职责存在一定冲突，有时难以兼顾地方政府诉求和监管者立场，在小贷公司、典当行等地方金融机构监管中仍存在重审批、轻管理的现象。

（4）部分金融新业态仍存在监管真空。

以标会为例，目前法律法规尚未明确标会的监管部门。近年部分地区受经济下行等因素影响，民间标会“倒会”事件频发，甚至影响到正规机构，但由于缺乏监管标准和手段，监管约束难以到位。又如，随着互联网金融的迅猛发展，P2P、众筹等新兴业态层出不穷，但监管标准与制度相对滞后，监管信息收集不及时、不全面，风险识别手段有限，目前基本一刀切。结果是前期各类新业态野蛮生长，现在是金融新业态无发展。此外金融助贷公司鱼龙混杂，没有监管标准，风险尚存。

6.3.2 监管协调机制运行不畅，监管处置效率不高

（1）监管协调机制的约束力不强。

目前金融监管协调机制均采取联席会议或领导小组形式，联席会议办公室作为日常办事机构，无立法授权，难以统筹形成合力。联席会议政策协调多采取联合发文、签订协作备忘录等，议事规则不完全，奖惩机制也不清晰。同时，由于在协调机制中牵头部门和参与部门的职责重点不同，部分政策因难以取得共识而无法出台。

（2）分业事权设置影响风险处置效率。

在“属地监管、属地处置”模式下，一方面，地方政府金融办和金融监管部门在金融机构的事前准入、事中监测和事后处置中往往缺少协作，难以及时发现风险；另一方面，分业监管部门对风险关联性认识不足，应急措施较慢，无法及时缓解风险，增加后期处置难度。以钢贸信用风险事件为例，当某地钢贸和融资担保业务公司出现债务违约时，区内部分金融机构受到影响，区外银行机构不分对象优劣、只收不贷，区内外金融机构相互抽贷压贷，风险从钢贸产业转至担保链，再通过担保链传至区内其他企业；区内信贷大户和过度融资企业出现运营资金紧张；甚至资金链断裂的情况，进一步影响区内联保、互保机构，风险进一步蔓延。对此，必须建立起有效的监管协调机制，才能防止监管实践与金融创新脱节、金融监管职责与风险处置脱节。

（3）信息共享仍较有限。

国家金融监管部门与地方金融监管机构尚未完全建立起信息共享长效机制，每次获取相关数据都需联系沟通。例如，人民银行派出机构为识别可能导致银、证、保各行业风险的因素，需及时获得全面准确的监管信息，但实际能获取的信息却较少。一些统计数据，包括不良贷款余额缺少行业明细，不能满足实质性分析的需求。

（4）重复监管增加金融机构负担。

重复和交叉监管仍是一大问题，最明显表现在对地方性银行机构监管上。根据法定授权，地方性银行机构的日常经营活动受银监局管理，而地方性事务工作接受地方金融办管理。据了解，地方性法人银行机构每月需向监管部门和地方金融办报送几十张报表。在宣传、考核等多项工作中，各监管部门要求亦有不同，

金融机构需一一落实。多头监管无疑增加了银行机构负担。

（5）难以准确定性和防控金融风险。

由于监管协调机制运行不畅，资源配置效率受到影响，银行机构可能通过借新还旧、过桥资金偿还转贷等方式，掩盖不良贷款的真实情况，影响表内信贷风险分类，导致风险分类不审慎和拨备“虚减”等，进一步削弱对信用风险的抵偿能力。

6.3.3 地方政府金融监管权力分配和法律体系建设不足

（1）中央金融监管与地方金融监管的权力分配尚无法律保障。

按照中央对地方金融监管的定位，金融监管的事权属于中央，风险处置责任属于地方。对中央政府而言，下放部分金融监管权力，能够降低中央政府监管成本，提高监管效率，但是这种效率提升需要以地方金融监管权责明晰界定作为基础。地方的监管权力来自国务院部门规章、地方政府规章和地方政府规范性文件，但是在现有金融监管基本法律体系下，中央机构享有全部的监管权力，包括让渡给地方的部分监管权，而地方政府依照法律仅仅承担组织、协调、监督与取缔有关的工作。目前我国的金融法律法规在执行统一的金融管理制度的前提下，尚不存在以立法形式赋予中央监管机构和地方金融管理机构分别行使金融监管的权力。

（2）当前我国地方金融监管法律制度尚不完善，法律体系不够健全。

近年来，随着我国地方金融的快速发展，国家相关部门也出台了相关规章，授予地方政府一定的监管权力，如《国务院关于鼓励和引导民间投资健康发展的若干意见》《银监会关于印发村镇银行组建审批工作指引的通知》《银监会关于印发小额贷款公司改制设立村镇银行暂行规定的通知》等，银保监会在 2020 年 6 月印发了《融资租赁公司监督管理暂行办法》。虽然目前国家尚未出台地方金融监管领域的统一立法，但近年浙江、山东、河北、四川、天津、上海等省市已相继出台了地方金融监管的地方性法规。如《温州市人民政府关于鼓励和引导民间投资健康发展的实施意见》，《上海市地方金融监督管理条例》于 2020 年 7 月 1 日起正式施行等。上述规章和规范性文件对于建立完善我国地方政府金融监管体系具有一定的积极作用。但是，这些规章大多以国务院部门规章、地方政府规章以及地方政府规范性文件的形式存在，还没有明确的法律规章，地方性行政法规相对较少，并且现有的地方金融管理制度也缺乏系统性，如某省份发布相关规范性文件 30 多个，总体上缺乏系统性和逻辑性。鉴于此，我国地方金融监管法律制度还需要不断完善。

6.4 完善地方金融监管的建议和路径探索

6.4.1 确定监管目标，制定行动准则

我国金融市场化改革不断深化，地方金融业态日益丰富，风险也逐步凸显，强化地方金融风险防范和金融监管职能成为当务之急，要保证高质量完成任务，需要做好目标制定和政策落地。

（1）为确保地方政府金融监管稳定运行，需要制定地方政府金融监管目标，要将完善地方金融市场体系建设和防范化解金融风险放在重要地位，要在国家金融监管目标的基础上，围绕地方金融发展制定目标。

现阶段，我国地方政府金融监管的目标制定应当包含以下几个方面：一是要推动地方金融市场的有效性。应确保地方金融市场主体的公平竞争与平等权利，不断提高地方金融的效率，鼓励地方经济增长要素充分参与我国金融市场建设，享受金融市场改革红利。二是要维护地方金融市场的稳定性。地方政府要密切配合国家金融政策，通过不断完善金融市场体制、机制建设，保证金融业的稳健有序运行，保证国家各项宏观调控政策的落实。三是要确保地方金融市场的安全性。针对当前全球经济的不稳定性所带来的我国经济下滑，加上现代金融科技迅猛发展，地方金融创新过程中良莠不齐、鱼目混珠的现状，需要严格金融监管措施，防范和化解地方金融风险，确保市场体系的安全运行。

围绕上述几个方面，地方政府首先应从国家全局出发，兼顾地方经济发展目标，自觉将地方监管体系纳入国家金融监管体系的全局，推动金融监管的整体性和一致性；其次应创造和维护公平有序的竞争市场和协调合作的态度，推动地方金融市场的发育，鼓励、支持地方金融机构依法依规开展和创新金融业务，不断提升地方金融管理水平；最后应保护投资人和债权人合法权益，严厉打击各种非

法集资和非法金融活动乱象，健全地方金融监管制度和法规，重视事前预防、事中监管、事后救助，做好地方金融风险的化解与防范。

（2）在地方政府制定金融监管目标后，要建立地方政府金融监管的行动准则，确保目标落实和完成，鉴于我国地方经济发展特点，需要基于当地情况考虑，应区别于一般原则来制定行动准则。

一是要依法依规。地方政府必须依据国家和地方的法律规章进行金融监管，确保参与金融监管的合法性和正当性有效性。要加快立法，确保地方监管的机构、监管对象、监管权限、监管内容和监管措施等都要有具体的法律规章给予明确，坚持依法监管。监管主体应依法行使监管职权，在法律授权的范围内开展活动。

二是要公平一致。要秉持内外一致、公私一致、大小一致等基本原则，确保所有市场主体享受国民待遇。政府应公开、透明执法，要将监管的内容、鼓励和禁止的方向、救助与惩罚措施等及时公开，最大限度提高市场监管的透明度。监管过程要符合相关程序，不能为政府和个别机构的利益损害社会和行业利益，坚决遏制监管权力寻租，平等对待一切金融市场主体，做到司法公正、程序公正、执法公正和效果公正。

三是要高效快捷。金融监管的难点在于行动便捷和高效，金融活动出现异常时需要有预警系统快速反馈；监管机构的设置需要确保相关监管部门尽早尽快进入角色之中，将金融不稳定因素尽快扼制住，防范蔓延和扩大。

四是要经济可行。监管的目的除了维持正常金融秩序以外，还需要用较小的监管成本取得较大的社会效益。地方政府参与金融监管要合理配置资源，降低监管的直接和间接成本，减少公共开支，要将监管的经济效益和社会效益结合起来，将防范和化解金融风险与促进区域金融发展与创新结合起来，避免直接参与金融企业的微观管理，把握好监管的力度和节奏，创造良好的创业环境。要充分赋予地方政府监管职能和金融监管权力，同时要严格规范地方金融监管的责任与义务，将审批权与管理权的下放与责任追究制度结合起来，切实维护地方金融稳定、促进地方经济健康发展。

五是要制度化、常态化。做好地方金融监管工作的关键点在于构建完善的管理体系和长效机制，形成监管的全面性、连续性、系统性以及监管形式多样性的格局。要不断探索和完善适合我国国情的监管架构和监管体系，完善相关监管工作机制和协调机制。同时要充分利用现代科技手段，掌握金融科技工具，采取现场监管和远程监管、全面检查与随机抽查、行业监管与重点企业监管、奖励与惩戒、外部管控与内部自控相结合的方法，形成完整、全面、有效的防控体系。

6.4.2 明确监管职责，强化协调机制

要坚持“中央统一事权、监管权责一致、压实属地责任”的原则，明确监管部门的职责分工，加强协调机制，强化监管问责，构建起既维护中央主导权威，又促进地方经济金融发展、维护金融稳定的地方金融监管协调机制。

（1）明确地方监管机构与中央派出机构的职责。

首先，应当制定一套合理的法律法规划分双方的监管权利与责任。其次，需进一步明确新兴金融业务的监管责任，比如地方金融监管当局除了“7+4”之外是否需要承担其他新兴金融业务的监管职责。最后，中央监管当局及其派出机构应协助提升地方金融监管机构的“软实力”，创新适应区域性金融风险应对的政策工具，解决制度建设和政策工具短板。

（2）建立中央统一领导的监管协调机制，推进纵向金融监管体制改革。

为防范跨区域金融风险，进一步完善地方金融监管体系，提升中央掌握信息的广度和深度，建议金融委与地方金融监管部门、金融办联合构建“双线”联通机制，实现中央和地方两级统筹协调、纵横联动。首先，要建立双线联通。金融委同时与人民银行省级派出机构、省政府金融办建立联通机制，人民银行省级机构、省政府金融办再各自逐级向下传导，构造出一条上达中央、下至市县的畅通信息链。其次，要统一指令和建立一套监管细则。政策指令由上至下全面传导，金融委发布的国家金融宏观调控政策通过人民银行省级派出机构和省政府金融办传达至人民银行系统，以及各级地方金融办和地方政府。不同地方金融监管当局之间，应当实施同一套监管细则，杜绝监管套利，形成全国一盘棋。最后，要实时反馈，跨区域联动。地方风险情况和监管信息由下而上及时反馈。人民银行省级派出机构、省政府金融办实时收集、汇总和评估辖内各地金融监管情况和重要信息，以定期报告与不定期报告相结合的形式上报金融委。金融委则将反馈报告作为考核监督问责地方金融业务的重要依据，以此提高整体监管效能。对于跨区域的金融风险，要打破区域壁垒和信息壁垒，让违法违规行为在第一时间被识别，提高跨区域金融风险的联动防控能力。

(3) 明确地方金融监管职责，完善横向金融监管体制。

建议由人民银行派出机构、地方政府金融办“双牵头”建立地方金融监管协调办公室，形成监管合力。整合目前较分散的地方金融监管协调机制，统一由人民银行派出机构、地方政府金融办联合牵头成立地方金融监管协调办公室，银保监、证监、法院、检察院、政法委、公安、发展改革委、经信、财政、税务和工商等作为成员部门共同参与，最大限度实现条块融合，将中央金融监管目标与地方实际有效对接，既发挥中央金融监管部门的专业优势，也能获得地方资源的有力支持，同时缓解部门之间的利益博弈。在特殊、突发金融事件处理中，可迅速调动多部门行政力量，形成立体化的地方金融监管协调架构。

(4) 发挥地方金融立法优势，增强地方金融监管协调机制的约束力。

针对地方金融监管协调机制偏松软的问题，建议在法律法规框架下，结合实际出台地方性金融法规，如地方金融监管指导意见、地方金融监管条例等，从立法层面授予地方金融监管协调机制办公室在协调、调配监管资源等方面的职权；并根据中央的专业优势和地方的信息优势，进一步明确协调机制中各方在职责分工、协调配合、议事规则、信息沟通和奖惩机制等具体职责。同时，建议设立地方金融办权力清单，一定程度地剥离地方行业发展的职能，进一步强化其在防范化解地方金融风险、处理地方金融突发事件的职责。

(5) 开展县域金融综合监管试点，弥补地方金融监管不足。

针对我国县域监管力量相对薄弱、潜藏风险的情况，建议在县域率先试行金融综合监管体制，将人民银行县级派出机构和县级银监办进行合并，成立金融综合监管试点机构，对银、证、保各金融行业进行统一监管，在体制上消除中央事权在部分领域的监管盲区，促进宏观审慎监管与微观审慎监管有效融合。人民银行、银保监、证监省级分支机构应根据宏观审慎和微观审慎监管的分工，各自加强县域金融风险问题反馈机制，充分运用县级机构的神经末梢作用，加强县域风险预警能力。人民银行省内机构应汇总县域综合监管情况，及时向金融委报告反映，依法依规响应和处置。同时，建议在试点中将准入和监管适度分离，由不同部门进行管理，避免行业发展与监管职责冲突。

6.4.3 构建经济发展和监管相统筹的支持体系

一是构建支持地方经济与强化金融监管相统筹的政策体系。地方经济的快速发展是地方政府的诉求，而区域性金融风险和系统性金融风险防控是中央政府的全局性考虑。为了从根本上解决经济发展支持和金融监管强化的两难问题，最重要的是调整地方发展政策框架，在考核指标中弱化经济增长目标，而加强金融监管、防范风险的相关内容，使得地方政府与中央政府的行为取向趋于一致。同时，应进一步强化地方在金融监管和金融稳定治理的各项能力，更好地兼顾经济发展与金融稳定。

二是立法明确中央和地方监管权力和处置责任。为解决地方与中央监管权力分配问题，确保地方政府合法有效监管，应加快立法步伐，以法律的形式明确中央与地方在金融监管上的职责分工，使得地方金融监管“有法可依、有法必依”。为了明确地方金融监管的定位，需要对中央与地方的监管权力进行进一步的规范。首先，要明确立法依据，解决具体的中央与对方的监管权力归属问题，提供相关法律规范。其次，要明确执行逻辑，确定金融监管的事权和处置权。最后，要明确责任划分，立法解决风险处置责任和风险承担方。

三是加快推进金融业综合统计系统建设，为地方金融风险综合监管提供支撑。2018 年 5 月，国务院办公厅正式印发《关于全面推进金融业综合统计工作的意见》，明确金融业综合统计业务建设的路线图、时间表和各部门职责分工。要通过地方金融监管协调机制，加强对金融业综合统计数据的加工、利用和共享，有效支持金融风险前瞻预警、统计数据趋势研判，为地方金融综合监管提供重要依据。此外，建议立法明确由人民银行分支机构牵头统一建立地方金融监管信息共享机制，真正做到在机制体制上联防联治金融风险，进一步促进和规范地方金融业发展。

四是改革组织体系，加大人才培养，强化监管能力建设。应深化组织体系结构调整，强化金融监管的组织安排，注重金融监管能力建设，形成经济增长与金融监管相统筹的组织架构安排，逐步构建“监管驱动型”组织体系。要强化中央监管机构对地方金融监管机构的政策指导、业务指引和人员培训等支持力度，地方监管当局应不断提升自身经济、金融、技术、监管等领域理论和实践水平和能力。要加大金融科技和金融创新的认知，持续培养金融监管专业人才，建立人才引进和培养的长效机制，保证专业人员业务培训和考核奖惩晋升落实到位，应面向社会不断引进高素质、跨学科的综合性人才，建立金融与技术“双驱动”的地方金融监管人才体系。

第四部分
风险防范和化解专题

第 7 章　房地产金融风险的防范和化解

7.1　引言

自 1998 年国务院取缔福利分房制度以来，我国居民对商品房的需求量快速上升，这一需求又伴随着中国经济的发展和城镇化的不断推进而进一步上涨，进而推动房地产行业持续蓬勃发展。随着人们收入水平提高和受货币政策的影响，商品房被赋予了住房和投资的混合功效，炒房投资者不断推动了房地产价格的上涨，使得商品房的销售价格和理论价值偏差越来越大，这直接导致了房地产业的不断膨胀和金融风险的不断累积。从数据上来看，2018 年全国固定资产投资额为 64.6 万亿元，其中有关房地产开发的投资占比超过 18%；2018 年全国 GDP 总产值为 90.3 万亿元，而全国商品房销售总额超过 15 万亿元，占 GDP 的比值超过 16%。20 多年来，房地产行业一直是我国经济发展的支柱产业。

我国房地产价格的持续走高，其年均增长率超过了国内其他所有大类资产的年均收益率，因而房地产投资成为我国有钱人的投资首选，然而不断上涨的房价也带来了潜在的房地产行业金融风险。由于我国金融市场的各种限制，无论是普通购房者还是房地产开发商，其绝大部分资金都来自于银行信贷，直接导致了房地产金融风险与银行业系统性风险的高度相关性。我国房地产市场发展不平衡，区域差异较大、分化严重。一、二线城市供求结构性矛盾突出，房地产价格风险逐渐显现；三、四线城市库存量继续增加，部分企业资金链断裂问题凸显。所以，房地产金融风险是区域性金融风险的重中之重。2016 年以来，中央和各级政府强调“守住系统性风险不发生”的原则，不断加强对金融行业系统性风险的监管，积极推动金融市场“去杠杆”、虚高价格资产“去泡沫”。按照十九大报告“坚持房子是用来住的、不是用来炒的”定位，加快建立多主体供给、多渠道保障、租购并举的住房制度，让全国人民住有所居。当前国家主管部门的监管思路主要是围绕进一步加强房地产市场调控展开的，确保房地产市场健康稳定有序发展。

7.2 文献综述

7.2.1 房地产风险影响因素

房地产风险的表现形式一般包括房地产价格和投资的异常变化、供求关系的异常变化、房屋的空置或短缺等。朱永升、王卫华（2001）将风险影响因素分为投资者自身方面、需求方面两类，其中前者包括房地产价格、土地供给状况、产业政策、科技与生产力水平，国民经济增长速度，后者包括购买力因素、住房规模变化、人均住房面积、人均可支配收入、需求者预期等。唐平（2007）研究房地产金融风险形成的主要原因时认为，风险主要表现为房地产融资渠道单一、银行信贷管理风险、个人信贷违约风险、房地产企业自身风险；房地产价格风险；国家政策性风险、法律法规风险等。孟强（2008）运用层次分析法研究了房地产风险因素指出，影响因素分为经济风险、政策风险、自然风险、管理经营风险4类。肖泽群等（2009）在评估分析31个省（市、区）房地产市场数据时，将市场风险划分为购买风险、开发风险、金融风险和财税风险。上官金丽（2010）在分析房地产投资风险因素过程中，将风险因素分为政治风险、市场风险、财务风险、技术风险、社会风险、自然风险和组织管理风险。刘学良（2013）在我国房地产市场风险防范的研究中指出，房地产市场风险主要体现在三个方面，即购房者住房抵押贷款违约风险、房地产开发贷款违约风险、地方政府的融资平台债务违约风险，等等。邓郁松（2014）认为新常态下我国房地产市场主要有房价泡沫风险、库存过剩风险、流动性风险。

7.2.2 房地产风险传导

我国一些学者在研究房价与区域金融风险传导时重点关注了银行信贷市场、利率、货币供给等影响因素。武康平等（2004）构建了房地产市场与银行信贷市场的一般均衡模型，指出房地产和金融市场的风险因制度缺陷导致二者正向积累，不断上涨的房价会增大当前的金融风险。王维安、贺聪（2005）从房地产市场特有的区域风险出发，对金融风险的产生渠道、传导渠道进行研究，认为房地产市场的区域风险以资本的跨区域流动为载体，从经济发达区域向经济欠发达区域扩散，认为房地产区域风险通常存在于经济欠发达区域，而过度上涨的土地价格、房地产价格会致使房地产区域金融风险爆发。王锋、李宇嘉（2008）指出，供求关系的失衡导致了房地产的垄断利润，银行业过度介入房地产市场，并因过度支持而导致风险累积。魏巍贤、原鹏飞（2009）认为，金融对房地产业低利率成本的信贷支持、土地价格上涨、投机因素是推动房价上涨乃至产生泡沫风险的主要因素。2010年以后，房地产研究更加注重动态因素影响。谭政勋等（2011）采用多元GARCH模型研究房价波动、信贷扩张及其联合波动对我国金融风险的影响，并构建了DSGE（动态随机一般均衡）模型对该影响机制进行阐释，两模型结论一致，建议从银行系统的稳定性、银行的反馈机制对金融风险进行防范。徐荣等（2017）以当前房价上涨为背景，采用DAG（有向无环图）的SVAR模型，研究我国系统性金融风险由房价涨跌所产生的动态影响，研究表明高于正常增速的房价会使得我国系统性金融风险不断累积，在短期内控制房价和防控金融风险可通过提高利率来实现。刘向耘、王琰（2018）指出房地产市场加速金融膨胀的一般性渠道，房地产交易和投资、银行资产负债表扩张、抵押品效应、房地产金融创新，房地产过度繁荣将加剧金融膨胀、增强金融风险。

还有一些国内学者从房地产周期、居民收入的角度对房地产市场与区域金融风险传导的问题进行了研究。张晓晶等（2006）认为房地产周期能够极大地影响金融稳定性，房地产周期由城镇化与居民收入提高的增长面、扩张性宏观政策与大量外资流入的宏观面、单一投融资渠道与政府行为扭曲的制度面三因素所驱动。通过房地产投资增长率对我国房地产进行阶段分类，计量分析得出通过住房抵押贷款、房地产开发贷款、政府担保以及存贷款期限错配等渠道进行风险传导，对金融稳定造成负面影响，因此建议从最根本的银行业风险进行防范、化解我国房地产业的金融风险。

7.2.3 房地产风险评价

房地产风险评价方法主要有计量经济学模型法、决策树法、模糊评价法、人工神经网络模型法等。叶艳兵、丁烈云（2001）采用主成分分析以及相关性分析等方法，确定武汉市14个指标的房地产市场评价体系。周忠学、李永江（2003）运用聚类分析以及主成分分析法，研究了青岛市房地产评价指标体系。李东晔等（2009）采用模糊层次分析法（FAHP），选取我国35个大中城市进行房地产泡沫程度评价分析。吕江林（2010）认为判断我国城市住房市场泡沫水平的准确指标是房价收入比，租售比、空置率、房地产贷款占比、房地产业利润率等指标不应作为判断指标。赖一飞（2012）运用计量经济学建立房地产泡沫测度模型，对中国不同类型地区的房地产泡沫进行测度。祁神军等（2014）将熵值法与可拓理论相结合，建立基于熵权的可拓理论模型，通过关联函数值与关联度的计算最终判定区域性房地产市场投资风险。何恺、程道平（2016）利用层次分析法和熵值法的综合赋权方法，对济南市房地产市场风险进行了评价研究。

总的来看，评价方法大都局限于单指标或多指标的静态评价，而对城市房地产风险进行系统性综合评价的研究较少。

7.3 房地产行业金融风险及传导分析

房地产行业的风险有技术更新迭代风险、行业竞争风险、宏观经济波动风险、财务风险等，房地产行业的金融风险是指房地产行业的信用风险、违约风险等跟银行业相关度较高的风险。

7.3.1 房地产行业金融风险影响因素

7.3.1.1 微观层面

微观层面主要有房地产开发商的经营情况、居民的购房情况以及炒房者的情况是影响房地产行业金融风险的主要因素。

第一，房地产开发商是以开发商品房并销售获取利润为主营业务的企业，当销售商品房的利润率较高的时候，房地产开发商便会加大向银行的借款额度，将更多的资金用于房地产开发，从而影响房地产的市场供给。当房地产的市场供给大于需求的时候，便会引起房价下跌，房价下跌又会反过来影响房地产开发商的偿债能力，当房地产开发商出现大面积违约的时候，金融风险便开始在房地产行业内扩散。

第二，居民是房地产市场的需求方，其对于商品房的需求主要源于投资需求、住房需求和投机需求。其中过度的投机需求会导致房地产价格不断攀升，最后使得房地产行业泡沫不断膨胀，而基于房地产行业本身与经济周期和金融周期的高度相关性，较大的房地产行业泡沫会极易受到经济周期波动和金融周期波动的影响，这使得房地产行业的金融风险不断积累。

第三，专职炒房客，专职买卖房子获取差价的投机者，此类人群主要是各类炒房团。他们聚集民间资金和利用银行资金，利用信息不对称和资金优势，大批量买入某些地区的商品房后抬高房价获取价差。此类行为严重扰乱了房地产市场，增加了房地产金融风险。这一行为在国家出台城市居民限购政策以及整治炒房后得到了较大的抑制。

7.3.1.2　宏观层面

宏观层面主要有国家宏观政策、经济发展水平、通货膨胀水平以及金融市场的发展等都是影响房地产行业的金融风险的重要因素。

第一，从宏观政策看，政府部门的土地政策、税收政策以及监管政策都影响着房地产行业的金融风险。土地政策的变化直接影响商品房成本导致房价波动，从而影响房地产行业的金融风险；税收政策是通过对房地产市场中的某些要素征税，降低商品房的需求来使得商品房量价齐跌，房地产企业的偿债压力加大，金融风险加大；监管政策通过金融市场间接的影响着房地产开发商的资金来源以及居民购房成本。

第二，从经济发展水平看，国家宏观经济增长的速度直接决定了居民对商品房的需求，影响商品房的价格和销量，从而影响房地产行业的金融风险。

第三，从通货膨胀水平看，较高的通货膨胀水平会使得房地产开发商成本上升，同时较高的通货膨胀水平也会因为商品房的投资属性使得居民对商品房的需求量上升，从而进一步抬高房地产价格，滋生房地产行业泡沫。

第四，从金融市场的发展看，银行利率的波动会直接影响商品房价格的波动，同时也会影响着房地产开发商负债的市场价值，从而影响房地产行业的金融风险。

7.3.2 房地产行业金融风险因素的交互影响

在外部环境发生变化、经济下滑等背景下，区域房地产行业因为政策变动、经济下滑、通货膨胀水平变化以及金融市场波动而产生负面冲击的时候，商品房价格必然会引起下跌，从而引发房地产投资者和投机者开始大量抛售房地产，导致房地产价格进一步下跌，而我国银行贷款模式主要是房子抵押贷款，房地产价格下跌使得抵押品质量下降，当银行业集中出现房地产企业违约事件的时候，金融风险就开始在银行业、房地产业以及居民三者之间交叉传染并不断增大；相反，当房地产行业因为宏观政策变动、经济发展水平变化、通货膨胀水平变化以及金融市场波动而产生正面影响的时候，商品房价格出现上涨，此时房地产开发商开始以房地产为抵押扩张自己的负债规模，银行业的资金开始大规模流入房地产行业。同时大量的投机者涌入房地产市场进一步推高房价，从而加剧了房地产行业泡沫的膨胀，此时房地产行业违约概率较低，但是房地产开发商负债规模过高，加上较大的房地产行业泡沫将使得一旦出现负面事件或某些突发事件，房地产行业将受到较大冲击导致泡沫破灭，最后造成整个房地产行业的萎靡与萧条。

7.3.3 房地产金融风险传导

7.3.3.1 房地产行业金融风险向银行业的传导

在当前我国经济发展的背景下，房地产行业是所有实体行业中与银行业联系最紧密的行业，房地产行业通过房地产信贷、居民消费贷款以及房地产抵押品价值与银行业产生直接关联，也通过政府投融资平台、信托、表外贷款、影子银行以及其他实体行业与银行产生间接关联。一是直接渠道。房地产行业的金融风险主要通过居民住房贷款、房地产开发商贷款以及抵押商品房价值等三大渠道直接向银行业传递。二是间接渠道。除了直接渠道以外，金融风险还会通过其他各种各样的间接渠道从房地产行业传导到银行业。如从隐形贷款、房地产行业产业链以及表外融资间接渠道向银行业传导金融风险。

7.3.3.2 银行业风险向房地产行业传导

既然银行业与房地产行业以信贷业务为主要渠道而相互关联，那么银行业的风险也将通过各种路径来影响房地产市场的金融风险，加大房地产市场的波动。以下主要从房地产需求和房地产供给两个角度加以分析：

一是房地产需求渠道。我国居民购买商品房的绝大部分资金主要来源于银行的房地产信贷。在房地产市场需求旺盛的时候，银行对居民的过量信贷会加剧房地产投机行为的出现，使得房地产行业的泡沫膨胀。而当银行业出现风险的时候信贷政策将会收缩，便会在短时期内大幅缩减房地产信贷总量，抑制居民的房地产需求，房地产需求的波动会导致房地产价格的波动以及房地产企业资产和抵押品市值的波动，从而加剧房地产行业的金融风险。

二是房地产供给渠道。数据显示，我国房地产开发商开发房地产的资金有相当一部分规模来源于银行信贷，其中80%的资金来源于借贷，主要通过银行、信托、理财产品等渠道筹集。当银行业爆发风险时，银行出于避险考虑会选择缩减对各行各业包括房地产行业的信贷规模，此时银行的贷款利率也相应提高，使得房地产行业的流动性下降。作为高度依赖负债资金运作的行业，在流动性紧缩和融资困难的大背景下，房地产行业存在资金链断裂的风险，这直接加大了房地产行业的金融风险。因为资金不足并为了避免陷入破产困境，房地产开发商会开始通过各种各样的方式来快速卖出商品房获得流动性，以缓解资金链断裂的风险，使得房地产供给大大提升，进一步压低房地产销售价格和房地产开发商的利润，也就增加了房地产行业的金融风险。不仅如此，在银行业爆发风险的时候，银行便会开始大量地拍卖由于商品房价格下降而导致的违约事件的抵押资产，从而增加了房地产市场上的总供给，致使房地产价格进一步下行，房地产开发商的资产进一步缩水，并且房地产开发商资产变现的难度也增加了，房地产行业的金融风险进一步加大。

7.4 当前我国房地产融资现状及主要风险

作为国民经济的支柱产业，房地产业与以银行为首的金融业关系密切。从西方金融史来看，每次银行危机都是自资产泡沫开始，而资产泡沫的突出表现就是房价的不断上涨。在1992年的日本房地产泡沫破灭和2008年的美国次贷危机前，两个国家的房价都经历了快速大幅度上涨。截至目前，中国房地产市场也经历了长时间的快速上涨期，房价自2002年以来大约上涨了十多倍。我国的房地产市场存在泡沫得到公认，但泡沫何时破灭，却存在较大争议。我国银行通过多种方式广泛参与了房地产市场，在房价不断上涨的过程中，银行持有大量房地产风险资产。一旦房地产泡沫破灭，房价下跌，银行的表内贷款和其他风险资产必将面临违约风险，随着银行拨备的大量计提和核销，将对银行利润和资本产生较大压力。

7.4.1 房地产企业融资现状

据统计，2019年我国房地产开发投资13.22万亿元，占当年GDP总额99.09万亿元的13.34%。受疫情影响，2020年1～5月房地产投资开发下降明显（见图7.1）。据统计我国房地产开发贷款中直接来源于银行贷款约为20%，间接来源于银行约为50%。房地产企业80%的资金来源于各种融资，资产负债率平均在79%左右。在个人购房贷款方面约占房地产投资资金来源的37%，一旦银行开始普遍收紧个人房贷政策，房地产企业的资金链将受到严重考验。目前信托融资占比不大，因此若房地产行业遭遇下滑，受冲击最为严重的当数银行业。

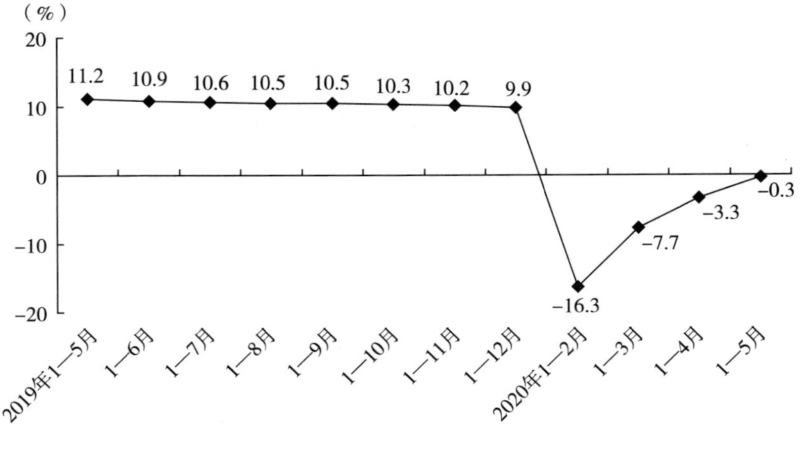

图7.1 全国房地产投资开发增速

数据来源：国家统计局。

一是房地产企业融资规模持续走高，行业负债率持续保持高位。从图 7. 2 中可以看到，我国房地产企业的融资规模逐年提高，截至 2019 年末已达到 1. 45 万亿元。从图 7. 3 中可看到，我国房地产企业的负债率保持高位，2000 年以后一直高于 50% 的国际公认的警戒线，2008 年后逐年走高，2018 年已达到 79. 1% 。从上市房地产公司数据来看，截至 2019 年末，上市房企资产负债率均值为 69. 96% ，较 2018 年上升 1. 87 个百分点；净负债率均值为 95. 77% ，较 2018 年末上升 3. 25 个百分点。从企业资产负债率的分布上看，2019 年约 25% 的房地产企业资产负债率低于 60% ，约 16% 的房地产企业资产负债率处于 60% 和 70% 之间，约 26% 的房地产企业资产负债率处于 70% 和 80% 之间，约 27% 的房地产企业资产负债率处于 80% 和 90% 之间，另外 6% 的房地产企业资产负债率高于 90% 。总体风险已较大。

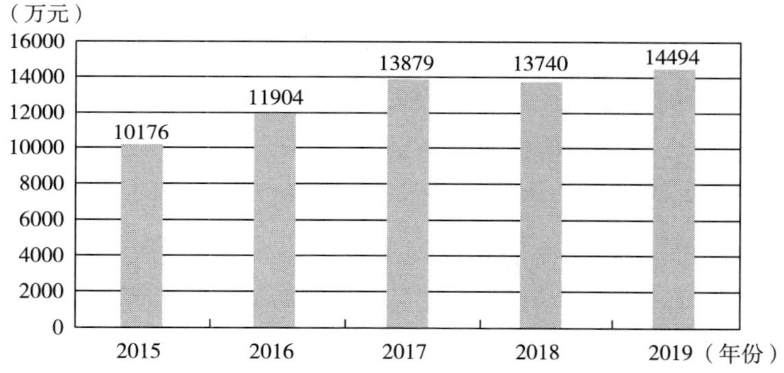

图 7. 2　2015 ~ 2019 年房地产企业融资数据

数据来源：万德数据。

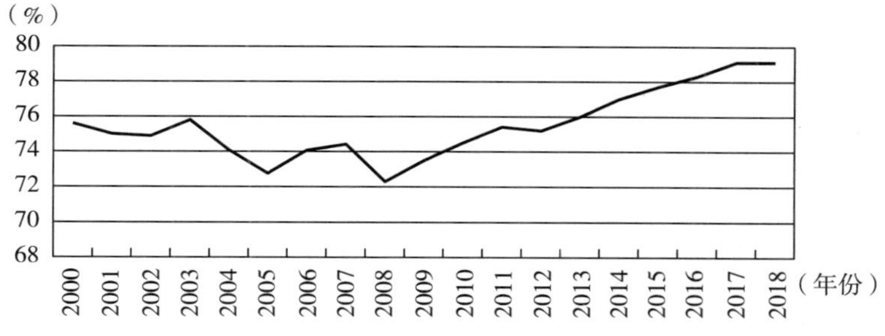

图 7. 3　我国房地产企业资产负债率变化

数据来源：万德数据。

二是房地产贷款增速有下降，但仍然增长较快，融资总额不断提高。据央行发布的2019年金融机构贷款投向统计报告显示，2019年末，金融机构人民币各项贷款余额153.11万亿元，同比增长12.3%；全年增加16.81万亿元，同比多增加6439亿元。2019年末，人民币房地产贷款余额44.41万亿元，同比增长14.8%，增速比上年末低5.2个百分点，全年增加5.71万亿元，占同期人民币各项贷款增量的34.0%，比上年全年水平低5.9个百分点。2019年末，房地产开发贷款余额11.22万亿元，同比增长10.1%，增速比上年末低12.5个百分点。其中，保障性住房开发贷款余额4.61万亿元，同比增长6.7%，比上年末低22.8个百分点。个人住房贷款余额30.07万亿元，同比增长16.7%，比上年末低1.1个百分点。个人住房贷款余额27.96万亿元，同比增长17.3%。从数据看，各项增速下滑，但仍然保持较高的增速。从房地产占比总贷款比例看，仍然较高，房地产贷款仍然是影响整个金融体系风险的主要因素。

三是房地产关联产业链条长、辐射广，包括地方政府土地储备、建筑施工、建筑材料、建材设备、装饰材料等上下游产业，相关产业链也面临由房地产风险传导的债务风险、违约风险和金融风险。

7.4.2 房地产业面临的主要风险

一是价格泡沫风险。自2016年以来，在经济下行压力和库存水平依然较高的背景下，中央宏观政策以稳为主，保持经济增长和就业稳定，地方则更灵活主动，因城施策更细化，房地产价格快速增长得到抑制，涨势放缓。总体看我国房价上涨压力依然存在，因此须高度警惕价格泡沫风险，防止因房地产价格过快增长引起系统性风险，如图7.4所示。

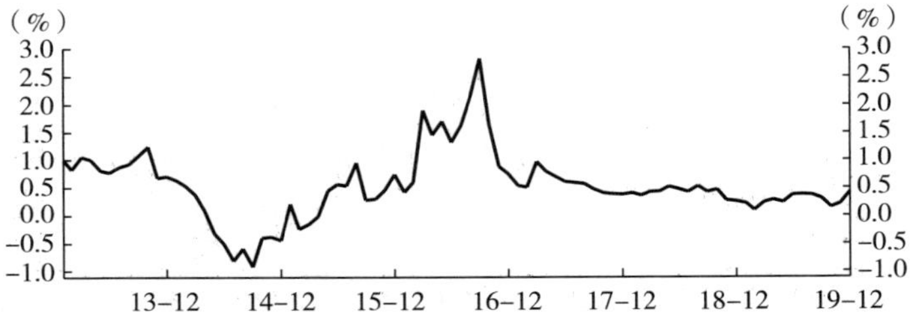

图7.4　我国房地产百城价格指数环比

数据来源：万德数据。

二是库存过剩风险。2019 年新开工面积 22.7 亿平方米，增速 8.5%，连续 4 年提升，复合年均增长率约 10%；开工库存温和提升至 29.4 亿平方米，平均去化周期 23.5 个月；施工面积 89.3 亿平方米，增速 8.7%，竣工面积 9.6 亿平方米，增速 2.6%。2020 年 1～5 月份，全国商品房销售面积 48703 万平方米，同比下降 12.3%，降幅比 1～4 月份收窄 7.0 个百分点。其中，住宅销售面积下降 11.8%，办公楼销售面积下降 26.7%，商业营业用房销售面积下降 21.7%。商品房销售额 46269 亿元，下降 10.6%，降幅比 4 月份收窄 8.0 个百分点。其中，住宅销售额下降 8.4%，办公楼销售额下降 35.3%，商业营业用房销售额下降 26.6%，如图 7.5 所示。

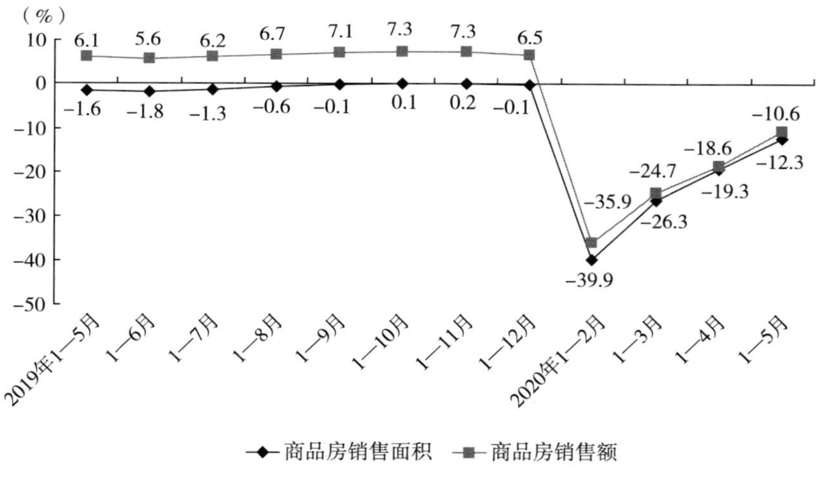

图 7.5　2019～2020 年全国商品房销售面积增速

数据来源：国家统计局。

三是房地产资金链的风险。当前我国房地产需求旺盛的因素仍然存在，但也不排除在金融杠杆的作用下，尤其是一些城市通过影子银行加大融资，加快积聚市场泡沫，放大金融风险，或将导致一线和部分二线热点城市房地产企业负债风险。对于三、四线城市来讲，高库存使得房地产资金成本持续增长，个别中小房地产开发企业经营愈加困难，一些商业银行对中小房地产开发企业失去信心，企业只能通过民间借贷方式维持在建项目开发经营，导致中小城市的房地产开发企业难以从商业银行贷款，有些房地产企业出现资金链断裂等潜在风险，甚至有些城市的房地产开发商出现“跑路”现象。

四是住房政策与城市环境风险。房地产市场受土地、信贷、税收政策影响显著，一旦出台或者调整上述政策将会给市场带来波动。我国各地方政府继续调整房地产相关政策，如房地产土地供应政策、商品房信贷政策、商品房交易环节税收政策、住房公积金制度、鼓励农民进城购房财政补贴、住房租赁市场政策等，房地产市场消费需求迅速加大，同时，城市基础设施水平、轨道交通建设、教育医疗状况等环境因素与房地产市场发展也密切相关。政策调整和环境变化将直接引导购房者的消费预期，一旦政策环境变化过大或者过快，将导致房地产市场发生风险，必须谨慎出台有关政策，科学把握好时机和节奏，符合房地产市场发展的实际。

7.4.3 房地产行业的主要金融风险

我国房地产行业面临的金融风险主要有以下几个方面：

一是房地产价格泡沫破裂所带来的银行系统风险。当前，我国房地产融资基本还是以银行贷款为主，近几年没有发生大的变化。在房地产开发过程中，商业银行给予了大力支持，主要是：土地储备贷款、房地产开发贷款和流动资金贷款，等等。房地产价格不断上升，房地产泡沫也在不断积累，这种风险由房地产的供给者不断地向房地产的需求者转移，最终银行要接手泡沫可能带来的风险。一旦泡沫破裂，房地产价值就会大幅度减少，房地产的流动性也会大幅度减少，从而影响我国整体经济稳定。

二是房地产企业贷款信用风险。由于房地产业占用资金量大、回款慢等特点，房地产企业在投资房地产时会想尽各种办法获得足够投资，在这一过程中极易出现一些舞弊行为，产生房地产企业贷款风险。房地产企业贷款风险主要有房地产企业资产负债率过高、假按揭、企业财务信息造假、房地产企业“超前贷款”等。房地产企业“超前贷款”是指房地产企业在不具备获得贷款的“四证”条件下用流动资金贷款来顶替房地产开发贷款给银行带来的风险。

三是个人住房按揭贷款风险。与发达国家相比，虽然我国个人住房抵押贷款业务存在发展时间短、发展完善度不够等劣势，但由于房价一路飙涨，贷款买房还是成为大部分购房者的必然选择。个人住房抵押贷款风险具有隐蔽性强的特点，它主要受经济周期波动的影响较大，容易引发银行坏账，2008 年的美国次贷危机就是由于个人住房抵押贷款引起的。个人住房抵押贷款风险隐含有欺诈风险、银行存贷期限不匹配风险、提前偿还贷款风险。其中欺诈风险是指个人住房贷款者为了最大限度获得银行贷款，伪造个人信息、收入水平、收入稳定状况、个人动产和不动产情况进行欺诈，一旦无力偿还贷款，银行难以收回贷款；银行存贷期限不匹配风险是指个人住房贷款期限较银行吸收存款的期限长所造成的银行资金不稳定的风险；提前偿还贷款风险是指贷款者提前还款后银行遭受的服务成本损失、提前收回造成的资金闲置以及预期收益减少等风险。

四是商业银行经营管理风险。我国银行的收入来源主要依靠贷款，由于一些大企业贷款金额大、还款时间长，而房地产贷款业务的还款率高、还款时间短等，银行逐步加大对房地产贷款业务的支持力度。房地产贷款也成为各银行的主要竞争业务，产生一些恶性竞争手段。一些银行工作人员为业绩考虑会放宽对贷款者的信用和资产状况审查，使得一些不符合房贷要求的顾客获得了贷款，一旦顾客不能按时还款，所有的风险由银行来承担。同时，房地产贷款业务量大、情况复杂，一旦房地产市场产生波动，银行过分依赖房地产贷款将承受很大风险。

7.5 防范和化解我国房地产金融风险的对策

7.5.1 政府层面

7.5.1.1 推动房地产金融市场改革和财税制度改革

当前房地产市场和实体经济存在着土地供应、土地价格、社会投资占比、金融资金供给占比、税收构成、租售比、房价收入比、销售秩序等方面的严重失衡，这些都将会对实体经济的发展造成严重的挤出效应。为防范房地产金融风险，一是要在政府的政策指导下，推动房地产金融市场的长效机制改革，应根据城市发展的差异供给土地，不断健全房地产金融法律体系，减少行政直接干预，激活一二线经济发达城市的租赁市场，分流市场购买需求，通过多种长效机制加强房地产金融市场体系建设。二是要减轻政府对土地财政的依赖，控制地方政府债务。要积极推进财税体制改革，促进地方政府财权与事权匹配，降低地方政府对土地出让金的过度依赖，纠正其相关的扭曲政策，使地方政府通过正常财政体系解决财政收入。三是应努力推动大中小城市协调发展；促进城乡之间、区域之间协调发展。四是要加快房地产税的立法和改革，通过开征房地产税将为地方政府找到一个稳定的收入来源，有助于引导和完善地方政府的行为，保障房地产政策公正性，使其更加关注公共服务和基础设施改善；同时，注意调整地方财政收入结构、调节收入分配差距、遏制投资性购房。

7.5.1.2 加强房地产金融市场宏观调控

一是为防止房地产增长速度过快，建议政府部门针对不同地区出台不同的购房政策和信贷政策，对过热地区采取严格的限购政策，对购买多套住房的购买者增加利率，防止以炒房牟利。二是在房地产税收方面，对于购买的住房再次出售时要增加个人所得税，同时转移税收重心，将流通环节征收转移至保有环节上，根据我国实际情况，适时对交易环节征收物业税，从而抑制房地产买卖，稳定房地产价格。三是政府部门要开展住房需求引导，使购房者做到理性消费、适度消费。政府要大力支持租赁公司，不断扩大存量房交易，同时还要批量建设一些只对消费者租赁，但不进行出售的公租房、廉租房，满足中低收入者的刚性需求。

7.5.1.3 建立宏观数据与区域、行业数据预警系统

一是建立宏观经济数据预警。房地产行业最有可能发生系统性风险的就是房地产行业宏观金融风险，地方政府应加强和完善信息监测工作，加强对土地供给状况、住房市场供给情况的监测以及房价实际水平的监测。二是做好房地产行业数据预警。密切关注房价与个人收入比。一般地，国际上公认为房屋销售价与消费者户均年可支配收入比率为6~8倍，这是较为合理的，而在我国这一比率远大于此（若以2019年全国城镇人均年可支配收入4.23万元、90平方米房价按价格5000元/平方米就45万元来初步测算，比值就已超过10倍），表明我国居民住房贷款还款压力非常大。

7.5.1.4 完善政府监管体系，加强房地产市场监管

一是加强中央政府监管。中央银行可通过对房地产市场进行调查、分析，对金融机构进行调控和引导，以此加大监管力度。同时，政府监管部门要从源头完善土地出让制度，提高国土管理部门、房地产交易监理部门等工作透明度，减少商业腐败。二是加强地方政府对房地产市场的监管。地方政府要在严格执行国家宏观调控政策的基础上，根据地方实际情况制定和实施各项分类定向调控政策，适时调整限购规定，实现精准施策。加大房地产税收等法律措施，科学调控土地供应规模、布局和节奏；鼓励房地产企业开展多元化经营、引导房地产企业整合

资源、建立健全信息共享平台。三是强化监管机构的监督管理。加强对房地产信贷压力测试和风险测试，防范流动性风险，加强对银行流动性风险的有效识别、计量、监测和控制。

7.5.2　金融市场层面

7.5.2.1　完善金融机构自律机制

一是完善金融机构内控制度。加强金融机构的业务管理、风险合规和内部审计工作，提高风险防范能力，增强抵御和处置风险能力。二是加强房地产企业和土地储备机构管理，严把房地产企业资质关。三是定期开展房地产信贷压力测试，严格控制资产质量风险，遏制不良贷款上升；多渠道补充银行核心和非核心资本，持续提高风险损失消化吸收能力。四是积极探索利用资产证券化处置不良房地产贷款，及时消化处置不良房地产资产。五是加强同地方法院等部门的沟通协调，建立不良房地产资产处置协调机制。

7.5.2.2　加强房地产信息和信贷信息管理

建立全国房地产登记和信贷信息管理系统，统一全国房地产行业客户信息，对客户进行分类管理；实现银行监管部门、土地管理部门、住建部门和房管部门的信息共享，其中主要包括房地产开发企业信息、房地产开发资质和土地买卖信息、信贷信息；房地产中介机构信息和房屋销售信息以及包括购房客户的购房信息、信用记录等。通过信息管理，防止房地产企业多头贷款、高价囤积土地、虚假房价、伪造开发信息、变相减少首付款。要记录虚假的销售信息防止房地产开发商通过假报表、假按揭、假注资、假权证行为骗取银行信用，杜绝同一开发商在不同的商业银行和不同的地域出现连续违约的情况，公示违约“黑名单”，增强对失信个人和失信单位的市场约束，提高不良客户造假成本，提高诚信经营水平。

7.5.2.3　积极拓展房地产金融市场

为确保房地产市场健康良性发展，需要理顺房地产金融市场和的各个环节。一是进一步拓宽住房按揭业务，确保居民的购买力，解决空置的商品房滞留问题。二是理顺土地出让金以及相关的税收问题，确保房地产市场价格合理，改善并优化现有的房地产市场。三是积极优化和完善房地产金融品种、贷款利率、还贷方式等，简化各类手续，提升房贷市场吸引力。四是加强住房公积金与房贷市场的融合，改革住房公积金制度，提升中低收入老百姓应得的福利，促进房地产市场平衡发展。

7.5.3 房地产企业层面

7.5.3.1 建立多层次房地产金融融资体系

建立规范有序的多层次房地产融资机制，不仅能化解和分散银行风险，解决企业资金瓶颈，而且可以为市场上大量闲置资金提供良好的投资渠道，实现资本市场与房地产企业的有效对接，促进房地产业健康发展。

一是积极拓宽直接融资渠道，适度放宽房地产企业上市政策限制，扩大债券市场融资。目前，在国内上市的房地产企业只占企业总数的0.23%，占上市公司总数的6%左右。许多房地产公司不得不选择去境外上市，或者借壳上市。由于受到增发条件的限制，以及房地产企业高负债对业绩的不利影响，房地产企业实现股市融资还有一定的操作难度。建议国家适度放宽对房地产企业债券发行主体、融资项目和利率等限制条件，增加对符合条件的房地产企业发行长期债券的额度，为房地产企业通过债券融资创造良好的条件。二是积极推进住房抵押贷款证券化（MBS），大力发展房地产投资信托基金，逐步向投资者开放资产证券化市场。三是修改《预算法》，建立统一的地方政府市政债券发行制度，完善房地产贷款担保和保险制度。四是探索住房开发性金融业务，发行住房金融债券，完善多层次房地产金融市场。

7.5.3.2 加强房地产金融合规控制

一是要强化房地产企业合规经营理念。高度重视贷款信息的真实性审核，做到对顾客还贷能力和信用的充分了解，防止出现虚假按揭现象。二是贯彻实施房地产信贷业务离职审计和岗位轮换，以防出现银行和房企人员串通或合谋骗贷。要求相关从业人员熟悉国家金融政策和房地产金融流程，防范道德方面、操作风险，确保岗位的轮换机制能建立和完善，利用离岗审计、强制休假、岗位轮换和定期交流等办法，确保业务关键人员、关键岗位和关键环节不发生风险。三是要组织专门人员，定期对房地产信贷进行准确评估，并充分分析各种信贷风险因素。要做好贷前、贷中、贷后的风险控制。

7.5.3.3 防范企业过度融资，鼓励房企稳健发展

一是商业银行要控制土地储备机构自有资金与信贷投入比，主动介入土地储备机构的运作，加强信贷监督，适当改变贷款发放方式，增加其他担保方式在土

地储备贷款中的比重，减少信贷风险。二是强化对房企的融资集中度管理，避免企业过度融资。集中度的表现形式主要包括单一授信产品、单一客户过度集中，同一区域及企业集群风险、同一核心企业或上游供应商过度集中等。此外，金融机构科学设定贷款期限、创新还款方式，强化对借款人贷款用途的跟踪，强化对员工异常行为的监测管控机制，防范员工参与民间融资引发的道德风险；同时，利用各种社会媒体和公众平台，开展防范和教育宣传。三是提高个人投资门槛，实行差异化房地产金融管控措施。根据目前房地产市场投机程度和资金杠杆率放大的实际情况，适当提高个人购买多套普通住房的首付比例，采取对投资者差别化的房地产信贷政策。

7.5.4　房地产投资者层面

首先，应引导房地产投资者注意房地产理财产品的风险识别，主动规避非法或资质有问题的理财产品，防范以“高收益”为诱饵的理财产品，应注意分析投资产品的背景和项目具体信息如项目收入来源、担保条件及退出机制等。

其次，要引导投资者量力而行，不要过度贷款购房，要根据自身的经济状况，测算投资成本，判断利用贷款购买房产的获利空间。要注重自身还款能力，合理选择贷款金额和期限，必要时可以部分提前还贷。

再次，房产投资者要注重对区域、城市发展前景、经济基础、人口变化、教育医疗资源配套等因素的考察。要关注国家有关政策，包括房地产政策和对所在地区定位、开发的近远期目标等。要注意考察当地房产的价格走势、房产地段、房产具体位置、房产质量等情况。要注意购买时机。影响房地产价格的因素很多，作为投资者应该时刻关注这些价格波动。投资者要充分认识到未来中国经济将面临长期波动调整的趋势，非核心城市的房地产投资价值缺乏上涨的动力，投资者更应该注意规避风险因素累积过高的地区，避免遭遇房地产行业的系统性风险，因此在资产配置上不仅要关心获利，而且要注重流动性。

最后，要加强投资者房地产金融风险意识教育。政府各级部门在教育引导投资者增强保护合法权益意识的同时，也要建立健全对房地产实物资产投资及房地产相关金融产品投资的风险教育，提高对房地产市场的风险意识，建立正确的投资理念，积极维护房地产金融市场的健康稳定运行。

第8章　地方政府投融资平台债务风险的防范和化解

8.1　引言

近年来，随着国家经济不断发展，地方政府积极投入各种项目建设，资金需求缺口不断加大。为满足资金需求，地方政府通过融资平台和债券发行等多种融资手段举债融资，导致政府债务规模不断上涨。据审计署《2013 全国政府性债务审计结果》公布的信息，截至 2013 年 6 月 30 日，全国地方政府负有偿还责任的各类债务为 10.89 万亿元人民币。其中地方融资平台负有偿还责任的债务为 4.08 万亿元，占全国地方政府全部债务总额的 37%。以债务率和借新还旧率来对照，超过一般风险线的地方政府数量有所增加。根据审计署披露的数据可以看到，从逾期债务看，出现逾期债务的地区中有 4 个市级政府和 23 个县级政府的逾期债务率超过了 10%；从地区情况看，全国有 78 个市级政府和 99 个县级政府其负有偿还责任的债务率高于 100%，实际上已经资不抵债。为解决地方政府的债务危机，中央通过发债方式来解决，2014 年发行地方政府债券总额为 4000 亿元人民币，2015 年后继续采取一系列解决债务问题的支持性措施。首先是推行债务置换，将快要到期的债务打包，由证券承销机构发行债券，各商业银行购买该债券，各级地方政府获得资金，以此来偿还商业银行的贷款。第一批债务置换的总金额为 1 万亿元人民币，第二批为 3.2 万亿元人民币。其次，推行 PPP 方案。PPP 模式在基建等公共项目投资中，对缓解地方融资压力具有较好的作用。最后，发挥政策性银行的作用。中央政府对政策性银行进行了注资，提高其资本充足率以及放贷能力，参与地方政府项目建设。然而这些措施远远不足以解决庞大的地方债务问题，风险依然存在且愈演愈烈。据财政部数据显示，截至 2019 年 6 月末，地方政府债务余额已突破 20 万亿元。随着我国融资平台数量的快速增长以及债务规模的不断扩大，相关问题逐步暴露，潜在的风险已引起中央的高度关注。本章希望通过对地方债务风险形成的原因分析，找出应对的策略。

8.2　相关概念与文献综述

8.2.1　地方政府投融资平台内涵

地方政府投融资平台是地方政府为了筹集资金用于城市基础设施的投资建设，而组建的城市建设投资公司、城市建设开发公司以及国有资产经营公司等各种不同类型的公司，这些公司通过地方政府所划拨的土地、股权、收费权等资产而组建，必要时政府再以财政补贴作为还款承诺，重点将融入的资金投入市政建设、公用事业等项目之中。按照项目承建特点，地方政府投融资平台可以分为三类：

一是经营性政府融资平台，这类公司所承建的项目都有收入来源，如高速公路建设、供电、供水、供暖、供气等盈利性项目，由财政提供项目资本金，剩余所需资金通过银行贷款等途径满足。项目建成后依靠自身经营收益偿还银行贷款本息，当地政府财政不兜底，因此这类平台公司的风险相对较小。

二是半经营性政府融资平台。这类公司承建的项目主要为半公益性，如地铁建设、城市综合开发等项目，投资项目虽然有一定的经营性收入，但不能够完全自负盈亏，一般依靠当地政府财政收入和经营收入两部分偿还银行贷款，因此人们对这类平台公司的贷款风险值得高度关注。

三是非经营性政府融资平台。这类公司承建项目主要为了获取社会效益，完全没有经营性收入，如城市绿化、娱乐、体育设施等公益性项目。由于其自身不能够产生收益，所以完全由财政提供项目资本金及偿还银行贷款。随着我国地方政府投融资平台在数量和规模上的迅猛发展，各界对政府融资平台引发的地方债务风险、财政风险及区域金融风险也开始引起关注。

8.2.2 地方政府债务风险

所谓地方债务风险是指在种种不确定的因素影响下，地方政府未来拥有的公共资源不足以履行其未来承担的支出责任和义务，并由此导致政府出现债务危机、经济发展和社会稳定受到损害的可能性。有关地方政府债务风险的理论研究，最早可追溯到亚当·斯密开创的古典学派的政府债务风险理论。亚当·斯密在《国民财富的性质和原因的研究》中论述了政府债务问题，认为政府举债是用以维持非生产性活动，因而会阻碍生产力的发展；另外，政府以税偿债会加重国家和人民的负担；最后，当政府债务规模达到一定程度无法偿还时，可能引发国家的债务风险甚至破产。古典学派代表李嘉图用其等价定理来说明举债和征税是等价的，它们产生的影响是一样的。他认为政府举债导致民间生产性资本减少，而不会提供任何利润和利息收入的非生产性消耗增加。同时在将来偿还利息的时候，会导致未来更高的税收。他还认为过多举债会使政府忽略自己真实的债务情况而不知节俭，因此，政府举债对经济发展不但无贡献，反而还存在着巨大的风险。20 世纪 30 年代凯恩斯创立了“政府债务新理论”，他在其著作《就业、利息和货币通论》中指出，大衰退爆发的原因在于有效需求不足，而要克服有效需求不足的困难，就必须增加政府支出、削减税收、实行赤字财政计划以刺激社会总需求、增加就业，从而缓解或消除经济危机。而赤字财政则意味着政府债务规模的加大，但凯恩斯认为“举债支出虽然浪费，但是可以使社会致富”，而且政府债务的正面效应应超过其带来的负面影响。他的赤字财政政策被认为是现代政府债务风险产生的根源之一。20 世纪 40 年代，美国经济学家勒纳在凯恩斯政府债务理论的基础上提出了功能财政预算平衡论，他认为财政预算应从其对经济的影响的角度决策，而不应拘泥于财政收支是否平衡。所以，政府举债的目的在于调节经济运行，而不是弥补财政赤字。总之，凯恩斯学派更强调的是政府举债对经济社会发展的推动作用，而忽视了政府债务带来的风险。各国的债务规模不断扩大，风险也在不断累积，导致政府债务危机的发生。20 世纪 60 年代是公共选择学派逐渐成形的阶段，这一阶段公共选择学派的代表人物布坎南主张在经济研究上回到古典学派，对政府举债也持保守态度。他认为每个国家的政府在追求预算最大化的同时都会不可避免地破坏财政收支平衡。为弥补财政“缺口”，政府可以选择提高税率、发行货币及增发国债等方式维持这种平衡。但是由于提高税率会产生“挤出效应”，发行货币又会引发通货膨胀，因此增发国债就成为政府的理性选择。但是发行国债也仅是短期行为，因为从长远来看政府偿还利息又会形成新的债务，当政府债务累积到一定规模，就会爆发债务危机。

8.2.3　财政风险

财政风险是指政府未来拥有的公共资源不足以履行其未来应承担的支出责任和义务，以至于经济、社会的稳定与发展受到损害的一种可能性。通常人们把财政风险划分为两大类：内生性财政风险和外生性财政风险。从政府财政行为的全过程来看，内生性财政风险主要有财政体制风险、财政运行风险、财政政策风险。财政体制风险是指因处理不同级次政府之间财政关系而影响财政职能的履行所可能导致的不利后果；财政运行风险是指财政运行影响财政职能的履行所可能导致的不利后果；财政政策风险是指财政政策影响财政职能的履行所可能导致的不利后果。外生性财政风险是指财政系统外部各种不利因素（如政治、经济因素、社会因素、自然因素等）引发的风险，属于财政活动过程中的不确定性，因此与内生性风险相比更难以控制。另外，按照财政活动的具体表现形态，财政风险又可划分为收入风险、支出风险、赤字风险等内生性财政风险；按照风险披露程度的不同，财政风险又可划分为显性风险和隐性风险；依据风险在行政级别上的不同，财政风险划分为中央财政风险和地方财政风险。

地方财政风险是指地方财政在运行过程中，由于各种主、客观因素，特别是一些不确定性因素的影响，财政的正常支出发生困难而导致政府机器难以正常运转、地方经济停滞不前甚至下降、社会稳定受到破坏的可能性。地方财政风险具有诱发空间广、传导性快、隐蔽性强、危害性大等特点。

8.2.4　金融风险

金融风险是指金融主体在经营活动中，由于某些风险源变化的不确定性，可能给金融主体带来的损失。金融风险管理理论前面几章已有较多的讨论，此处就不细说了。由于研究角度不同，相关研究的侧重点也不尽相同，有的侧重于整个金融市场，有的侧重于特定的公司或行业。政府投融资平台公司引发的金融风险既包括危害整个金融市场稳定运行的风险，也包括导致该公司或银行等经济主体遭受损失的风险。

8.2.5 文献综述

8.2.5.1 国外文献综述

国际货币基金组织（IMF，1999）通过深入分析研究世界各国不同形式的财政风险，得出在大多数发展中国家，公共支出不断膨胀拉动经济发展的政策是财政风险的主要成因。Bahl 和 Duncombe（1993）通过债务负担进行测量，他们认为影响地方政府借贷的主要因素包括财政能力、经济必需条件、政治环境、政治冲突、利率、联邦税收政策和政府间援助。Hildreth 和 Miller（2002）指出，政府债务与当地的经济发展状况联系十分紧密，地方政府举借债务的行为一方面对经济的发展是有利的，但是与此同时并不是举借债务越多越好，当债务数额达到一定规模时，也就可能形成债务风险。Baldacci 和 Kumar（2010）认为政府债务风险问题的产生与债务资金的利用效率有关。Reinhart 和 Rogoff（2011）认为债务危机是金融危机的前兆，地方政府性债务会降低银行等金融机构的偿付能力。Oet 等（2013）认为在地方债扩张背景下，政府部门杠杆率的过度应用与金融机构之间产生业务关联，会造成风险传递，将触发系统性金融风险。Hatcher（2014）认为通货膨胀和价格水平是债务风险的诱因。Denison 和 Guo（2015）研究了地方政府性债务管理和预算稳定的关系，认为高债务会导致预算支出的波动增大。Faulk 和 Killian（2016）研究发现，州内特区数量与地方政府性债务规模正相关。Chen 等（2017）认为地方政府性债务的规模与影子银行的活动挂钩。Cassou 等（2017）认为财政政策的不对称性是导致政府债务问题的原因之一。

8.2.5.2 国内文献综述

一是地方政府投融资平台面临的风险。随着地方政府融资平台融资规模的日益膨胀，与其密切相关的地方政府债务风险、银行贷款风险也广泛引起了人们的关注。吴存荣（2007）从地方政府债务余额安全性的角度，深入研究了地方政府债务余额与债务风险之间的关系。他认为地方政府债务余额应控制在 10% ~

15%，政府一定时期能够进行融资的规模等于一定时期内可用于偿债的资金数量的1.5倍。巴曙松（2009）认为，当前形势下，地方政府投融资平台的信贷规模井喷式涌现，已经成为我国最大最活跃的负债主体。在各级地方政府投融资平台中，属县级平台公司风险最大，监管部门需要加强管理。

二是从银行信贷风险管理的角度进行分析。贾银萍（2009）认为，由于银行间的恶性竞争以及银行风险管理手段难以落实，地方政府投融资平台风险很容易传导给银行，从而引发系统性金融风险。李侠（2010）认为地方政府投融资平台在实际运行中存在许多问题，其中最需要引起人们注意的是：债务负担重，信用风险大和可能会阻碍我国宏观经济健康发展。杨冬等（2010）认为，各家商业银行不仅要面临地方政府投融资平台项目盈利周期长、地方政府偿债能力难以评估的风险，还要面临无法了解资金真实流向的最大风险。地方政府投融资平台风险会影响宏观经济运行。唐君燕（2009）认为银行资金过度集中投向地方投融资平台，可能使央行宏观货币政策调整的难度加大，制约货币政策的调整空间，致使未来投资增长过度依赖信贷的持续投入，发生流动性危机的概率大大增加。另外，地方政府客观上具有推高地价以偿还平台负债的强烈动机，在具体项目的选择和决策上不可避免地出现超前的和加剧产能过剩的投资，这些都加大了国家宏观调控的难度，带来了新的系统性风险。

三是从风险的传导方面分析。部分学者从地方政府债务的宏观层面对区域金融风险的传导进行研究。刘方涛（2011）指出我国金融体系的稳定受到金融风险财政化的影响，隐性财政赤字风险将通过特定方式传递到金融部门。隐性财政赤字风险主要通过两个方式传导为金融风险：第一是机构传导机制，地方政府对金融机构的贷款和地方政府贷款担保所形成的财政困境直接通过银行贷款转化为银行不良贷款；第二是政策传导机制，中央银行的货币政策和货币价值的稳定性会受到隐性财政赤字的影响。黄国桥（2011）认为债务风险主要通过财政自下而上进行纵向传导，通过商业银行等金融机构进行横向传导，以及通过政府信用产生扭曲市场信号进行传导。郭玉清（2011）从我国财政风险预警与控制理论的角度研究了地方债务危机通过层级传递危及中央财政安全的机制。地方政府债务可导致中央或有隐性债务风险，地方财政内部的循环传导以及地方财政与中央财政间的循环传导构成我国两大财政风险的传导路径，政府逾期债务是连接两个独立循环传导体系的核心，建议使用新增违约、逾期债务和债务余额等数据构建风险预警指标对中国财政风险进行科学的量化管理。缪小林（2013）认为地方政府债务风险可通过财政链条倒逼中央政府，演化成为中央财政风险进而引发全国性系统财政风险，而且会通过金融机构传导引发金融危机。李永（2013）将地方政府债务风险分为内部、外部两种传导渠道：一是内部传导，主要指政府间上下级纵向传导和同级间横向传导；二是外部传导，主要指地方政府和市场间的相互传导，财政、金融以及政府信用是所有传导渠道的传导介质。刘冰（2015）对重庆市政府性债务进行研究时将地方政府债务风险传导渠道划分为四种：垂直层级的上下级财政路径、产生不良贷款率的银行金融路径、不规范融资的实体经济路径和隐性信用担保的资本市场路径。部分学者在研究地方政府债务与区域金融风险的传导时，从地方政府债务的微观层面切入进行探讨，如债务的可持续性、城投债、土地财政、影子银行、政治周期等。牛霖琳、洪智武、陈国进（2016）将地方债务风险用城投债利差作为代理变量，采用无套利 Nelson – Siegel 利率期限结构扩展模型对国债收益率曲线和城投债利差的周数据联合建模，研究其联合动态与风险传导机制。项后军等（2017）采用地方债务及地方经济波动的面板数据，考察地方债务影响经济波动的传导渠道，并阐释了土地财政以及政治周期的作用效果，实证表明：一是地方政府债务以及投资的波动会加剧区域经济波动，并且投资波动将持续性影响区域经济金融稳定；二是土地财政对地方债务作用于区域经济稳定具有促进效果；三是地方政治周期即地方政府举债行为的周期性也将通过地方债务传导产生经济波动；四是地方政府举债行为以造成产能过剩为载体，对经济稳定产生不利影响。张平（2017）认为地方政府债务在影子银行的金融创新下越来越隐性化，缺乏监管的影子银行可能引发整个金融系统风险。地方政府债务风险通过影子银行作为传导载体，一是通过信托市场，房地产信托通过房价涨跌影响土地价格，影响地方政府收入及举债能力，影响地方政府基础项目融资及偿债能力，影响地方政府债务偿还情况。二是通过融资租赁，融资租赁业务自身风险和融资租赁公司信用等级都会对地方政府债务风险产生影响。三是通过银行理财产品，如地方政府债券、中短期票据、企业债和短期融资券等，给地方政府债务暗中输血。四是风险由地方融资平台通过城投债传递给地方政府债务。这四种路径同时受担保业务的增信服务影响，影子银行风险和地方政府债务风险也受担保公司资本风险状况的影响。

8.3　地方政府融资平台债务形成的原因及其风险分析

8.3.1　地方政府债务增大的原因分析

8.3.1.1　债务增大的内因分析

我国地方政府债务增大是一个逐步发展的过程，其背后有着深刻的内在体制性原因。首先是我国独特的财政分权体制。在该体制下，地方政府的财政权和投融资事务的决策权不匹配，从而导致过度投资或融资，最终使得地方政府的财力无法应对。其次是我国对各级地方政府的考核体系。各级地方政府为完成 GDP 考核指标，本身就具有扩张财政支出的冲动，如此不仅可以提升自身的政绩，也可以使上级政府的政绩得到提升。因此，地方政府的财政预算只要不超过一定限度，上级政府一般不会对其进行严格的管控，反而会支持其扩大投资，由此产生了投资短视或投资冲动，从而导致各级政府加大了支出和举债规模。地方政府扩大投资规模的另一动因是官员们可以利用手中的权力进行寻租。我国目前对于政府投资过程缺乏有效的监管，各级官员运用手中掌控的投资权力进行投资，同时可以获得项目投资中的种种好处。这种既可显示政绩，又可权力寻租的投融资行为，必将使得地方政府投融资规模不断扩大，形成周期性的不良循环。

8.3.1.2　债务增加的外因分析

在我国现有的财税制度和投融资制度下，地方政府为了发展当地经济，在财力有限的情况下，扩大债务是其获得资金来源的首选。地方政府为获得更多的发展资金，就需要利用外部融资环境和相关的融资政策，创新投融资模式。当前众多的政府融资平台就是在这样的环境中产生的，各级政府相互学习相互模仿，越搞越多。这些投融资平台基本上是通过政府财政投资成立的，主要包括各类国有资产营运公司、土地开发中心以及城建公司等。地方政府通过财政拨款、划拨股权、注入土地等方式设立融资平台，首选的融资方式自然是各类银行贷款。而随着外部政策的变化，也会利用其他的融资手段，如发行城投债券、银行理财产品、信托贷款等。虽然我国的政策和银行对于政府举债规模是有限制的，但国有银行的高管都知道，地方政府建立的融资平台在名义上虽是国有企业，而实际上为这些国有企业贷款的信用背书的是政府，最终的债务偿还人还是政府。这些外在的金融机构为了获取自身的利益，会不断加大对融资平台的信贷规模。在有些地方，银行新增信贷的40%左右流向了这些投融资平台。一般情况下，此类贷款要么是利用国有土地抵押的方式融资，要么是由土地储备中心或国有资产运营公司作为融资担保方。银行贷款的依据是对地方政府财政实力的判断，并没有像企业贷款那样进行详细的风险评估。而地方政府本身不具备经营能力，不是真正意义上的经济实体，银行无法对其进行有效的信用等级评估，无法对贷款的总体风险进行分析，无法真正掌握地方政府的总体债务规模，无法正确认识政府的还款能力，从而导致银行最后成为了政府融资平台的利益共同体。

8.3.2 地方政府债务增大所蕴含的相关风险分析

据调查，我国较多地方政府的各类投融资平台的资产负债率普遍超过了80%，而且为了进行更大范围的融资，有些地方政府还建立了多个融资平台。在有限的财力下，这种做法必将导致一些融资平台无法偿还到期的贷款，从而产生风险。更糟糕的是有些地方政府利用虚假资金设立融资平台来争取更多的贷款，更增加了还贷风险。总体来说，地方政府融资平台具有以下几类风险：

8.3.2.1 偿付风险

地方政府融资平台的主要作用是解决政府融资问题，而政府的项目投资一般投向单一，缺少突出的主营业务和良好的收益。通常情况下，政府是以划拨的土地和股权作为资产担保，以财政收入作为还款来源，投资项目缺乏正常的还款收入，担保普遍不足，且融资平台一般是高负债率的。倘若地方政府的财政收入出现大幅度下滑，则将直接威胁其融资平台的偿付能力，从而导致平台难以履行偿债义务，出现偿付风险。目前，我国各地已有一些类似的情况出现了。

8.3.2.2 项目完工风险

地方政府融资平台所投资的项目大多用于基础设施建设，一般情况是投入大、建设回收期长、项目收益不稳定、效益不高、偿债能力弱等。一些融资平台所承担的项目又过多，承建的项目效率不高，贷款的债务偿还和投资失误的责任主体又不明确，政府所投的项目往往是出于主观意志，缺乏严格、科学的项目论证，投入产出的效率普遍较低，资金浪费和损失现象严重，甚至出现“半拉子”工程，导致贷款项目的建设风险。

8.3.2.3　管理和道德风险

当前地方政府融资平台大多为国有投资公司，政府领导干预较多，在管理上主要存在以下几个问题：一是政企不分，平台公司法人治理结构不完善。融资平台的高管人员多数是由政府官员担任，他们缺乏必要的企业经营管理经验和风险防范意识，甚至会为了服从上级领导，不计项目经营效益，单纯追求政绩，在投资的过程中容易产生重大的决策失误。二是平台的融资运作过程不规范。一些地方政府为了能从银行获得更多的贷款，违规向银行提供各类担保。有些融资平台一笔资金用于多家项目公司的注册资金或项目启动资金，或是用银行贷款资金作为注册资本金，甚至出现了不同的融资平台之间相互担保，形成连带责任风险。三是银行高管为完成自身业绩，对政府项目放松审查，存在道德风险的问题。

8.3.2.4　资金挪用风险

一般来说政府投资的基础设施项目所需的资金规模都较大，往往需要从多家银行分别贷款，而将借来的贷款又放在一个统一的资金池里，根据不同项目的进度统一调度使用。这些贷款资金进入平台公司账户之后，银行一般无法对其贷款资金的使用过程进行有效的监控，资金流向很难监管，从而容易造成银行信贷资金被违规挪用的风险。

8.3.2.5　其他风险

银行在与地方政府融资平台的合作过程中，由于信息不对称、平台公司财务透明度低，银行很难全面掌握平台公司的实际负债情况，无法对贷款风险做出正确的评估。即使这样，银行还是盲目地信任政府的背景，对政府融资平台进行过度放贷，而这些贷款大部分又是投入到大型的、中长期基础设施项目中，导致了银行自身信贷结构的不合理，从而产生银行的流动性风险。另外，在多数地方，向平台发放贷款的多是当地的地方性商业银行及农村信用联社，其风险控制机制一般比较薄弱，且容易受到当地政府的行政干预，加大了贷款的回收风险。

8.4 地方政府融资平台债务的风险防范和化解建议

政府融资平台的债务是逐步积累起来的，解决也就需要一定的时间和一个逐步过程。解决的方法主要是依靠地方政府和金融机构联合，通过共同的规范和努力来防范和化解相关风险。

8.4.1 规范地方政府投融资行为

一是规范地方政府投融资行为，限定地方政府投资领域。首先，要理顺中央与地方的财政关系，建立相关制度，明确地方政府事权与支出责任。其次，要深化我国投融资体制改革，要求政府除了关系到国家安全和一些必须由国家垄断的领域外，向社会开放投资；政府主要投资公共服务领域，支持民营企业以多种方式参与到一般性竞争经济领域。当前我国推行的 PPP 模式就是用一种公私合营的方法来建设政府项目。

二是改革当前地方政府政绩考评机制和考评体系，约束政府投融资行为。政府要对政绩考核体系进行重新评估和分析，摒弃以往以 GDP 为主要指标的政绩考核标准，建立起一套科学的考核指标体系。应考虑引进债务指标，将政府官员任期内举债情况纳入考核指标；同时，要加强审计监督，不断强化责任追究机制。

8.4.2 完善地方政府债务管理体系

一是地方政府举债渠道要公开透明。将平台各种隐性化、非正规化的债务来源渠道统统显性化，建立平台融资信息公开制度，对项目的设立、评估、建设、融资、运行等各管理环节进行公开，接受公众的监督，从而保障融资平台在国家法律和制度的约束下良性运行。

二是地方债务能得到有效监控和预警。首先，要明确政府性债务资金用途，不得用于经常性支出；要明确凡是通过财政性资金偿还债务的项目，都实行年度收支计划管理。其次，要建立地方债务的风险评估制度和分级监测系统，将地方融资平台的相关融资、经营信息全部纳入体系，对政府债务实施动态实时监管。最后，要加大债务管理法制化建设的力度，将地方政府的债务管理纳入政府财政管理体系中，规范其举债行为，逐步建立起地方债务的风险预警体系，防范地方政府债务风险的形成与增大。通过多种债务监控指标，把政府的债务率控制在合理的范畴之内。

三是保障地方政府债务偿还能力。要建立起与地方债务规模相适应的政府偿还基金，在平台融资主体无法偿还债务的情况下，动用偿债基金还款；同时，要注重提高融资主体的自偿能力，切实落实平台资本金，合理限制负债率，防止平台过度负债。要明确要求地方政府设立偿债准备金，逐步核实存量债务并分类化解，要按照市场化规则剥离非政府性债务以及违规担保债务。

四是要明确地方政府债务管理部门的职责权限。明晰地方政府的债务审批职能和权限，规定确需举债的部门应由省级部门进行审核，对照是否符合国家政策和本地区经济发展规划。此外，应将政府性债务的举借、使用和偿还情况列入主要领导的经济责任审计中。

8.4.3　规范地方政府财政预算

一是要完整记录政府资产负债情况。地方政府要完整记录各个融资主体的投融资情况，对投资使用的方向、结构、总量限制在资产负债表的框架之内。对地方政府投融资主体的偿债能力的判定不能局限于税收、土地等资产，可以把林权、经营权等归入其偿债能力之中，还要把未来的收益考虑进去。

二是建立地方政府预算管理制度。在建立政府债务台账的基础上，推进债务预算编制工作，通过各种报表等来反映当年政府债务的整体状况、举债与偿还情况、债务收支、偿还资金来源等，并对地方政府的债务风险进行分析和预测。

8.4.4　建立良好的融资平台治理结构

对于融资平台要加强管理，通过建立相应制度，逐步完善融资平台的治理结构，防范地方政府官员过多干预融资平台的经营，保障平台公司投资决策的独立性，弱化政府对平台的背书，强化平台公司的自身实力，提高平台的运营效率，积极提高融资平台的市场化程度。一是平台公司要有明晰的产权，做到政企分开，科学管理；同时，应遵循现代企业运行规律，建设好平台的董事会、监事会，提高平台的运营和管理效率。二是平台公司要努力提高经营效益，认真分析项目的可行性，做好项目的收益预测，降低项目的融资成本，努力提高平台的盈利能力和信用等级。

8.4.5 加强银行对平台公司贷款项目的审核和贷款额度的控制

一是调整平台贷款投放策略，控制平台信贷比例。银行要将有限的信贷额度优先配置到经济发展水平较好的重点项目上，对平台公司要合理控制贷款额度，减缓超额度的贷款。贷款要优先投放到不良贷款率较低的行业和地区，优先支持信用良好、治理规范、经营稳健的融资平台。银行要合理控制融资平台的类贷款比例，避免对个别融资平台的超额授信。

二是做好平台新增贷款审批，防范平台项目贷款风险。银行信贷审批人员要严格审核平台贷款是否符合国家相关政策，关注平台公司注册资本金情况，督促资本金足额及时到位。要求平台公司贷款项目符合审批条件，要有规定的抵押和担保。

8.4.6 加强平台公司的风险评估和贷后管理

一是密切关注平台资金流向。要求各银行信贷员掌握每一笔平台贷款的基本信息，扎实做好贷后管理的基础性工作。为防范融资平台信贷资金被挪用，银行要对平台贷款实施封闭管理，并组建专门的平台信贷管理团队，密切关注其生产经营情况，一旦发现平台经营出现异样，就要及时进行处理。

二是及时化解平台经营风险。银行对平台贷款检查中发现的问题要给予高度的重视，及时与政府相关部门沟通，制定与地方财力约定相匹配的财政偿还贷款方案，必要时启动资产保全机制。要求地方政府及时主动地披露财政状况，尤其是财务收支状况，避免政府收入减少时无力支付贷款本息。

8.4.7 加快信贷资产证券化试点，分散平台信贷风险

一是通过资产证券化，可以使平台信贷资产具有流动性，使银行能提前回收平台贷款本息，同时也能将平台贷款风险转移到资本市场，再通过资本市场的投资组合优化，化解和分散平台的信贷风险。

二是通过资产证券化，可以降低银行的加权风险资产，减少监管资本的消耗

和再融资需求。商业银行因受资本充足率约束，融资平台的贷款增加就需要银行以再融资的方式来补充资本。通过资产证券化，就可以转化融资平台的信贷风险为无风险权重的现金，以此可以降低银行的加权风险资产总额，提高其核心资本充足率。通过平台资产证券化，可以帮助银行腾出融资空间来支持实体经济、中小微企业发展。可以说，平台贷款资产证券化建立起信贷市场和资本市场之间的桥梁，改善了银行资产的流动性，降低了银行的信贷风险。

三是完善相关法规制度和配套政策，促进信贷资产证券化。首先，信贷资产证券化有关的法律法规，如税收制度和会计准则等要尽快完善。其次，为做好资产证券化，需要健全基础资产的评估准则和信贷资产的评信办法。要打造权威、独立的信贷资产证券信用评级机构，做好平台信贷资产证券的合理定价。最后，要大力促进更多的合格投资机构和个人进入市场，促进证券化资产的流动性，扩大证券化资产的市场容量。

8.4.8　采取多种途径，逐步降低、稳步消化平台贷款风险

一是为稳步消化平台贷款风险，应允许平台的贷款展期。鉴于平台贷款中大部分还是优质资产，部分因贷款期限设定不合理快要到期的，但本金和利息可以覆盖的项目，可以允许对融资平台的贷款进行展期或者是借新还旧。通过展期或借新还旧可以延长平台的项目贷款还款期限，可以使得融资平台有充分的时间来运营平台资产，实现项目资金的回笼，归还贷款，最终实现以时间来换取空间的风险管控目的。

二是为化解平台贷款风险，要不断提升银行机构的经营管理水平。上述的信贷资产证券化和平台贷款展期、延期等风险化解办法是治标不治本的，要切实化解平台贷款风险，还是要在经济发展中不断寻找新的经营利润增长点，加大对实体经济的支持，减少银行机构对融资平台的依赖，实现持续经营。

综上所述，防范和化解融资平台风险需要政府、银行、资本市场等多个主体的共同努力，需要全社会的共同关注，需要系统性的思考。

第9章　金融生态视角下的区域金融风险的防范和化解

9.1　引言

近年来，金融生态问题成为关注的焦点，大量学者将金融生态理论应用到金融发展规律探索和金融风险防控上，探索金融业的发展和健全的金融生态关系以及维护金融生态稳定与防范金融风险发生的关系；研究将如何防范金融风险这一问题就转化为如何构建一个平衡稳定、良性运营的金融生态系统问题。金融生态环境对金融生态的演进有很大的影响。良好的环境促进金融生态的和谐发展，而在法律法规不健全、信用基础不完善等不好的环境下，金融生态不能和谐发展，金融风险无法得到很好的监控和抑制。良好的金融生态是金融业稳定、可持续发展的基础和保障。改善金融生态，不仅有助于吸引资金和资本的流入，提高金融资源配置效率，而且有助于维持金融系统的稳定，防范金融风险；良好的金融生态是促进经济与金融协调发展的基础和前提，是地方经济建设获得金融支持的有力保证，是构建和谐金融、和谐社会的重要内容。

本章节希望阐述金融生态的概念、框架以及不和谐的金融生态所带来的金融风险，并从生态学理论出发，厘清区域金融生态系统的核心范畴、结构以及基本功能，希望从生态系统稳定的角度，探讨区域金融风险与生态系统稳定的内在逻辑，从多个层面描绘区域金融风险的生态学特征；并在生态学原理指导下，构建区域金融生态环境总体评价指标体系，提出区域金融风险的防范措施。

9.2 相关概念及文献综述

9.2.1 金融生态的概念及系统结构

9.2.1.1 金融生态的概念

金融生态的概念来自生态学，目前学术界对其相关理论及实证分析基本围绕这两个视角展开，一是金融生态环境观，二是金融生态系统观。

金融生态环境观认为金融生态是借用生态学的概念来比喻金融业运行的外部环境，其主要从金融外部运行机制、基础条件等方面来探讨改善金融生态的相关运作机理。周小川（2004）、徐小林（2005）认为，金融生态即微观层面的金融环境，包括法律制度、社会信用体系、会计与审计准则、金融市场体系、中介服务体系、企业改革的进展及银企关系等方面的内容。其中，法律制度环境是金融生态的主要构成要素。苏宁（2005）指出，金融生态是一个比喻，它不是指金融业内部的运作，而是借用生态学的概念，来比喻金融业运行的外部环境，主要包括经济环境、法制环境、信用环境、市场环境和制度环境等。综合起来可以认为，金融生态是影响金融发展的、由金融内外环境共同构成又相互作用、具有生态特征（依存性、竞争性、进化性、动态平衡性）的大金融环境，从而形成了金融生态的广义概念。

金融生态系统观则认为，金融生态是一种开放、复杂、巨大的系统，具体应包括金融生态主体、生态环境、生态调节三个方面。金融生态是金融与其环境之间相互关系的总和，是各种金融组织与其生存环境之间及其内部金融组织相互之间在长期的密切联系和相互作用过程中，通过分工、合作所形成的具有一定结构特征，执行一定功能作用的动态平衡系统。林永军（2005）从系统论的方法分析了金融生态系统中各子系统之间的联系，认为良性运作的金融生态系统应当具备以下特点：一是系统内各子系统紧密联系，具有较强的沟通协作能力和健全良性互动机制；二是系统内各金融主体产权清晰、权责利相统一，按照“适者生存、优胜劣汰”的生态规则开展竞争；三是系统内外部资源和能量的流动保持动态平衡。李扬等（2005）认为，金融体系的运行不仅涉及其赖以活动区域的政治、经济、文化、法制等基本环境要素，还涉及这种环境的具体构成及变化，以及由此导致的主体行为异化对整个金融生态系统所产生的影响。徐诺金（2005）指出：金融生态，又可以称为金融生态体系，是各种金融组织为了生存和发展，与其生存环境之间及内部金融组织相互在长期的密切联系和相互作用过程中，通过分工、合作所形成的具有一定结构特征，执行一定功能作用的动态平衡系统，并提出金融生态系统的基本框架由金融主体系统、金融生态环境系统和金融生态调节系统三部分构成，并对金融生态的内涵进行了外延。曾建中（2009）对金融生态系统的金融交易主体、货币循环、信用流、政府行为提出了基本假设，在此基础上，他将金融生态系统定义为：在一定时间和空间范围内，金融交易主体与其生存和发展的内外部环境（即金融生态环境）之间通过信用流动和货币循环所形成的一个彼此关联、相互作用并且有自动调节机制的统一整体。综上所述，可以认为金融生态系统是从生态学的基本原理出发，对比金融体系与自然生态的相似性，认为金融生态是各种金融组织为了生存和发展，与其生存环境之间及内部金融组织相互之间在长期的密切联系和相互作用过程中，通过分工、合作形成的具有一定结构特征，执行一定功能作用的动态平衡系统。

9.2.1.2 金融生态系统结构

金融生态系统由金融生态主体、金融生态环境和金融生态调节三部分组成。显然，金融生态系统的架构主要由金融交易主体、金融机构和金融市场组织构成，即金融生态主体；其整体环境包括经济环境、政治环境以及法制与信用环境等，即金融生态环境；同时在金融生态系统中金融生态主体与金融生态环境之间由其内部调节机制而形成相对平衡的状态，即金融生态调节，如图 9.1 所示。

金融生态主体，指的是直接提供金融产品和金融服务的生产者。从狭义角度进行定义金融生态主体，包括直接提供金融产品和金融服务的金融机构和金融市场，但不包括间接影响金融产品和服务的外部监管机构。广义来说，金融生态主体不仅包括金融机构，而且还包括与金融机构有着金融交易的居民、企业和政府，同时还包括提供交易平台的金融市场组织。金融生态环境，是指影响金融生态主体生存和发展的各种因素，同自然生态系统类似，任何金融主体的经济活动都离不开政治、经济、法制以及信用等社会环境。因此环境条件对金融非常重要。所谓金融生态调节是指金融生态主体在政治、经济、法制和信用环境中，能

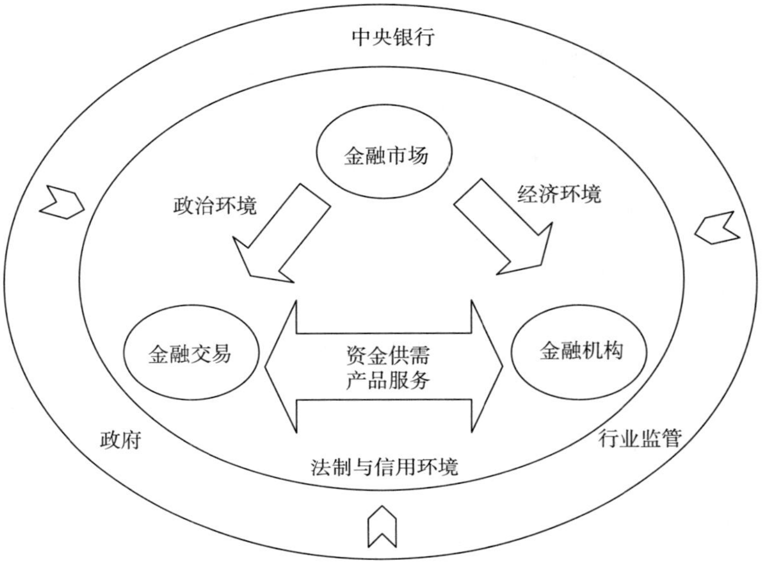

图9.1　金融生态系统结构

够通过一定的外在或内生机制逐渐趋于均衡和稳定，金融生态调节既有外部调节，又有内生调节。外部调节包括行业监管当局的硬约束，中央银行货币政策的干预，以及地方政府的偏好和预期等等，内生调节既指金融生态主体之间，又指金融生态环境之间，亦指二者之间相互作用。

9.2.1.3　金融生态系统特征

一是金融生态系统具有金融主体、金融市场等个体组织多样化特征。这种多样化体现在金融主体的多层次存在，形成具有一定体系的、实现不同功能分工的金融生态体系。从供给和需求角度而言，金融主体的多样化能够反映不同的金融需求，与不同且多样的金融供给在市场组织下相互交易，来维持金融交易的相对稳定性。从金融功能角度来讲，金融生态系统中不同的金融主体和金融市场组织所承担的金融功能不尽相同，金融机构的服务和中介功能，金融市场提供服务和媒介的平台，从而共同承担金融生态系统资源配置、经济调节以及风险管理的功能。

二是金融生态系统内部具有相互关联、相互依存性。金融生态系统中的金融主体、金融市场、金融生态环境相互之间都具有较强的关联性，金融主体不可能独立于金融生态环境之外存在，而是依附于经济发展的基础、社会信用文化以及法制建设等，其经济交易过程离不开金融市场组织提供的平台和服务。金融生态系统内部的相互依存性则体现在金融主体之间的经济活动中，金融主体的理性行为让参与者均可获得好处，满足各自的实际需求，而又通过自我强化放大这种效应。因此，金融生态系统内部具有相互关联和相互依存特征也是社会系统中各个要素相互作用的一般规律。

三是金融生态系统具有演进性、复杂性。主要体现在金融组织形式的演进、金融功能上的衍生、金融工具上的丰富以及金融机构的发展，总之是一种从简单到复杂、从低级到高级的金融演进过程。以货币的产生为例，由早期的物与物的交换的实物货币阶段逐渐演进到采用纸质、电子货币的信用货币阶段，到目前为止，货币已朝着脱离国家主权向跨国经济区域发展的演进态势。由金融生态系统演进性的特征可以得出金融生态系统不稳定性是长期存在的。

四是金融生态系统具有竞争性和创新性。金融主体理性逐利行为，即在市场竞争中的“优胜劣汰”，适应经济环境并不断改变经营策略、提升服务效率，最终使得金融主体创新产品和服务，在竞争中保持优势地位或不被淘汰。这就引申出了金融生态系统的另一方面特征，即创新性。现有的金融制度、金融组织、金融工具都是在市场中不断被创新演进而来的，这种演进没有停止，在信息时代，互联网金融的金融科技创新足以证明。总之，金融生态系统的竞争性和创新性特征为其演化提供了内生动力。

9.2.2 金融生态风险

9.2.2.1 金融生态风险概念

根据生态学对生态风险的界定，我们将区域金融生态风险概括为：区域金融生态风险是考虑区域范围内，由于外部干扰或内部变化而导致的金融生态平衡被破坏所带来的金融机构、金融头寸的损失以及与此相关的金融环境的恶性变化。它同传统意义上的金融风险以及金融生态评价有着联系和区别。

9.2.2.2 金融生态风险特征

首先是不确定性。即人们事先难以准确预料危害性事件是否会发生以及发生的时间、地点、强度和范围，最多具有这些事件先前发生的概率信息，从而根据这些信息去推断和预测区域金融生态系统所具有的风险类型和大小。

其次是内部关联性。区域性风险往往是某一区域内金融生态的经济、金融、政策、政治等多种因素相互作用的结果，因此不同区域的经济发展好坏呈现出不同特点的金融风险。金融生态风险主要来自于区域内生态的各种环境因素和各类生态主体的表现。

最后是开放性和传染性。即区域金融生态系统不是封闭的和静止不变的，它们都是开放的，它必然会受诸多具有不确定性和危害性因素的影响。生态系统的开放性必然有区域性风险的传导性。这种传染性不仅会在同一区域内不同行业、不同机构间扩散，甚至会在不同区域间传导。区域性金融风险主要通过四条渠道进行传导。一是通过金融机构的资产负债渠道，金融机构通过资产负债业务联系，产生影响。二是公共部门渠道，地方政府债务负担会对企业、银行、家庭部门等微观经济主体产生政治溢出效应，地方政府债务会通过直接和间接渠道影响区域间金融生态系统稳定，最终导致风险在区域间扩散。三是资产价格渠道，由于全球一体化、区域一体化程度不断加强，金融创新工具不断普及，导致金融资产分散化、投资组合多样化，引起不同经济主体间关联度不断增大，使得风险传导的概率显著增大。四是贸易渠道，各区域之间的贸易往来越来越频繁，发生金融的传导概率也增大。

9.2.2.3　区域金融生态风险的独特性

金融风险只强调某个金融机构或某个金融头寸未来收益的不确定性，而金融生态风险则通盘考虑了生态的各个主体及它们之间的相互作用以及不同组建水平生态风险之间的相互关系，是对整个生态系统受到危害或损失的衡量。

首先，区域金融生态风险强调区域金融生态平衡被破坏所带来的影响，这种影响是宽泛的，既包括金融机构的运营安全甚至区域金融体系的安全和金融头寸的损失，又包括与金融生态平衡相比较而显现出来的金融环境的恶性变化，如信用环境恶化、金融法律制度弱化、金融市场体制和机制出现短期不适应、所在区域经济和社会发展环境由此表现出来的非良性变化，等等。由于金融环境的恶化而带来了具有某种功能的金融机构、金融市场甚至是社会信用水平的缺失，由此造成的损失是难以用经济价值来衡量的。因此，分析和表征区域金融生态风险一定要与生态系统自身的结构和功能相结合，以区域金融生态系统的整体价值变化为主要依据。这也就决定了区域金融生态风险不可能完全实现定量化分析。

其次，区域金融生态风险发生的因素，即风险源，来自外部和内部，或者兼而有之。外部因素主要有宏观经济环境与政策、法律法规、区域经济社会发展的外力等方面的变化，内部因素主要有金融体系突发事件、所在区域经济社会发展环境的自身变化等。

最后，区域金融生态风险的受体即风险承受者不一定是区域内的金融体系。比如，由于区域内信用环境恶化，导致金融机构不良资产增多，进而又影响金融机构对区域经济和社会发展的支持力度，最终结果很可能是区域经济社会发展遭受重创。显然，区域金融生态风险能够从整体上把握金融生态系统所受到的影响以及内部之间的相互关系。因此，从风险衡量和控制角度来看，存在系统筹划和优化问题，即为了降低区域金融生态风险总量，要在系统内部之间进行收益和损失的权衡。所以，借助一些科学的分析方法，如区域生态经济学理论和方法、金融生态的系统论方法，并可进一步利用生态学处理金融生态风险。

9.3 不良区域金融生态引发的金融风险

9.3.1 区域金融生态主体产生的风险

9.3.1.1 区域金融机构的发育不良引发的风险

我国的区域金融机构基本是国有体制下产生的，后天的发育也基本处于“亚健康”状态。首先是大部分区域金融机构的资本金不足。全国主要银行均已上市，这几年的发展尚好，资本金基本得到补充，但在区域地方金融机构未上市的银行中，资本充足率达标情况就不太理想了，城商行、农商行、地方证券公司、基金公司资产负债率均较高。其次是我国金融机构的管理者和股东之间存在较严重的信息不对称问题，部分金融机构的管理者和非国有股股东有转移资本、公布虚假信息的行为，给行业监管和社会监督带来阻碍，使金融机构的真实情况很难被国家掌控，处于潜在高风险运行状态，如最近爆发问题的包商银行、恒丰银行。最后是金融机构都比较急功近利，注重获取收益、轻视风险管理。特别是在经济周期上升的阶段，贷款规模的过度扩张易形成泡沫经济风险，由于金融机构风险管理意识淡薄，内部控制薄弱，使得金融风险的防范重心落在金融监管部门身上，加大了监管成本，同时也降低了监管效率。

9.3.1.2 企业的管理和治理问题引发的风险

地方企业是金融生态中资金的主要需求者，其运营能力、盈利能力和偿债能力是金融生态安全运行的基础。不同性质的企业与金融市场的联结程度有较大不同。上市公司不仅向银行融资，也从资本市场进行较便利的融资，但我国的公司治理问题比较严重，财务作假、大股东操控、资金挪用、发布虚假信息等是诱发资本市场动荡的主要原因之一。国有企业经营效率低下，贪污腐败以及过度贷款、项目投资不当等是商业银行新增不良资产的主要来源。而众多的中小微企业由于其规模较小，会计制度和内控机制不健全，融资难的问题始终未得到解决。目前，中小企业约1/3的融资需求靠非正规金融体系来满足，已成为地方金融风险较大的隐患。

9.3.1.3 地方政府对金融主体的干预引发的风险

我国地方政府在经济发展中起主导地位，而政府的一些非市场化行为已引发了较多的金融风险。一是地方政府为了维护地方经济利益，干预金融机构给一些无实质收益的形象工程贷款。二是帮助某些地方企业以假破产的方式逃废银行债务，形成银行的坏账。三是地方机构为分担地方财政的部分职能，按照地方政府的意愿分配和发放贷款，导致地方金融机构面临较高道德风险，产生较高不良贷款率。四是地方政府对政府项目贷款提供隐性担保：政府对居民的储蓄存款提供隐性担保，一些新成立的农村信用社或城市合作银行，也由政府承诺储户可以随时撤股或取回存款，实际上是将金融风险转嫁给了政府。地方政府的隐性债务最终形成区域金融风险，威胁地方金融安全。

9.3.2 金融生态环境产生的风险

9.3.2.1 法律环境不完善引发的风险

一是已有的金融法律阻碍了非公有制金融主体的发展，对地方金融机构的退出无明确的法律规范，阻碍了区域金融生态的竞争机制发挥作用。二是目前较多的金融法律的制定严重滞后于金融业务的创新和发展，如互联网金融和跨市场金融业务、金融控股公司等相关法律制度都亟待建设，否则难以防范金融分业向金融混业发展过程中的风险隐患以及金融科技时代来临所产生的金融风险。三是法律制度中的基础性设施还不完善。如有关征信管理法规的不完善，影响了征信业的发展并加大了金融机构的信用风险；此外，农村金融相关法律的滞后无法充分保护农民和债权人的利益，导致银行债权追索难，不良资产回收率低。

9.3.2.2 社会诚信度不高引发的风险

我国目前尚未建立起完整的信息共享的企业和个人征信体系，信息尚不对称，信息使用尚不规范，导致部分不法主体不受社会舆论和法律的制裁。如上市公司利用虚假会计报表骗取上市、增资扩股；企业利用假破产等手段逃废银行债务；一些金融机构管理不善，内部人员缺乏诚信扭曲了金融主体的行为，增加了金融监管的难度，甚至影响到金融生态机制的良性运作，加大了金融机构的信用风险和操作风险。

9.3.3 金融生态调节机制风险

9.3.3.1 金融市场发展不均衡引发的风险

大多地区金融市场不发达，货币市场和资本市场发展不均衡，受政策调整影响较大，尚未形成合理的均衡利率和利率期限结构；股票市场和债券市场发展不均衡，投资者投机性大，信贷资金违规进入股市，导致股市泡沫。保险市场发展不均衡，保险推广不规范以及保险公司的资产投资渠道窄，存在潜在风险；金融衍生品市场尚不发达，市场上可供分散和化解风险的金融工具较少，使得投资者和证券公司、基金公司暴露在金融风险之中。

9.3.3.2 金融监管不足引发的金融风险

我国目前尚未形成市场化的金融监管体系，在制定防范金融风险的措施和化解手段上，均处于不高的水平。在对金融机构的市场准入时注重事前合规性的审批，而忽视机构运行中的实时监控和管理；在对金融机构的业务监管时比较注重表内业务监管，而对表外业务以及金融创新业务的风险监控较弱，而后者往往更容易引发金融风险；在风险监控方面尚缺乏动态的、模型化的风险监控和管理手段；目前的分业监管模式已经不能完全适应实际上的混业经营和跨市场资金流动监管的需要，有效的监管信息共享机制缺乏，使得跨市场、跨行业的风险监管存在较多盲点。正是由于金融监管的不足，导致我国金融体系的个别风险极易演变成区域风险和系统风险。如民生银行30亿元的“飞天”假理财案；广发银行10亿元的虚假担保；浦发银行成都分行向1493个空壳企业授信高达775亿元；邮储银行甘肃武威文昌路支行79亿元违规票据案件以及近些年P2P网络借贷的百亿案件，等等。

9.4　区域金融风险的生态评价

9.4.1　区域金融生态系统评价概述

描绘区域金融生态系统的状态变量一般较多，这些状态变量的组合共同构成了一个多维状态空间，生态系统在动态平衡中达到稳定状态，保持金融发展和经济增长。在区域金融生态系统处于稳定状态下，金融市场是平衡的，产品供求是稳定的，金融功能得以正常发挥，区域经济处于良性发展之中。一旦区域金融生态系统稳定性被破坏，金融发展和经济增长就会受到影响，区域金融风险就会爆发。因此，从金融生态视角来处理区域金融风险，不仅需要通过对金融生态系统的风险的界定和寻找原因，而且需要甄别和评判生态风险。通过科学评估区域金融生态环境和金融生态主体生态链和金融生态调节机制的现状，以便为识别风险、防范和化解区域金融风险提供现实依据。建立科学、规范的评价模型，是改善区域金融生态系统的关键。

9.4.2　评价指标和研究方法综述

在评价指标构建方面，相关研究基本从影响金融生态的环境要素出发。如中国社会科学院金融研究所（2005）从经济基础、企业诚信、地方金融发展、法治环境、诚信文化、社会中介发展、社会保障程度、地方政府公共服务和金融部门的独立性等九个大类、100多个三层指标进行评价；人民银行洛阳市中心支行课题组（2006）设计了一个包含90项定量指标和37项定性指标的庞大指标体系；人民银行西安分行（2009）选取了经济环境、信用环境、法治环境、行政环境、中介服务环境和金融运行状况等六个大类指标；湖南大学金融管理研究中心（2009）选择了法制环境、经济环境、信用环境、金融运行四个大类指标。从金融系统现状、金融生态环境和金融生态系统效率3个维度，黄国平、刘煜辉（2007）评估了全国各省市的金融生态环境质量，认为福建省的金融生态环境较好。综合经济、法律、制度等3个方面，何剑（2010）构建了评价新疆金融生态环境的指标体系。基于经济基础、金融资源、政府财政和社会信用4个一级指标，周炯、魏佩佳（2012）评估了我国31个省市区的金融生态环境；吴祥佑等（2015）选择了经济基础、金融发展、制度环境3大类的16个指标组成福建省金融生态环境的评价指标体系。陆珉峰（2019）构建了区域金融生态系统“三维一网”模型，将区域金融生态系统稳定评价分为区域金融生态主体情况和区域金融生态系统内在调节能力两个一级指标。其中区域金融生态主体情况分为广度（多样性）、深度（发育情况）两个二级指标。区域金融生态系统内在调节能力分为经济基础、政治环境和监管环境三个二级指标。可以看见，出于对金融生态内涵的不同理解及对各要素重要性的不同认识，各研究中选取的具体指标差异较大。

在评价方法方面，相关研究成果也不断丰富，包括：因子分析法（FA）、层次分析法（AHP）、主成分分析法（PCA）、数据包络分析法（DEA）、BP人工神经网络评价法（ANN）、聚类分析法（CA）、系统动力学模型（SD）等。李扬（2005）运用数据包络分析法（DEA）评价了中国城市的金融生态环境。人行洛阳市支行课题组、汪祖杰和张轶峰（2006），以及黄国平和刘煜辉（2007）等分别运用层次分析法（AHP）构建了评价区域金融生态环境的指标体系。通过引入BP人工神经网络模型（ANN），张瑞怀（2007）建立了农村金融生态环境的综合评价模型。苗丽娜（2007）运用系统动力学的方法（SD）建立了评价金融生态环境的系统动力学仿真模型，评价了武汉市的金融生态环境。曾胜、廖林（2009）通过采用空间系统分析和结构分析方法，构建了一个复杂的理论模型。胡滨（2009）、何剑（2010）、周炯和魏佩佳（2012）等学者运用因子分析法分别建立了各自的金融生态环境评价模型。采用主成分分析法，邓淇中、李鑫和陈瑞（2012）评估了全国29个省市区的金融生态环境进行了评价。刘园丽（2017）利用灰色关联度改进传统理想解方法，给出一种新的金融生态环境评价方法。赵敏和杨昀（2019）从影响金融生态环境五因素出发，在相关理论基础上，分析了构建贵州省金融生态环境评价指标体系，为贵州经济发展提供思路。张辛雨和马野驰（2020）选取东北三省26个地区为测评对象构建指标体系，运用因子分析—灰色关联度分析法提取出影响金融生态环境的重要因子，计算2009～2018年这些地区的金融生态环境综合得分。结论表明：区域金融生态环境的重要影响因素为经济基础发展因素和社会人文因素。

9.4.3　基于金融生态系统的三维评价指标体系

根据影响金融生态系统稳定的机制，将区域金融生态系统稳定评价分为区域金融生态主体情况和区域金融生态系统内在调节能力两个一级指标。其中区域金融生态主体情况分为广度（多样性）、深度（发育情况）两个二级指标。区域金融生态环境分为经济基础、政治环境和监管环境三个二级指标以及区域金融生态调节机制分为货币市场、资本市场、外汇黄金市场和区域股权、资产交易市场四个二级指标。具体的指标如表9.1所示。

表9.1　区域金融生态系统评价体系

一级指标	二级指标	三级指标
区域金融生态主体情况	区域金融生态主体广度	政策性银行机构数、国有大型银行机构数
		中小银行机构数、其他金融机构数量
		证券公司数量、基金公司数量
		保险公司数量
		地方金融机构数量
		互联网金融公司数量
	区域金融生态主体深度	地区金融机构贷款总额占存款总额
		地区金融机构人均存款余额、地区金融机构人均贷款余额
		地区贷款余额占GDP
		保险深度、保险密度
区域金融生态环境	经济基础	人均地区生产总值、人均可支配收入
		地区生产总值增长率、社会固定资产投资率
		实际利用外资总额
		财政收入
	政治环境	预算内财政支出占地区GDP
		财政缺口（预算内支出/预算内收入）
		律师、会计师事务所家数
	监管环境	银保监会分支机构数
		证监会分支机构数
		金融案件发生率

续表

一级指标	二级指标	三级指标
金融生态调节机制	货币市场情况	商业票据贴现总额
		债券回购金额
	资本市场情况	本区域交易所上市家数、股票发行筹资额
		本区域交易所上市公司总市值
		本区域股票交易成交额
		商品期货市场交易额
	外汇、黄金市场	本地区外汇交易额
		本地区黄金交易额
	其他资产交易额	区域股权成交额
		区域资产交易额

9.5 优化金融生态防范金融风险的思路与对策

9.5.1 规范金融生态主体行为，降低金融生态主体风险

9.5.1.1 深化金融体制改革，形成多元金融生态主体的金融市场

一是深化金融体制改革，明晰商业银行的产权制度，强化股东责任；稳步推进地方商业银行的股份制改造，积极引入境内外战略投资者，既可以补充商业银行的资本金，又可以通过投资主体多元化来改善银行的治理结构，降低内部人控制风险。

二是大力发展各类中介机构，引进外资。各类中介机构尽快与司法、工商、税务、国土等主管部门脱钩，实现市场化、公司化运作。强化中介机构的市场竞争，为了提高中介服务水平，应积极引进国内外资信等级高的中介机构，提高金融生态国际竞争力，从而改善整个金融生态。

三是发展民营金融。中国的金融体系以国有金融为主，国有金融过度进入市场、民营金融被挤出的特征明显。应降低民营金融准入门槛，在建立产权制度、

市场准入、加强内控、金融监管等条件下，积极稳健地创建民营金融，为金融生态系统输入新鲜血液。

9.5.1.2 不断提高商业银行经营管理水平，切实落实存款保险制度

一是完善商业银行的治理结构，使董事会和监事会发挥应有作用，借鉴良好公司治理模式，做好商业银行的内部控制以及各级分支机构的管理，不断提高资产质量和经营管理水平，防范和化解金融生态危机。

二是建立健全银行生态危机预警体系。强化危机预警的理念，收集并分析政治、经济、金融、市场等有关的信息，通过分析银行统计、会计报表及相关信息，对银行的不良贷款率、资本充足率、存贷款利率、盈利能力和经营管理状况等进行分析、比较和判断，及时采取控制和化解发现的金融风险，防止金融风险的进一步发展和恶化。

三是规范地方政府作为国有商业银行股东的代理人的行为，减少对商业银行贷款的干预行为。争取更多的正规金融融资方式，同时要尽快将非正规金融纳入金融监管范围，防范和控制潜在的金融风险。

四是抓好"存款保险制度"的落实，确实有效保障储蓄投资人的利益，维护金融稳定。存款保险制度的切实落地，可以充分利用商业化的方式化解政府金融风险，保证金融安全。

9.5.1.3 加强金融市场管理，降低金融市场风险

一是加强资本市场管理，充分发挥金融市场的调节作用。首先，规范上市公司行为，加快资本市场改革，充分发挥资本市场融资功能，促进股票市场的发展。其次，设立并完善商业银行基金管理公司，将商业银行信贷资金进入资本市场的途径规范化，使得以稳定的资金支持确保资本市场的稳健发展。分散商业银行的经营风险，实现商业银行资产多样化。最后，实现金融生态投资主体多元化。目前国家允许保险基金及社保基金进入股票市场，可借此机会逐步改变中国股票市场单纯以个人投资者为主的情况，大力发展机构投资者。

二是稳步推进利率市场化改革，建立动态化反映资金价格的多元化利率市场体系。要继续深化利率市场化改革，有序推进存量浮动利率贷款定价基准转换，保持人民币汇率在合理均衡水平上的基本稳定。加快推出利率衍生产品的金融创新，向市场提供多种可对冲和分散利率风险的金融工具。

三是加快建设区域金融要素交易市场。要"脱虚向实"，完善市场功能、加

大政策引导、打通资金流向实体经济的渠道，让科创型企业、高端工业、引领行业革新的企业，能通过金融要素市场，低成本、高效率地获取金融服务支持。金融市场还可以发挥在并购重组、企业融资、产融结合等方面的重要作用，推动国资国企改革。支持设立新型要素交易市场，培育具有较强资源配置能力的权益类交易市场。支持要素交易市场开展业务模式创新，加强与国内外交易所、银行、证券、私募投资机构以及中介服务机构合作，促进要素交易市场安全、规范发展。

9.5.2 加强金融生态环境建设

9.5.2.1 培养金融法律意识，创造良好的法制环境

一是要切实执行《破产法》中对金融机构债权人的保护制度和相关法规保护投资者的利益；加快对规范金融创新业务的立法工作的进程。深入理解《金融控股公司监管条例》，不断制定和完善《地方金融监管条例》；尽快建立金融科技背景下的互联网金融相关监管法律法规。地方政府应高度关注和顺应金融生态发展需求，监督金融市场运行状况，合理使用地方政府立法权，依法治理和维护市场秩序。

二是要培养社会的金融法律意识，不断提高金融的执法效率，使金融主体充分利用金融法律来防范风险，保障金融安全。对于法律意识较为淡薄的民间借贷领域，一方面要对其及时开展司法教育，规范融资行为，对于不守法、不敬法的经营机构坚决予以取缔，加大对失信行为的打击力度和对相关金融案件的审结与执行力度。另一方面应建议上级部门起草专门法律，启动相应立法程序，让法治观念深入金融生态系统的各生态主体中，推广简易诉讼程序，研究设立金融专业法庭，创造良好金融生态法治氛围。

9.5.2.2 完善征信体系，改善信用环境

一是要加强以诚信为本的社会宣传力度，培养政府、企业和个人的诚信意识。强化征信从业人员的法律意识，试行征信从业资格认证和黑名单制度。二是要注重以标准化和规范化引领信用建设，在银行信贷征信信息联网基础上，注重政府引导与行业自律相结合，联合人民银行、海关、工商等部门，建设区域企业和个人征信系统，打通与社会信用关联的各类公交、电费、水费、煤气费、电信费等公用事务网络系统，实现资源共享；规范信用中介机构的信息采集和评价程

序，构建合理的信息交流和企业评价系统，通过整合利用各种信息资源，提高金融契约双方的信息了解程度。三是依托各部门、联合各企业及行业组织，推出多行业、多领域的失信联合惩戒备忘录，制定征信工作办法和管理规则，强化多领域失信法人信息共享，严格惩治失信行为。加大惩罚制裁的力度，对逃废债企业、个人要定期公布黑名单，使其受到社会舆论的谴责和制裁，增加其道德成本，对情节严重的有关责任人要追究行政、刑事责任。

9.5.2.3 加强监管协调配合，确保监管高效有效

监管部门、政府是区域金融生态系统重要的外部环境，良好的区域金融生态系统离不开监管部门之间的协调配合。各监管部门在制定影响金融生态系统的相关调节机制时，各监管部门应当合理分工，避免组织上冗余和工作间重复，避免监管工作重复无序，确保区域内金融生态建设质量和监管工作的协调，形成有效的监管合力。充分识别区域内金融机构的系统重要性，加强金融监管的统筹兼顾和部门协调，形成监管合力，有效维护金融体系稳健运行。加强与地方财税、部内司局、预算单位的联动机制，完善联席会议制度，及时发现监管协调机制上的问题，讨论解决问题的方法和措施，并开展联合审核或检查工作。

9.5.2.4 发挥政府职能作用，推进区域金融生态良性发展

良好的政治环境是保障区域金融生态系统健康的重要因素。一是要发挥政府职能作用，推动区域金融生态系统的良性发展。区域金融生态系统的建设既包括金融制度设计、风险防控，又与当地产业结构、经济发展密切相关。要建设好信息共享机制和行业协会规章制定机制，及时制定区域金融生态评估方法，从宏观层面调查区域金融健康状况，对危机事件采取有效措施实时跟踪检测，提高政府金融生态建设的积极性。二是建立地方政府债务风险预警机制，防范政府过度负债。地方政府举债要与偿还能力相匹配，要综合考虑地方债务存量、财政收入、经济发展能力、金融市场状况水平等因素，科学合理制定政府新增债务限额。推动形成新的政绩观，打破只考虑 GDP 的畸形政绩评价体系，强化地方政府债务管理，把债务管理纳入考核或问责体系。

9.5.3 构建金融生态协同保障机制

9.5.3.1 加强金融监管机构的合作

一是要建立金融监管信息共享机制，实现银保监会、证监会的监管合作。针

对目前金融风险主要从资本市场向其他金融市场传递的特征，证监会应该主动地加强与其他部门的合作，及时传递信息，共同制定防范对策，防止个别金融市场风险转变为系统性金融风险。二是要提高监管的技术和水平，变事后监管为实时监管、变指令性监管为指导性监管、变指标体系监管为系统化的动态模型监管。只有不断提高监管的手段和效率，才能最大限度地把握金融风险的性质和严重程度，做到及时处理，从而保障金融安全。

9.5.3.2 完善金融生态协同管理的法规、权责制度

构建金融生态协同管理保障机制的基础保障是完善协同管理的法规制度。具体而言，一是要制定协同管理的基本法规，以基本法规指导完善各专项协同管理制度；二是要完善各部门协同管理的工作制度。金融生态危机协同管理结构中的核心问题，是以政府为核心的各个参与主体的权责分配问题。这就需要设计一套行之有效的制度，明文规定权利高低归属、金融生态协同配合责任范围。

9.5.3.3 建立金融生态协同管理的社会资源平台

金融生态协同管理不仅要以行政决策、技术、资金、设备等“硬条件”为基础，而且要以社会结构、非正式制度、信息沟通、民众道德与危机意识、社会心理等“软条件”为前提，这就需要引导社会公众的共同参与、需要社会公众共建新的公众文化，需要以信用和承诺为基础的经济组织的相互依存。建立金融生态协同管理的社会资源平台，一是要实现信息共享，提高政府行为的透明度，营造信任的氛围。二是要在协同管理过程中引导社会民众认识到真正的利益所在，倡导理性思维，形成共同规范和共同的价值观，提高民众素质进而形成合力。三是建立金融生态协同管理信息平台。根据所需要的各类信息，进行指挥协调。四是建立金融生态协同管理决策支持平台。决策支持平台，它是金融生态协同管理的高级平台，在其他平台基础上运行，从信息数据库中抽取数据，运用数据挖掘等决策支持技术，建立数学模型，生成所需的决策，使决策者能够利用数据和数学模型进行决策。

第10章　金融科技风险的防范和化解

10.1　引言

近年来，金融科技（FinTech）在全球范围内迅速兴起，随着金融科技的快速发展，金融市场中收集和分析数据将更加容易，并更多地减少信息不对称，基于人工智能与大数据的交易和投资策略可以重新定义金融市场的价格发现机制，提升交易速度，促进金融市场的流动性，提升金融市场的效率和稳定性，监管机构可以更高效地分析、预警和防范金融市场的系统性风险引起了国际组织和各国监管机构的广泛关注。中国人民银行已印发《金融科技（FinTech）发展规划(2019—2021年)》，并提出到2021年，建立健全我国金融科技发展的“四梁八柱”。规划明确了未来三年金融科技工作的指导思想、基本原则、发展目标、重点任务和保障措施。规划提出到2021年，推动我国金融科技发展居于国际领先水平，实现金融科技应用先进可控、金融服务能力稳步增强、金融风控水平明显提高、金融监管效能持续提升、金融科技支撑不断完善、金融科技产业繁荣发展。

金融科技创新范围广泛，包括支付结算、存贷款与资本筹集、投资管理和市场设施等业务，既可用于改进前端产品，又可促进后台技术发展，一系列的创新已经与银行、保险、支付等领域的核心功能形成了竞争与补充。促进金融科技生态的健康和可持续发展，不仅有利于促进普惠金融发展同时保护消费者利益，也起到了推动国家创新驱动发展战略实施的作用。一方面，金融科技的良性发展能够给金融市场注入新的活力，对传统金融进行渗透、改造与革新甚至颠覆；另一方面，金融科技的不当使用也可能为欺诈、洗钱等违法犯罪活动提供便利，金融科技带来的风险和不确定性也不断增加。当前全球金融科技尚处起步阶段，全面评估其风险尚存在数据不足、技术更新太快等障碍。同时，金融科技的发展也带来了前所未有的风险与挑战，新技术与金融业务交叉渗透，深度融合，使金融业态发展更加复杂多变，潜在风险不容忽视。

10.2 金融科技及金融风险

10.2.1 金融科技的内涵和发展

金融科技（FinTech）是“Finance（金融）+Technology（科技）”的结合，是现代技术在金融行业的运用，即通过利用各类科技手段如大数据、区块链、云计算、人工智能等新兴前沿技术创新传统金融行业所提供的产品和服务，提升效率、增强体验、扩大规模和降低运营成本。关于金融科技，有“ABCDEF”提法，六个字母分别表示A为人工智能（AI）、B为区块链（Block Chain）、C为云计算（Cloud Computing）、D为大数据（Big Date）、E为赋能者（En-abler），前五个字母结合共同导出第六个字母F——金融科技（FinTech）。科技业与各行各业都在融合发展，金融业无法回避现代科技的变革和渗透，科技已开始改变传统金融发展生态。金融业界已经形成共识，即未来国际金融中心的竞争点在金融科技，全球的金融增长点在金融科技的发展历程可以划分为三个阶段，按先后顺序分别是金融IT、互联网金融和金融科技3.0。在第一阶段金融IT阶段即金融科技1.0阶段，此时金融行业应用传统IT的相关软件来实现办公和业务的电子化、自动化从而提高业务效率，金融公司的业务环节并未直接与IT技术产生联系；在第二阶段即互联网金融阶段中，金融企业搭建在线业务平台，利用互联网渠道来汇集海量的用户数据和信息，实现金融业务中的资金端、交易端和支付端的互联互通，本质上是对传统金融渠道的变革，我国金融科技的发展目前正处于该阶段中；在第三个阶段，金融业将会通过大数据、云计算、人工智能、区块链等尚处于研究阶段的技术来改变传统的金融信息采集来源、建立新的风险定价模型、更新各金融机构在信用传递过程中扮演的角色，因此传统金融效率也会得到大幅度的提升。

就应用形式来看，巴塞尔银行监管委员会将金融科技分为以下四类：支付结算类、存贷款与资本筹集类、投资管理类和市场设施类。这四类金融科技业务的发展情况和市场规模等方面都各有不同，业务对金融市场产生影响的方式和角度也存在差异。支付结算类主要包括面向个人客户的小额零售类支付服务和针对机构客户的大额批发类支付服务；存贷款与资本筹集类主要由 P2P 和股权众筹组成，即融资方利用互联网作为自己的融资平台，以债券或股权形式从某个固定范围内向资质得到检验的投资者筹集小额资金；投资管理类金融科技主要由两类业务组成，即智能投资顾问和电子交易服务；市场设施类的金融属性相对不太显著，通常得到的定义是第三方为金融类机构提供的服务，一般包括客户身份认证、多维数据归集处理等基础技术支持和大数据、云计算等技术基础设施。同时，金融科技在监管方面也有一定运用，金融机构主要采用金融科技手段来提高监管合规问题的解决效率和减轻合规问题所承担的成本。

就金融科技与国内盛行的概念“互联网金融”的异同来看，互联网金融的代表模式，如第三方支付和 P2P 网贷等均包含在金融科技之中；从本质上来看，金融科技的核心与互联网金融一致：通过技术来驱动金融创新，提高效率，降低成本，从而为金融行业提供服务；从地域上来看，“互联网金融”的概念在国内尤为盛行，而国外则普遍将类似的概念定义为“电子金融”或“金融科技”。我们认为互联网金融可视为金融科技发展过程中的一个过渡阶段，国内的“互联网金融”概念在未来可能逐步趋近并融入“金融科技”的概念体系，最终与国际通行概念保持一致。

10.2.2 金融科技对金融风险的影响

10.2.2.1 金融科技会放大金融风险

金融科技的本质是在金融领域应用最新科技及技术工具所带来的创新，因此金融科技的应用并未改变金融风险的本质和特征，但金融科技技术中鲜明的互联网科技特性使其运用于金融活动时放大了金融风险的强度并加速相关风险的累积速度，使得区域性和系统性金融风险更易形成。

从风险偏好来看，金融科技在创新产品方面的应用显著强化了金融的高杠杆性，使得实质承担金融风险的金融科技或互联网金融首先面临着资本充足率这一棘手问题。同时，金融科技的创新特性使得金融机构发生合规风险和操作风险的概率大大增加。产品的率先推出即代表着最先进技术在市场上的首次投放，这可能使得次优的产品取得竞争中的先发优势而战胜其他竞品，甚至战胜最优的产品。然而，这种被金融科技企业高度强调的“试错性创新”使得一些不够成熟的产品被推向市场，期间容易产生严重的操作风险与合规问题，导致监管条例被忽视，企业甚至会在鼓励创新的政策支持下有意违反合规条约。同时，由于金融科技具有使金融机构特许权价值下降进而增加金融机构冒险经营动机的特点，整个金融体系的风险偏好也随之提升，更易发生风险“黑天鹅”。

从风险累积来看，金融科技加入金融体系后使得业务更加复杂，再加上互联网信息科技本身极强的专业性，使得信息科技风险被进一步显化的同时也加快了风险积聚的速度，极易形成系统性金融风险。由于金融机构更多地运用新技术并外包部分金融业务给相关科技公司，许多不具备相应从业资格、资本金不足以抵御潜在风险的科技企业也通过该途径进入金融行业，从而使信息科技风险水平上升，计量和评估难度也进一步增加。同时，金融科技对大数据的强调使得商业机构对数据的追求热度上升，部分金融机构通过抢占入口和渠道，大量汇集信息流、资金流、产品流，成为了数据寡头。然而，将用户数据全部储存于网络基础设施上的数据寡头一旦发生网络安全问题，不仅会造成大量用户隐私外泄，也会对平台运营产生巨大的不良影响，使得信息泄露风险高度集中。无论是在互联网业务运营的各个流程，还是在后台的网络维护、技术管理等环节，任何技术漏洞和管理缺陷等都会导致整个业务系统瘫痪，进而影响机构的正常运营。在金融科技背景下，掌握相关科技技术的机构有发展成新型“大而不能倒”机构的潜在可能，一旦上述问题发生在该类机构将导致系统性金融风险迅速传播，甚至发展成金融危机。

10.2.2.2 金融科技加快金融风险传播

金融科技不仅加快金融风险的传播速度，还打破了产业之间的界限，使得金融风险的产生和传播过程更加复杂并难以控制。

从风险传播的速度来看，随着互联网技术进步，网络使用人群持续增加，网络平台逐渐扩大普及，金融新产品及其包含的风险向普通公众的渗透扩散速度也大大加快，使得追求高收益率而金融知识、风险意识和承受能力相对欠缺的位于“长尾”末端的投资者群体更容易出现个体非理性和羊群行为，一旦出现风险，涉众多、影响大，加上缺乏资本充足率的监管，金融科技更容易产生突出的偿付能力问题，形成较大的违约风险。一些对金融稳定具有重要影响的科技企业也未纳入现有监管体系，进一步增加了风险传导速度、隐蔽性和影响面。

从风险传播的范围来看，金融机构和科技创新企业之间相关性的上升导致产业边界进一步模糊，这种融合一方面有利于金融创新成果在全球范围内的扩散，另一方面也使金融产业与科技产业之间的“风险防火墙”作用减小甚至消失，使得风险传播不再局限于某一产业内。随着金融活动对科技依赖性的上升，科技活动中潜在风险的破坏性也越大。由于金融科技的介入，金融活动中虚拟化部分占比提高，时间和空间的界限也相对模糊，人们的投资理念和行为模式将在潜移默化之中发生无形的改变。在这种情况下，一旦交易活动赖以生存的电子化平台和网络媒介出现安全问题进而导致使用者丧失信任时，对金融活动乃至整个市场环境带来的破坏将难以估量。

10.2.2.3　金融科技助力金融风险管理

金融科技有产生金融风险的一面，也有助力金融风险控制的一面。现代科技在金融领域的快速发展，促进金融活动中的数据来源全面化，使得交易双方的信息更加趋于对称。基于人工智能与大数据的交易有利于金融市场稳健性的建设，提高金融市场价格发现的效率，促进金融市场的流动性。监管机构在占有大数据的基础上，运用科学的决策方法，可以分析、预警金融交易的系统性风险，预防“黑天鹅”和“灰犀牛”等事件的发生。

一是大数据可以完善金融风险管理。金融行业是与大数据结合最紧密的行业之一。很多国内金融机构的数据量级已经达到 100TB 以上，在金融领域，大数据包括以文本、图形、图像、音频、视频等非结构化数据以及个人客户信息数据、企业客户信息数据以及交易信息数据等结构化数据。金融行业可以根据这些数据完成客户画像，对客户进行分类，继而可以有效地开展精准营销，完成个性化推荐、客户生命周期管理等。传统的金融风险管理依靠经验或低频的数据，分析结果不具有实时准确性，凭借大数据技术可以获取全方位的数据信息，运用现代数理分析如贝叶斯、逻辑回归、SVM、深度神经网络等方法以及信息分析技术，全面构建金融风险分析的框架，为防范系统性金融风险提供科学决策。

二是区块链技术可以提升金融风险管理。区块链技术可以完整记录整个金融交易过程，不需要第三方的背书就能形成公正透明的金融合同，降低交易过程中的信息不对称性。在识别欺诈交易方面，基于区块链技术，金融交易平台能在较大程度上防止跑路、欺诈等事件发生。金融机构可以利用交易当事人身份信息、社会活动信息、交往人群路径等，综合以往智能规则进行交易反欺诈甄别。另外，区块链有利于改善以往银行尽职调查手段，提供更有针对性金融服务。

三是人工智能可以促进金融风险管理。人工智能可以推进风险管理的时间前移，通过大数据挖掘，进一步预测金融风险的发生周期以及危害程度，智能监控风险交易和违规行为。人工智能以更大的规模、更快的速度复制人类简单劳动过程，成为社会科技进步重要驱动力之一。以微观个体方面为例，人工智能技术能对客户的金融需求、金融行为进行高精度刻画，个性化金融服务市场将成为未来金融服务的常态，传统金融市场销售模式将逐渐退出金融服务模式。

10.3 金融科技影响金融风险的途径

10.3.1 创新性影响途径

首先，创新周期与监管周期的不一致导致的金融风险。Vernon（1966）提出了产品生命周期理论，认为产品和人类生命一样会经历形成、成长、成熟和衰退等周期。通常将产品的生命周期划分为孵化、成长、成熟和衰退四个阶段，从该角度来看，金融创新从成长期进入成熟期，而此时金融监管才进入成长期，开始针对成熟的金融创新改进监管措施，即监管的滞后效应明显。随着金融创新产品结构的不断调整变化，创新发展机制逐渐成熟，监管的作用也随之减弱，滞后效应逐渐明显并成为该阶段金融监管的显著特征之一，并且这种滞后可以分解为金融监管本身的结构特性导致的自发性滞后和监管给创新预留发展空间而导致的自觉性滞后（李兴智，2009）。

图 10.1 为金融创新和金融监管发展过程中的两个周期，将第一个周期分解为 t_1 和 t_2，t_1 阶段表示金融创新从初创发展到成熟初期的过程，而 t_2 阶段为金融创新的成熟期和金融监管从初创到成熟的过程，并且监管的滞后性在整个过程中都得到体现。只有当监管整体水平也趋于成熟时，监管滞后的问题才会得到改善，而我国的金融科技监管环境并不满足该条件，即金融科技创新相对监管的超前性显著，进而助长信用风险和市场风险等。

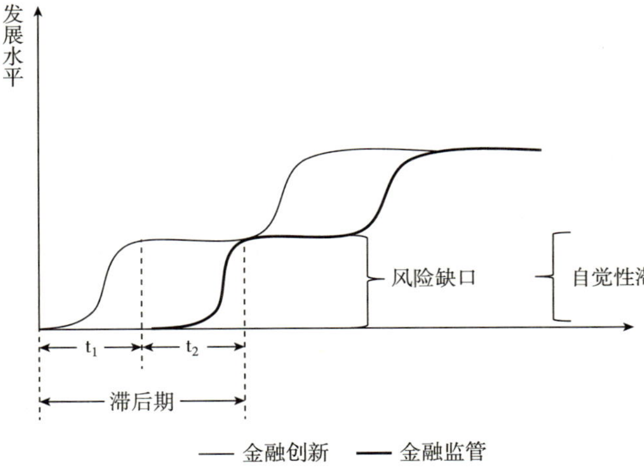

图 10.1　金融创新与监管发展周期

其次，金融科技的创新性可能促使信用风险增长。由于金融科技发展时间较短和我国制度影响，目前各信用数据库难以取得完整的信用周期数据记录，因此在大数据和算法上建立的信用风险相关模型准确性有限，未经完善的模型在投入实际产品运用时具有提高信用风险的潜在可能。同时，信用风险的具体控制也可能成为难题：在对客户群体进行严格的信用筛选时，如果风险回报程度和信用程度同时达标的客户群体有限，则控制信用风险的行为往往会限制信用等级未达标的借款人的资金来源，同时也给主打零售金融的金融科技公司带来业绩压力。

最后，金融科技的应用对“羊群效应”有一定的增强作用，当市场中产生不稳定心态时易导致共振现象，进而增强风险的顺周期性并导致波动性上升，最终提高金融风险水平。典型例子如智能投顾，如果应用智能化系统的金融机构在为客户提供理财顾问服务或其他资产管理建议时采用了相似的程式，不同交易中参考的风险指标和决定交易的策略趋同性将相应增高。采用类似策略的交易者略多，市场中同向交易的比例就越高，共振现象也越显著。同时，风险承担能力较小的投资者在经济下行时期可能会更快收缩投资。

10.3.2 关联性影响途径

从金融中介的角度来看，金融科技催生了更加先进高效的中介形式与组织，同时与传统金融中介形成补充，如存贷款与资本筹集类金融科技。因此，金融业竞争和金融需求的多样化推动了金融科技在中介职能方面的拓展，与金融科技的去中心化特质（即金融脱媒现象）将导致更多科技企业涌入金融行业，特别是金融科技发展初期，许多进入金融行业的科技企业既未受到严格监管，自身资本金水平也不足以进行风险防范水平，使得金融机构与其他各类科技机构的关联度上升，最终提升行业的整体风险水平。金融科技提高了单个金融企业与科技应用的关联度，对区域与系统性金融风险水平产生了正向影响。作为中介的金融科技将加深金融机构与科技企业的融合，在此过程中部分科技公司在信息科技风险管理方面的局限性和金融科技企业对信息技术依存性的提高有可能导致相关风险在不同类别的企业之间传递，个体关联度的提升使金融风险更难辨识、风险管理体系更难奏效，最终导致金融风险水平的提高。

金融科技拉近了金融机构、科技企业和经营相关市场基础设施的企业之间的距离，作为这三类企业之间的中介使金融业变得更加复杂。科技公司和其他进入金融业的非金融机构往往在信息技术风险管理上具有一定的局限性，这种风险管理方面的不完善也是导致三类企业之间交叉传染风险的原因之一，并有可能最终导致系统性风险水平上升。同时，相较于传统金融机构，金融科技企业的日常运营、系统维护和风险监管对信息技术的依存性都极大提高，因此信息技术风险水平也相应上升。一些金融科技业态采用相同的区块链技术和数字加密技术等互联网信息技术，一旦这些技术被破译或遭受黑客攻击，那么所有应用这些技术的金融科技业务体系都可能在短时间内陷入瘫痪，进而造成大量用户信息数据外泄的严重后果。此外，金融科技也可能加剧网络攻击对整个金融系统的风险威胁。不同机构存在薄弱环节的系统越是互相联接，金融活动对网络攻击的敏感性可能越高。

10.3.3 监管规避性影响途径

Kane（1984）提出了规避型金融创新理论，认为严厉的金融监管是驱动金融创新发展的因素之一，金融创新的动力源于绕过各类金融管控和规章制度之后获得相应利益。该理论落脚点在于金融创新是经济个体为了追求自身利益最大化，进而在法律规定范围之内回避政府管制的一种行为，即管制和规避相辅相成，互为前提。规避型金融创新理论强调金融创新与金融监管存在密切联系，金融创新会对监管产生适应性，监管者在规划设计制度时必须不断调整，当监管对象和其所在的社会经济环境发生变化时监管政策也要相应跟进，否则会压抑金融发展或者牺牲金融稳定。相较于金融创新过去的存在形式，金融科技的技术创新和更迭速度显著加快，技术转化为金融产品或在金融领域实现应用的周期大大缩短，监管者可能无法以同样的速度更新知识库存，专业资源的配备也往往无法及时更新，使金融科技创新的监管规避性更为突出。

金融科技的监管规避性集中表现在信息技术风险和法律风险方面，同时也会直接影响到区域和系统性金融风险。从信息技术风险方面来看，当金融机构通过机器学习、大数据分析和人工智能等技术来处理和分析金融大数据产生的信息时不仅提高了对机构信息安全防范能力的考验，同时还将加剧监管机构与金融机构之间的信息不对称问题，使监管机构对金融机构信息技术风险的识别与应对变得更加迟缓。法律风险则包括现有法律的运用风险和新法律的监管空白两方面。现有法律的运用风险，即现有法律运用到互联网金融领域的难以适用，容易导致交易主体之间的权利和责任边界不明确，且金融科技活动具有创新性，不完全在现行法律范围之内，法律和监管框架可能需要与之相适应。新法律的监管空白主要发生在提供金融服务但不在监管范围内的实体或受到较低监管程度的实体中，例如某些向受监管的金融机构提供服务的第三方，可能不受与其他金融机构同样程度的监督或审查。同时，严厉的监管力度和不匹配的监管措施叠加更可能催生金融科技在监管领域外的发展，进而使法律风险扩展到其他方向，形成系统性金融风险。

10.4 防范和化解金融科技风险的建议

10.4.1 大力发展监管科技，制定科学合理的监管政策

金融创新层出不穷，新技术不断应用于金融市场，为弥补金融监管技术滞后性，必须大力发展监管科技和改进监管制度，使用技术手段对金融科技进行合理的风险预测和估算之后，后续跟进的监管政策要对金融科技形成有效规制。同时，作为技术手段的监管科技也需要监管机构提供相应的政策指导，例如建立相关网站、成立跨部门合作的工作组等。为进入“监管沙盒”的金融创新定制监管政策，确定可放宽的监管规制，也需要更多精通金融监管和金融科技的高素质人才。

一是加快制定和完善与监管科技相关法律法规。如制定和完善数据安全、数据使用、数据流通和共享等方面法律法规，平衡协调数据安全、隐私保护和数据流通、信息共享的关系，并对金融机构的风险评估、合规评测等形成标准一致的监管要求。

二是加快建立包括监管科技在内的金融科技的技术应用及行业标准。对人工智能、机器学习、区块链、云计算等新技术在金融科技的应用范围、运作方式、操作细则等加以明确规范，做到在促进金融科技创新的同时有效管控风险。

三是根据金融科技用途分类监管。目前金融科技仍在发展之中，其应用领域和范围都尚未定型，因此监管部门必须根据现有的金融科技应用实例来判别未来可能存在的应用场景及市场的发展趋势，摸索不同类别金融科技应用的监管方式。监管部门应根据金融科技所属行业的不同情况相应地改变监管方式或力度，如涉及货币转移的区块链应用，相较于其他应用如智能合约或信用记录分享，前者就需求更严密的监管。

10.4.2 密切关注金融科技业务发展，建立风险检测体系

一是密切关注金融科技业务发展。当前金融科技本身依托信息科技的发展，

因此其产品、服务和业务模式都在不断更新换代，市场参与主体不断增加、参与方式也在持续演变，很难对其实行一步到位的监管。监管部门应及时掌握技术动态，完善监管政策和制度。

二是不断积累经验，完善金融科技检测体系。创新的金融科技对风险的影响难以评估，对金融体系运行的影响大小和具体影响方面也尚未暴露，用以测定相关指标的历史数据不足、已有的量化分析方法也难以直接套用，因此目前难以形成完备的风险监测体系。加之金融科技发展迅速、影响逐渐扩散，监管机构在进行金融科技监管时应格外关注金融科技可能对现有金融机构如银行的业务模式和风险特征产生重大作用的技术，如区块链、人工智能等技术，加强与金融科技企业之间的交流沟通，促进机构与企业之间的良好互动，进而有效分配监管资源，为建设金融科技监管体系打好基础。

三是有效借鉴国际经验，确保有效监管。国际组织如金融稳定理事会和巴塞尔委员会等也对金融科技发展及其监管投以密切关注，我国监管机构应积极参与相关讨论和研究，吸收国际先进组织的经验，共同探索改进金融科技监管方式及体系建立，确保实行有效率的监管。

10.4.3 以监管科技应对产品创新，防范金融风险

一是以监管科技应对产品创新。金融科技创新产品横跨多个业态和领域，涉及复杂产业链和相互关联的庞大信息系统，其背后的众多信息流、数据流极大地提升了风险识别的难度，并且涉及金融科技产品的部分交易活动还由于脱离中央银行清算体系而进一步增加了交易风险敞口。监管科技具有效率性，能快速分解或组合金融交易过程中产生的错综复杂的数据流并及时生成报告、寻找历史上类似等问题的解决方案，对金融科技产品极具适用性。

二是监管机构应尽快建立数字化监管系统，同时借助云计算平台等工具将监管系统置身于开放的生态环境中，这样一方面能节约自身在硬件系统方面的成本支出，还能改善监管系统封闭的问题，用于监管的各种模型也能更便捷地从互联网上获得更新所需的数据信息和其他各种云服务资源。

三是在金融交易中引入区块链技术进而简化数据审核过程。在区块链上的交易发生之后交易信息将立即发送至全网进行审核，一旦发生不当行为监管人员将立即获知。智能合约技术通过与区块链的结合可以将法律规范和监管规则转化成

数字代码，进而作为前置条件放入电子交易合同中，在交易时能够提升监管的渗透度，实现穿透式监管。如果金融市场出现超出正常范围的波动，人工智能可以查看历史案例中是否出现过类似情况以及当时的处理措施和效果评价，以此为依据提出管理此次金融市场波动的建议。监管系统也能利用人工智能强大的计算能力进行全面审查，弥补人工监管盲点处的监管漏洞。

四是辨别创新产品业务实质，明确监管规则。由于金融科技产品往往具有复杂属性，如智能投顾既具有替代传统基金的金融产品属性，又具有替代基金经理进行资产管理的资本产品属性，相应地进行监管时监管真空及监管重叠现象较易发生进而导致资本套利问题，因此应对金融科技中属性类似的产品采取相对统一的监管标准以缓和监管职能冲突，防范交叉金融风险。在金融科技产品监管中，首要任务就是准确对监管对象进行识别以对其实行的业务实质有清晰了解，明确实质之后监管部门才能据此确定监管对象。对监管对象完成识别后还需根据业务实质进行监管分类，进而划归给中央或地方政府部门、央行或下属监管机构，使金融科技与现有监管框架合理兼容，避免金融科技游离在监管之外。

10.4.4 加大人才培养，建立金融科技良好生态

一是加强金融科技人员培训交流、提高金融科技风险防范水平。建立人员联合培训机制能够在不断地遇到问题、分析问题、解决问题的过程中，提高机构自身风险防范应对能力以及沟通协作能力。监管部门和金融机构方要密切关注金融科技前沿进展，深入研究金融科技、数字金融对货币政策传导、金融稳定的影响，并做好相关风险的识别、评估计量，其中监管部门和系统性重要金融机构人员需要对核心技术领域学习，从而达到拥有自主研发信息共享等数据交流平台的能力。只有操作人员灵活运用智能化系统、投资者正确理解智能化相关信息才能使金融科技监管发挥作用、搭建起基于数据分析的监管决策支持体系，进而满足金融监管未来发展的需要。监管人员也需通过加强相关技术知识培训以便读懂上报信息，从而提高监管的针对性和有效性。对监管机构人员的教育还包括智能化系统及平台上线后对各业务条线信息的收集和整理，以便决策者根据信息做出有效决策。

二是建立良好的金融科技生态。构建良好金融生态系统能预防行业之间的风险传染是系统性、区域性金融风险防范中未雨绸缪的重要一环，也是促进金融科

技发展的重要助力。良好的金融生态既能防范大范围系统风险的发生，也能为金融科技创新发展预留足够空间。金融科技发展所需的生态系统既包括监管机构与企业之间的双向互动，也包括传统金融机构以及各金融科技企业之间的沟通交流。监管机构与企业之间的良好沟通有助于监管者提前了解金融科技业务种类及其实质，做好风险防范及政策引导并帮助建立企业与金融市场其他参与者之间的沟通渠道；此外，监管机构还需促进传统金融机构与金融科技公司之间的交流合作，帮助金融与科技快速融合。

三是加大监管和机构间的协调，做好金融风险预警。应用金融科技的金融机构在进行金融风险预警工作时不仅需要重视机构内部的机制建立，与科技开发者和监管者三方之间的密切沟通和协调也是十分必要的。在金融科技机构对产品进行研发时，行业内的沟通、合作和协调有利于标准的设定，监管机构也能为产品设计提供清晰的指引。金融科技具有跨行业、跨机构、跨业务的运作特点，同时又以数据驱动为核心，强调数据收集整合、处理解析及建模分析预测，对数据质量及数据标准有较高要求。基于此，监管机构应在数据定义和数据标准统一基础上构建数据信息共享平台，实现数据信息无缝对接和互通共享，进而通过大数据分析对数据流中蕴含的人流、物流和资金流等信息进行梳理，与数据库中的历史数据进行分析对比，从中筛选出能够预警风险的要素，结合各行业特点建立风险预警模型。

第五部分
区域金融风险与案例分析

第11章 国内外经济金融形势及区域金融风险

11.1 当前世界经济金融形势分析

受当前公共卫生事件的影响，全球经济下滑态势加剧，大部分国家出现史无前例的负增长，成为近年来最严重的经济衰退。尽管国际金融市场从一季度的急剧动荡中有所恢复，但其复苏缺乏实体经济的支撑，未来仍存在波动风险。今后，全球经济金融格局将发生重大调整。当前的逆全球化及全球产业链调整趋势、发达经济体宽松货币政策前景、新兴市场债务脆弱性等对未来经济金融发展产生重大影响。

一是全球经济面临冲击恐陷入深度衰退可能。

此次公共卫生事件在世界范围内给人们造成高昂且不断增加的成本，卫生危机正对经济活动产生严重的影响。由于这一冲击，2020年全球经济预计将急剧收缩3%，比2008~2009年金融危机期间的情况还要差。随着这一事件在全球的扩散，全球经济下滑程度加大，陷入深度衰退可能性增加。尽管主要经济体出台了规模空前的刺激政策，全球经济不至于陷入20世纪30年代的"大萧条"局面，但较2008年金融危机将严重数倍。需求方面，国际贸易和投资大幅萎缩，企业裁员、收入下降削弱居民消费。联合国贸发会议（UNCTAD）估计，2020年一季度全球商品贸易环比下滑5.0%，二季度环比再跌27%；国际直接投资大幅下降，预计全年FDI流量将减少至1万亿美元以下。初步估计，二季度全球GDP

环比增长折年率为-30.4%，较上季度下降24个百分点（见图11.1）。供给方面，人员缺位、物流阻滞、零库存管理导致全球供应链多环节受阻，部分行业面临产业链断裂风险。而面对经济衰退，各国政策应对空间有限，主要在于货币政策方面，美联储已于2019年三次下调联邦基金利率，目前已下降到接近0利息，欧央行、日本银行将基准利率维持在接近0的水平，甚至已到负利率，未来降息空间几乎没有了；财政政策方面，多数发达经济体财政赤字与政府债务保持高位，限制了财政政策的扩张。

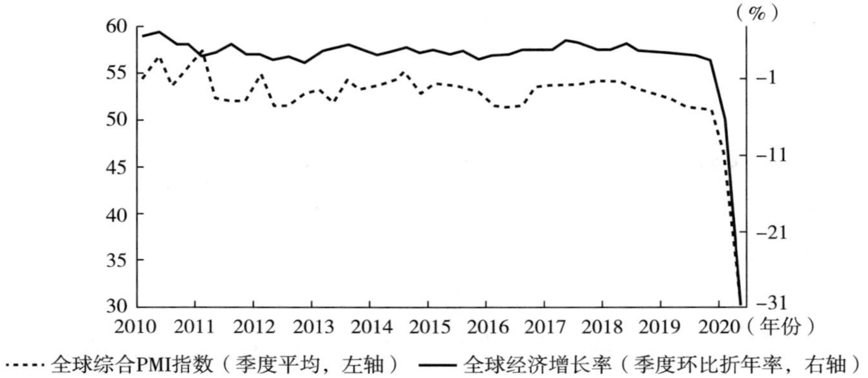

图11.1 全球GDP与综合PMI指数对比

数据来源：WIND。

二是此事件影响全球经济，但对各国影响不同。

尽管此次公共卫生事件对全球各国均造成了巨大冲击，但由于不同地区发展态势存在差异，各国实施经济封锁的时间点以及后续的复工复产进度不一，不同经济体衰退程度略有分化。美国经济结束扩张，复苏前景不容乐观。美国是目前确诊和死亡病例最多的国家。欧洲加码宏观刺激政策，经济衰退有望触底。英国推出总金额3500亿英镑的援助计划，财政刺激力度占经济总量的7%，远超2008年金融危机时期。预计英国央行将保持目前0.1%的低利率政策。日本连续三个季度负增长，后续或将缓慢复苏。新兴市场冲击加剧，多国恐将陷入债务困境。当前，新兴市场属于重灾区。大多数新兴市场国家的卫生体系较为薄弱，更容易受到冲击。受此影响，印度、阿根廷等国主权信用评级已经被下调，部分国家政府宣布违约或者推迟偿还时限，预计未来潜在违约名单可能还会增加。IMF、IIF 等多家国际机构已就新兴市场的主权债务风险提出警示。

三是此事件加快全球经济金融格局调整。

后疫情时代，全球经济重心将继续东移，过去由发达经济体主导的全球化浪潮面临停滞或倒退。疫情也将加剧贸易保护主义，引发全球产业链调整，全球化布局将更多地向区域化转变。低利率成为常态。发达经济体实际利率在过去三十多年处于下行趋势。疫情过后，发达经济体增速将长期低于潜在趋势水平，全球经济低增长时间将被延长。全球金融市场流动性风险下降，但债务违约风险上升。美国金融危机风险下降，但仍处于不稳定区域（见图 11. 2）。

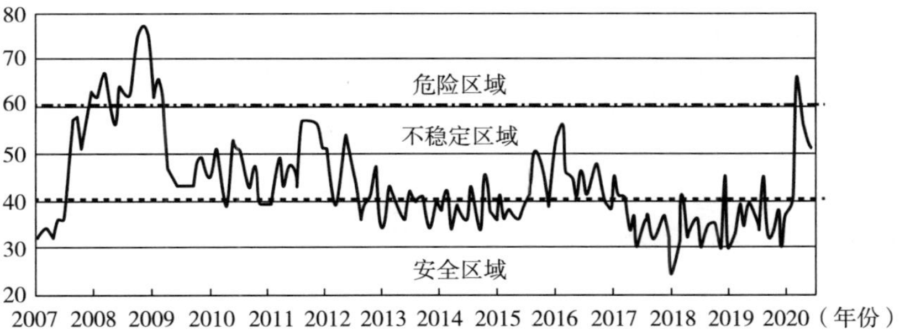

图 11. 2　美国金融危机风险指标

数据来源：中国银行金融研究院。

新兴市场国家为应对此次冲击普遍采取扩张性财政政策加重债务负担，多国债务恐将陷入债务困境。当前，新兴市场属于重灾区。大多数新兴市场国家的卫生体系较为薄弱，更容易受到冲击。同时，在全球经济衰退、外部需求下降等因素影响下，新兴市场面临资金流出、货币贬值、外债负担加大等多重压力。尽管新兴市场国家央行普遍也采取了降息措施或 QE 举措以应对衰退，但考虑到这些举措可能进一步导致货币贬值和外资流入减少，这些国家实施宽松政策面临更大的局限性。受此影响，部分国家政府宣布违约或者推迟偿还时限，预计未来潜在违约名单可能还会增加。

四是中美贸易摩擦带来的不确定性加大。贸易保护措施违反世界贸易组织规则，损害多边贸易体制，严重干扰全球产业链和供应链，损害市场信心，将给全球经济复苏带来严峻挑战，对经济全球化形成重大威胁。近期，已有企业因中美贸易摩擦带来的不确定性缩减投资计划、调整供应链布局，导致一些国家面临外部需求放缓的冲击。同时，全球金融市场受中美贸易摩擦影响显著，一度随贸易局势的变化而出现大幅震荡。解决中美贸易摩擦的谈判持久而艰难，一旦摩擦再度升级，必然导致全球潜在增长率下降、通胀水平上升，损害经济中各部门的利益，加剧金融市场波动。

五是多种不确定性交织，可能放大潜在的脆弱性。首先，金融科技迅猛发展，在提高金融服务便利性的同时，也带来了新的风险，对传统金融体系和金融监管构成挑战。其次，英国还处于脱欧过渡期，过渡期结束后，英国与欧盟的关系将取决于双方是否能达成贸易协议。一旦触发“硬脱欧”，将对欧元、英镑汇率产生较大影响，进而对全球金融市场形成冲击。地缘政治冲突时有发生，可能进一步加剧外部环境复杂性，增加全球经济不确定性。

11.2 我国经济总体概括及公共卫生事件的影响

从图 11.3 中可以看出，自 2007 年以来，我国经济增速就表现出较大的不稳定状态，且大部分年份都在 10% 以下，受金融危机的影响，2009 年下降为 8.7%，在 2010 年、2011 年经济增速表现尚可的情况下，2012 年后更是进入经济增速的“7”以下时代。2019 年，全国国内生产总值 99.1 万亿元，比上年增长 6.1%。2020 年上半年，此次卫生公共事件对我国经济发展和世界政经格局造成重大冲击。一季度国内生产总值下滑，消费、投资增速出现大幅下跌。随着我国对疫情的有效防控，二季度实现大部分复工复产，消费、投资、工业企业利润等的降幅均出现不同程度收窄，经济呈修复企稳态势。基于上海财经大学高等研究院中国宏观经济预测模型的情景分析和政策模拟结果，据测算，在基准情景下，2020 年全年实际 GDP 增速约为 1.2%，CPI 增长 2.9%，PPI 增长 -2.2%，GDP 平减指数增长 1.0%，消费增长 -0.7%，投资增长 1.7%，出口增长 -4.3%，进口增长 -9.0%，人民币兑美元汇率（CNY/USD）将在 7.05 附近双向波动。疫情主要影响以下几个方面：

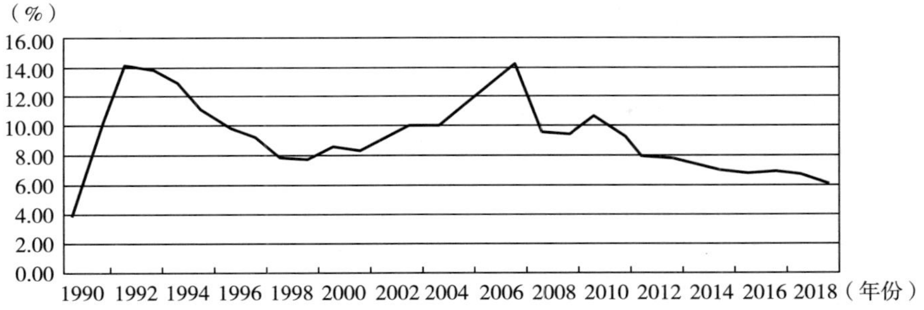

图 11.3　我国历年经济增长率

数据来源：中国统计年鉴。

一是消费将受到直接冲击。本次疫情尤其对交通运输、文化旅游、酒店餐饮、影视娱乐等可选消费将会受到巨大冲击。春运期间旅客发送量明显下降，电影票房、旅游收入、餐饮收入同比明显下滑，但与此同时，网上购物、订餐、娱乐等数字经济新业态十分活跃。

二是进出口双双面临下行压力。目前全球经济仍处于缓慢复苏期，外需扩张有限，疫情导致中国出口的货物可能面临更加严格的检验检疫，市场竞争力或将有所削弱。进口方面，我国进口与国内总需求高度相关，我国政府为防控疫情出台了一系列减少人员流动、延长假期等举措，这些势必会导致一季度的内需低迷。

三是固定资产投资将受到拖累。2019 年末基建投资增速落至全年最低水平，2019 年 12 月中央经济工作会议强调“积极的财政政策要大力提质增效，更加注重结构调整，做好重点领域保障”。基建投资受疫情影响较小。

四是制造业投资受冲击较大。一方面，疫情蔓延、各地启动疾控响应机制，公共场所活动明显下降，居民短期内购物意愿降低，可能削减非必需品的消费，相关产品（服装、玩具、家具等）的新增订单或将受到负面影响，这将影响对应企业的生产和补库存过程；另一方面，受疾控要求延长停工时间的影响，中小企业现金流可能进一步趋紧。加上预计缺乏新增订单等因素影响，其偿债压力、现金周转压力都将加大，这也会影响其资本开支意愿。

五是房地产开发受冲击最大。一方面，疫情对今年一季度的房地产销售、开工可能产生较大影响，进而一定程度上影响到地产企业的现金流和拿地意愿。疫情造成的复工时间延后以及对居民购房意愿形成的冲击，可能使得一季度房地产销售受到较大负面影响。另一方面，2019 年全年地产施工面积同比增速较 2018 年上行，竣工面积同比由负转正，但考虑今年一季度地产企业销售和现金流可能受到疫情负面影响，地产施工和竣工可能也将承压。

六是民营经济短期内受到剧烈冲击，小微企业影响更严重。本次全球公共卫生事件发生后，全国范围内均采取了非常严格的措施，封城、封村、停工停产等现象广泛存在，经济活动大量减少，叠加经济下行、中美贸易摩擦等影响，与“非典”时期相比，民营经济受到的冲击预计将更大、更广、更深。从行业角度看，民营经济占主体地位的旅游业、住宿餐饮、电影院线、线下教育、交通运输、零售消费、文化体育、娱乐、房地产、建筑业等行业预计受冲击将较大，预计 2020 年一季度社会零售总额将下降 5000 亿元以上。以线下服务为主的美容、体检、口腔、眼科等专业领域，将遭遇一段空窗期或惨淡期。部分医疗行业、外卖、电商等产业逆势加速增长。线上服务业、线上教育等行业的民企将有所受益。此次疫情正值春耕春播即将开始之时，对与农业相关产业的民企影响将逐步显现，预计畜牧养殖业受到的冲击也将较为严重。民营工业、制造企业受到的影响将逐渐显现，由于开工率不足，2020 年一季度，民间固定资产投资将同比下降，工业增加值同比增速将显著下滑。民企出口贸易面临较大威胁。从企业规模看，中小、小微企业预计将受到较大冲击，部分大中型民企有可能陷入现金流困境，预计民企债券违约很有可能呈现大幅增长态势。从时间维度分析，预计疫情在短期内（3 个月内）对民营经济影响最大，中期（3 ~ 6 个月）负面冲击将会逐步缩小；2020 年全年可基本保持平稳。长期（一年以上），疫情或对我国民营经济商业形态产生深远影响。

11.3 我国金融运行概况

11.3.1 金融业资产负债概况

2019 年末，我国金融业机构总资产为 318.69 万亿元，同比增长 8.6%，其中，银行业机构总资产为 290 万亿元，同比增长 8.1%；证券业机构总资产为 8.12 万亿元，同比增长 16.6%；保险业机构总资产为 20.56 万亿元，同比增长 12.2%（见表 11.1）。据此前国家统计局发布数据，初步核算，2019 年我国国内生产总值为 990865 亿元，我国金融业机构总资产超 GDP 的三倍。

表 11.1　2019 年末金融业机构资产负债统计表

	余额（万亿元）	同比增速（%）
金融业机构总资产	318.69	8.6
其中：银行业	290.00	8.1
证券业	8.12	16.6
保险业	20.56	12.2
金融业机构总负债	289.43	8.1
其中：银行业	265.54	7.7
证券业	5.81	20.4
保险业	18.08	10.8
金融业机构所有者权益	29.25	13.4
其中：银行业	24.47	13.0
证券业	2.31	8.1
保险业	2.48	23.1

数据来源：中国经济网。

11.3.2　金融服务实体经济情况

人民银行实施稳健的货币政策，强化逆周期调节，积极推进金融供给侧结构性改革，不断完善宏观审慎政策框架，增强银行体系发展韧性和服务实体经济能力，为实现“六稳”和经济高质量发展营造了适宜的货币金融环境。

第一，社会融资规模适度增长，直接融资占比提升。2019 年末，全国社会融资规模存量为 251.3 万亿元，同比增长 10.7%，比上年末提高 0.4 个百分点；2019 年全国社会融资规模增量为 25.6 万亿元，比上年多 3.1 万亿元。债券发行规模稳步扩大，各地融资工具不断丰富。2019 年，全国累计发行各类债券 45.3 万亿元，年末债券余额同比增长 15.1%。其中，公司信用类债券发行额同比增加 2.9 万亿元。

第二，各项贷款较快增长。2019 年末，全国金融机构本外币各项贷款余额同比增长 11.9%，比上年末下降 1 个百分点；比 2019 年初增加 16.8 万亿元，同比多增 6987 亿元。居民消费贷款增长高位趋缓，非金融企业中长期贷款增长加快。2019 年末，全国居民消费贷款同比增长 16.3%，比上年下降 3.6 个百分点，带动住户部门全部贷款增速回落。

第三，信贷结构持续优化，各地区信贷资源配置进一步向国民经济重点领域和薄弱环节倾斜。普惠口径小微贷款快速增长。普惠小微贷款“量增、面扩、价降”，2019 年普惠小微贷款增加 2.1 万亿元，是上年增量的 1.7 倍；年末余额增速为 23.1%，比上年提高 7.9 个百分点；支持小微经营主体户数同比增长 26.4%。金融支持乡村振兴力度加大。各地区乡村振兴领域信贷支持政策相继落地，积极满足“三农”领域多元化融资需求。房地产贷款增速平稳回落。房地产贷款增速由 2016 年末的 27.0% 降至 2019 年末的 14.8%。受发行地方政府专项债置换保障房开发贷款影响，2019 年末，全国保障性住房开发贷款余额同比增速降至 6.7%，比上年回落 22.8 个百分点。

第四，新机制下 LPR 报价稳中有降，各地区贷款率显著下行。2019 年，人民银行改革完善 LPR 形成机制，通过改革的方法疏通货币政策传导渠道，打破贷款利率隐性下限，年末金融机构新发放贷款中运用 LPR 定价的占比已达九成，促进贷款利率明显下降。

第五，金融基础设施建设深入推进，营商环境持续改善。推动金融领域“放管服”改革，提升便民惠民水平，以平台搭建为突破口，持续推进信用体系建设。北京、福建、江苏、广东、山东等纷纷推出和升级各类金融信息检测平台和信用征信平台。移动支付业务快速发展，支付环境持续优化。福建在全国首先推出云闪付惠台利民项目、银联便民移动缴费业务，形成联合国“民富中心”建设、深化海上移动银行建设等农村支付服务特色方案。广东省开展银行卡助农取款综合服务示范点建设，2019 年末存量助农取款服务点 2.4 万个，金融服务行政村覆盖率、农村地区银行网点支付清算系统覆盖率均达 100%

11.3.3　金融机构负债情况

首先，各项存款加快增长。2019 年末，全国金融机构本外币各项存款余额同比增长 8.6%，比上年末提高 0.8 个百分点。

其次，住户部门存款稳定性增强，非金融企业存款增速低位企稳。随着互联网金融整治深入推进，理财产品打破刚兑，收益率与银行存款利差缩小，居民资金趋向回流银行体系，住户存款增长较快。2019 年，本外币住户存款余额同比增长 13.4%，占各项存款余额的 41.4%，占比连续两年提高。其中，住户定期及其他存款同比增长 15.4%，快于活期存款 5.3 个百分点。非金融企业存款增速低位运行，活期存款增速止跌回升。2019 年末，本外币非金融企业存款同比增长 5.4%，比上年末提高 2.4 个百分点；占各项存款余额的 31.3%，连续三年下降。企业活期存款同比增长 2.5%，与去年同期相比下降 0.8%；增长主要集中在东部地区，同比增长 5.5%。

最后，大额存单持续稳定增长，结构性存款规模趋降。规范整顿存款创新产品，“开正门、堵偏门”，引导大额存单等市场化定价存款产品有序发展，提升主动负债能力。2019 年，全国金融机构大额存单发行总量 12 万亿元，同比增加 2.8 万亿元。

11.3.4　信用风险情况

首先，金融资产质量总体稳定，重点领域风险可控不良贷款率微升，各地区信贷资产质量有所分化。2019 年，全国商业银行不良贷款余额 2.4 万亿元，不良率 1.86%。债券融资环境趋于改善，违约风险收敛企稳。随着“六稳”政策持续发力，国内宏观经济保持企稳向好发展趋势，债券违约风险有所收敛。2019 年，全国新增违约债券规模较上年末增长 5.13%，增幅较 2018 年大幅回落，新发行公司信用债的中债市场隐含评级平均较 2018 年上升 0.16 级。信用环境持续改善，股权质押风险明显缓解。2019 年以来，为帮助民企上市公司缓解股权质押风险，各地区积极出台相关政策，通过多种途径解决民营企业流动性困难，并取得明显成效。

其次，金融机构经营总体稳健，服务实体经济能力进一步增强。2019 年末，全国银行业总资产同比增长 8.1%，较上年末提升 1.9 个百分点。其中，商业银行贷款占总资产比重已回升至54.1%，资金空转明显减少。地方法人银行经营总体稳健，风险抵补能力逐步改善。从资本充足率看，全国银行业资本充足率4.64%，较年初提升0.44个百分点。地方法人金融机构改革深入推进，服务实体经济能力不断增强。近年来，国有银行服务重心进一步下沉，小微金融服务领域竞争更加充分。各地通过深化改革，不断推动地方法人银行服务触角向下、向小、向农延伸，有效拓展金融服务广度。

11.3.5 金融业对外开放情况

首先，金融业扩大开放稳步推进。2019 年，银行业、证券业和保险业继续深化对外开放，外资企业征信、信用评级、银行卡清算和非银行支付业务先后放开准入。中国股市、债市被纳入主要国际指数，推动“沪伦通”落地，推出以人民币计价的国际原油期货，人民币国际化和跨境使用取得新进展，金融支持“一带一路”倡议力度加大。

其次，跨境人民币业务保持增长，区域改革创新纵深推进。2019 年，跨境人民币收付金额合计 19.7 万亿元，同比增长 23%。其中，经常项目下跨境人民币收付金额合计 6 万亿元，同比增长 18%；资本项目下人民币收付金额合计 13.6 万亿元，同比增长 26%。各地区积极推动的人民币跨境贸易投融资便利化取得新进展。

11.4 我国金融风险基本分析

11.4.1 基本概况

改革开放以来，中国经济走过了一个高速增长的过程，现在经济总量仅在美国之下，居世界第二位。中国持续了 30 多年的高速增长，但这样的经济增速，其代价也是惊人的。主要问题包括产业结构失衡、产能过剩、资源紧缺、环境污染等。几年来房价飞涨，房地产泡沫增大，股市低迷，金融和债务风险的不断积累。这使得宏观经济稳中有险，稳中有忧。尤其是 2014 年后去产能化带来的金融风险以及经济下行带来的地方政府债务风险，成为我国最为突出的两大金融风险。再者，由于经济增速下滑，影子银行风险也在不断聚集，对整个金融体系产生威胁。2018 年以来，全球经济政治格局仍处于深度调整过程中，中国经济金融发展面临的外部挑战明显增多。受内外部多重因素影响，中国经济中一些长期积累的深层次矛盾逐渐暴露，金融风险易发高发，经济增长面临的困难增多。从国际上看，世界经济增速“见顶回落”，全球范围内的单边主义和贸易保护主义情绪加剧，金融市场对贸易局势高度敏感，全球流动性状况的不确定性上升。国内方面，金融风险正在呈现一些新的特点和演进趋势，重点机构和各类非法金融活动的增量风险得到有效控制，但存量风险仍须进一步化解，金融市场对外部冲击高度敏感，市场异常波动风险不容忽视。当前面临的突出风险与挑战有以下几个方面：第一，不良资产上升压力加大。2020 年初以来账面不良贷款余额虽然增加不明显，但预计在今后一段时期不良贷款会陆续呈现和上升。第二，部分中小金融机构问题较为严重。第三，部分市场乱象有所反弹。一些高风险影子银行死灰复燃，有的以新形式、新面目企图卷土重来。企业、住户等部门杠杆率上升。部分资金违规流入房市股市，推高资产泡沫。第四，违法违规行为时有发生。

为有效防范化解风险，2018 年以来，党中央、国务院做出打好防范化解重大金融风险攻坚战的重要决策部署，提出“稳定大局、统筹协调、分类施策、精准拆弹”的基本方针。按照攻坚战总体要求，针对不同风险分类施策，对威胁金融稳定的重点领域风险及时“精准拆弹”；对可能持续存在的潜在风险，采取主动措施进行逐步化解；对体制机制性不足，持续推动监管改革，弥补监管短板；对将来可能显现的“黑天鹅”和“灰犀牛”风险，强化日常风险监测与评估，做好各类风险处置预案。同时，在风险化解和处置过程中，把握政策节奏和力度，适时预调微调，防范“处置风险的风险”，有效保障了金融市场和金融机构的平稳运行。通过几年来的集中整治和多措并举，在防范化解金融风险方面取得积极进展。

一是有效稳住宏观杠杆率。宏观上管好货币总闸门，微观上推动企业降杠杆、控制居民杠杆率过快增长、积极化解地方政府隐性债务，使宏观杠杆率高速增长势头得到初步遏制。二是平稳有序处置高风险机构。坚持全面依法依规，例如，果断对包商银行实施接管，最大限度地保护存款人和其他客户合法权益，并坚决打破刚性兑付，强化市场纪律。果断实施接管发挥了及时“止血”作用，避免了风险进一步恶化，接管托管工作进展顺利，未出现客户挤兑等群体性事件。三是大力整顿金融秩序。扎实推进互联网金融风险专项整治，继续严厉打击非法集资活动，稳步推进各类交易场所清理整顿工作，稳妥有序压降存量风险。四是应对金融市场波动风险。综合运用多种政策工具增加流动性供给，有效平抑市场短期波动，稳妥化解中小银行局部性、结构性流动性风险。有序处置民营企业债券违约事件，稳步推进股票质押风险纾解工作。有效应对跨境资本流动冲击，保持人民币汇率在合理均衡水平上的基本稳定。五是补齐监管制度短板。出台资管新规及配套实施细则，整治金融市场乱象，影子银行无序发展风险得到控制。发布系统重要性金融机构监管相关指引文件，研究制定金融控股公司监督管理试行办法，完善金融监管制度。总体来看，我国金融风险由前几年的快速积累逐渐转向高位缓释，已经暴露的金融风险正得到有序处置，金融市场平稳运行，金融监管制度进一步完善，守住了不发生系统性金融风险的底线。

总的来讲，目前我国金融风险总体可控，但风险隐患依然不少，金融体系脆弱性有所上升。要把主动防控金融风险放在更加重要的位置，并与服务经济高质量发展、深化金融供给侧结构性改革相结合，全力维护金融稳定。我国经济发展进入新常态，“三期叠加”使得企业和家庭的资产负债表恶化，产生债务违约风险并向金融体系传导。具体而言，一是部分企业盲目扩张、过度负债等问题的后遗症逐步显现，加之受资源与环境制约、担保圈“连坐”等因素影响，经营陷入困境，导致不良贷款和债券违约多发。同时，“僵尸企业”市场出清迟缓也导致经济与社会成本向金融业转化和积累，银行金融机构面临考验。二是房地产市场形成了高价格、高库存、高杠杆、高度金融化和高度关联性等特征，具有巨大的资金虹吸效应且很大一部分通过影子银行体系获得，强化了房地产与金融的风险传导。三是一些地方政府以各类“名股实债”和购买服务等方式加杠杆，部分政府性债务偿还缺乏实际保障。四是居民部门杠杆率增长较快。五是包括理财产品在内的表外业务关联风险。六是民间融资、非法集资等外部风险传染。七是输入性风险上升，国际政治经济环境变化形成的外溢效应影响经济金融稳定。

金融供给侧结构性缺陷也是金融风险的主要来源。一是金融供给市场结构不平衡，过度依赖银行体系。二是传统银行产品不能满足不同市场主体需求。三是利率市场化尚未完全到位。需特别指出的是，利率市场化也是一把“双刃剑”，会加剧存贷利差缩窄和“金融脱媒”，迫使银行抬高风险偏好。四是金融体制机制不完善，导致金融与实体经济循环不畅，少数业务“资金空转”和“脱实向虚”，各类“预算软约束”“刚性兑付”以及过度创新、监管套利、资金错配、加杠杆、多层嵌套等加大金融体系脆弱性。此外，金融市场异常波动和共振风险不容忽视，各类风险交叉传染趋势越来越明显。

11.4.2　银行业主要风险

11.4.2.1　银行金融机构基本概况

截至 2019 年末，我国外国及港澳台银行分行 115 家，银行业金融机构法人 4607 家。银行业金融机构法人中，开发性金融机构 1 家、政策性银行 2 家、国有大型商业银行 6 家、股份制商业银行 12 家、金融资产管理公司 4 家、城市商业银行 134 家、住房储蓄银行 1 家、民营银行 18 家、农村商业银行 1478 家、农村信用社 722 家、村镇银行 1630 家、农村合作银行 28 家、农村资金互助社 44 家、外资法人银行 41 家、信托公司 68 家、金融租赁公司 70 家、企业集团财务公司 258 家、汽车金融公司 25 家、贷款公司 13 家、消费金融公司 24 家、货币经纪公司 5 家及其他金融机构 23 家，如图 11.4 所示。据银保监会公布的 2019 年四季度银行业主要监管指标，四季度末，我国银行业金融机构本外币资产 290.0 万亿元，同比增长 8.1%。其中，大型商业银行本外币资产 116.8 万亿元，占比 40.3%，资产总额同比增长 8.3%；股份制商业银行本外币资产 51.8 万亿元，占比 17.9%，资产总额同比增长 10.1%，如图 11.5 所示。

商业银行（法人口径，下同）不良贷款余额 2.41 万亿元，较上季末增加 463 亿元；商业银行不良贷款率 1.86%，与上季末持平。商业银行正常贷款余额 127.2 万亿元，其中正常类贷款余额 123.5 万亿元，关注类贷款余额 3.8 万亿元。2019 年，商业银行累计实现净利润 2.0 万亿元，平均资本利润率为 10.96%。商业银行平均资产利润率为 0.87%，较上季末下降 0.10 个百分点。商业银行贷款损失准备余额为 4.5 万亿元，较上季末增加 493 亿元；拨备覆盖率为 186.08%，较上季末下降 1.56 个百分点；贷款拨备率为 3.46%，较上季末下降 0.03 个百分点。商业银行（不含外国银行分行）核心一级资本充足率为 10.92%，较上季末增加 0.08 个百分点；一级资本充足率为 11.95%，较上季末增加 0.11 个百分点；资本充足率为 14.64%，较上季末增加 0.10 个百分点。

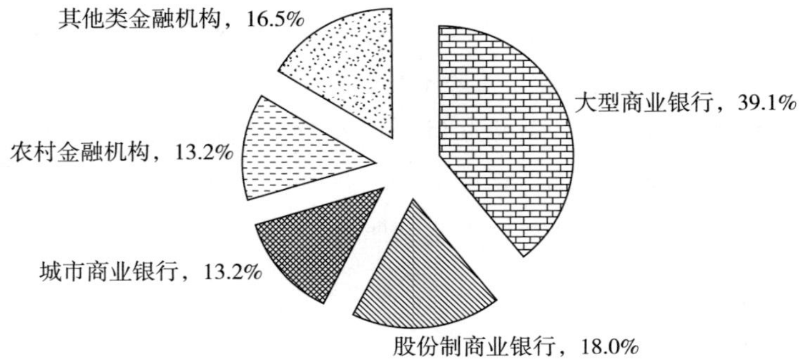

图 11.4　银行业金融机构资产份额

数据来源：中国银保监委员会。

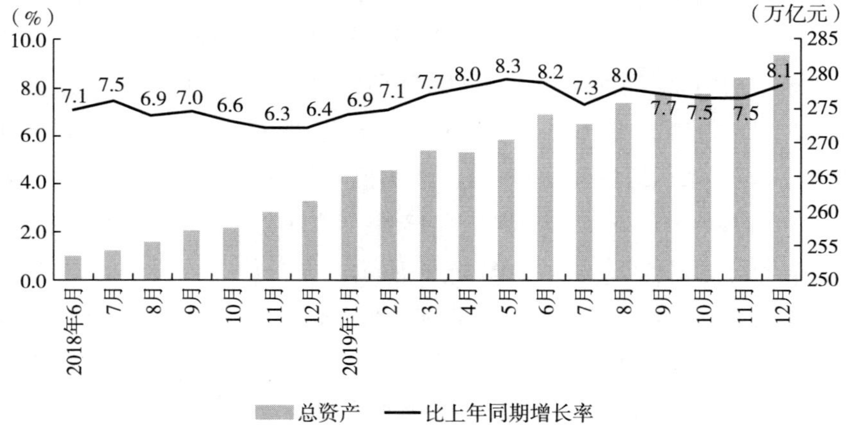

图 11.5　银行业金融机构总资产

数据来源：中国银保监会。

表 11.2　银行业金融机构资产负债情况表（法人）

（1）银行业金融机构。

单位：亿元、%

项目＼时间	2019 年			
	一季度	二季度	三季度	四季度
总资产	2758237	2815794	2846673	2900025
比上年同期增长率	7. 74	8. 22	7. 69	8. 14
总负债	2534149	2587964	2607892	2655363
比上年同期增长率	7. 37	7. 93	7. 20	7. 71

其中：商业银行合计

单位：亿元、%

项目＼时间	2019 年			
	一季度	二季度	三季度	四季度
总资产	2274119	2323395	2350721	2394875
比上年同期增长率	8. 69	9. 39	8. 89	9. 12
占银行业金融机构比例	82. 45	82. 51	82. 58	82. 58
总负债	2098189	2144669	2161799	2200540
比上年同期增长率	8. 35	9. 1	8. 38	8. 66
占银行业金融机构比例	82. 80	82. 87	82. 89	82. 87

（2）大型商业银行。

单位：亿元、%

项目＼时间	2019 年			
	一季度	二季度	三季度	四季度
总资产	1124432	1144037	1159661	1167770
比上年同期增长率	7. 76	8. 32	7. 59	8. 27
占银行业金融机构比例	40. 77	40. 63	40. 74	40. 27
总负债	1036513	1055528	1064860	1071312
比上年同期增长率	7. 40	8. 08	6. 98	7. 77
占银行业金融机构比例	40. 90	40. 79	40. 83	40. 35

（3）股份制商业银行。

单位：亿元、%

项目＼时间	2019 年			
	一季度	二季度	三季度	四季度
总资产	480782	497915	501138	517818
比上年同期增长率	6. 38	8. 42	9. 34	10. 13
占银行业金融机构比例	17. 43	17. 68	17. 60	17. 86
总负债	445384	461184	461719	476644
比上年同期增长率	5. 88	7. 87	8. 50	9. 34
占银行业金融机构比例	17. 58	17. 82	17. 70	17. 95

（4）城市商业银行。

单位：亿元、%

项目＼时间	2019 年			
	一季度	二季度	三季度	四季度
总资产	352269	359767	360714	372750
比上年同期增长率	11. 53	11. 28	9. 00	8. 53
占银行业金融机构比例	12. 77	12. 78	12. 67	12. 85
总负债	326195	333289	333899	344974
比上年同期增长率	11. 29	11. 17	8. 84	8. 40
占银行业金融机构比例	12. 87	12. 88	12. 80	12. 99

（5）农村金融机构。

单位：亿元、%

项目＼时间	2019 年			
	一季度	二季度	三季度	四季度
总资产	361137	364814	370621	372157
比上年同期增长率	7. 33	8. 24	8. 66	7. 63
占银行业金融机构比例	13. 09	12. 96	13. 02	12. 83
总负债	333346	336635	341770	342505
比上年同期增长率	7. 13	8. 10	8. 62	7. 43
占银行业金融机构比例	13. 15	13. 01	13. 11	12. 90

（6）其他类金融机构。

单位：亿元、%

项目＼时间	2019 年			
	一季度	二季度	三季度	四季度
总资产	439618	449260	454539	469530
比上年同期增长率	6. 59	5. 43	4. 45	5. 81
占银行业金融机构比例	15. 94	15. 96	15. 97	16. 19
总负债	392710	401329	405644	419927
比上年同期增长率	6. 12	4. 92	3. 93	5. 48
占银行业金融机构比例	15. 50	15. 51	15. 55	15. 81

注：1. 农村金融机构包括农村商业银行、农村合作银行、农村信用社和新型农村金融机构。

2. 其他类金融机构包括政策性银行及国家开发银行、民营银行、外资银行、非银行金融机构和资产管理公司。

3. 自 2019 年起，邮政储蓄银行纳入“商业银行合计”和“大型商业银行”汇总口径。

表 11.3　银行主要监管指标情况表（法人）（2019 年） 单位：亿元、%

项目 \ 时间	一季度	二季度	三季度	四季度
（一）信用风险指标				
正常类贷款	1142303	1176538	1209297	1234510
关注类贷款	36018	36318	38173	37695
不良贷款余额	21571	22352	23672	24135
其中：次级类贷款	8753	8667	9710	10139
可疑类贷款	9565	10216	10176	10102
损失类贷款	3253	3469	3786	3894
正常类贷款占比	95. 20	95. 25	95. 13	95. 23
关注类贷款占比	3. 00	2. 94	3. 00	2. 91
不良贷款率	1. 80	1. 81	1. 86	1. 86
其中：次级类贷款率	0. 73	0. 70	0. 76	0. 78
可疑类贷款率	0. 80	0. 83	0. 80	0. 78
损失类贷款率	0. 27	0. 28	0. 30	0. 30
贷款损失准备	41453	42605	44417	44909
拨备覆盖率	192. 17	190. 61	187. 63	186. 08
贷款拨备率	3. 45	3. 45	3. 49	3. 46
（二）流动性指标				
流动性比例	56. 81	55. 77	57. 02	58. 46
存贷比（人民币）*	72. 22	72. 85	74. 36	75. 40
人民币超额备付金率	1. 74	2. 33	1. 96	2. 61
流动性覆盖率*	141. 14	140. 17	137. 29	146. 63
（三）效益性指标				
净利润（本年累计）	5715	11334	16507	19932
资产利润率	1. 02	1. 00	0. 97	0. 87
资本利润率	13. 24	13. 02	12. 28	10. 96
净息差	2. 17	2. 18	2. 19	2. 20
非利息收入占比	25. 83	24. 05	23. 26	21. 93
成本收入比	26. 69	27. 52	28. 60	31. 68

续表

项目 \ 时间	一季度	二季度	三季度	四季度
（四）资本充足指标*				
核心一级资本净额	157426	157039	161818	165827
一级资本净额	165671	167202	176640	181325
资本净额	203904	207010	216941	222237
信用风险加权资产	1315061	1342691	1369192	1385257
市场风险加权资产	20216	19873	20152	21789
操作风险加权资产	96002	96096	96217	103525
应用资本底线后的风险加权资产合计	1438222	1466078	1491836	1517960
核心一级资本充足率	10.95	10.71	10.85	10.92
一级资本充足率	11.52	11.40	11.84	11.95
资本充足率	14.18	14.12	14.54	14.64
杠杆率	6.64	6.55	6.84	6.90
（五）市场风险指标				
累计外汇敞口头寸比例	2.49	2.54	2.41	2.66

注：1. 自 2016 年一季度起，存贷比披露口径改为境内口径，与之前年度数据不可比。

2. 流动性覆盖率为资产规模在 2000 亿元以上的商业银行汇总数据。

3. 自 2014 年二季度起，工商银行、农业银行、中国银行、建设银行、交通银行和招商银行等六家银行经核准开始实施资本管理高级方法，其余银行仍沿用原方法。

4. 自 2019 年起，邮政储蓄银行纳入“商业银行合计”汇总口径。

表 11.4　商业银行主要指标分机构类情况表（法人）（2019 年）

单位：亿元、%

时间/指标 \ 机构		大型商业银行	股份制商业银行	城市商业银行	民营银行	农村商业银行	外资银行
一季度	不良贷款余额	8095	4569	2968	24	5811	104
	次级类贷款余额	2547	1832	1885	10	2481	28
	可疑类贷款余额	3802	1765	760	8	3174	56
	损失类贷款余额	1745	972	323	7	186	21
	不良贷款率	1.32	1.71	1.88	0.68	4.05	0.76
	资产利润率	1.07	1.01	0.89	1.09	1.07	0.64

续表

时间/指标 \ 机构		大型商业银行	股份制商业银行	城市商业银行	民营银行	农村商业银行	外资银行
一季度	拨备覆盖率	240.44	192.18	179.26	510.18	128.50	285.10
	资本充足率*	15.67	12.77	12.64	15.37	12.97	18.31
	流动性比例	54.06	58.05	63.24	72.69	60.22	67.04
	净利润	2945	1202	775	19	723	53
	净息差	2.12	2.08	2.07	3.30	2.70	1.86
二季度	不良贷款余额	7940	4601	3771	32	5866	142
	次级类贷款余额	2608	1813	1849	13	2314	70
	可疑类贷款余额	3665	1752	1370	12	3365	52
	损失类贷款余额	1667	1036	552	7	187	20
	不良贷款率	1.26	1.67	2.30	0.78	3.95	1.01
	资产利润率	1.09	0.99	0.83	1.04	0.96	0.55
	拨备覆盖率	250.69	193.01	149.26	461.14	131.52	231.99
	资本充足率*	15.66	12.73	12.43	15.11	12.98	18.21
	流动性比例	52.88	56.84	61.28	64.95	61.32	69.27
	净利润	6057	2391	1454	37	1305	91
	净息差	2.11	2.09	2.09	3.56	2.72	1.84
三季度	不良贷款余额	8484	4668	4214	44	6146	116
	次级类贷款余额	3317	1828	2061	20	2445	38
	可疑类贷款余额	3538	1735	1320	15	3513	54
	损失类贷款余额	1629	1104	832	9	188	24
	不良贷款率	1.32	1.63	2.48	0.99	4.00	0.83
	资产利润率	1.05	0.97	0.77	1.02	0.92	0.67
	拨备覆盖率	240.20	198.77	147.99	384.64	130.81	270.63
	资本充足率*	16.18	13.40	12.51	14.87	13.05	18.28
	流动性比例	54.06	58.78	60.26	68.69	61.02	69.41
	净利润	8824	3536	2035	57	1887	169
	净息差	2.11	2.13	2.11	3.57	2.74	1.84
四季度	不良贷款余额	8959	4805	4074	48	6155	94
	次级类贷款余额	3651	2097	1946	21	2390	35
	可疑类贷款余额	3807	1657	1270	15	3313	40
	损失类贷款余额	1502	1052	858	12	451	20

续表

时间/指标 \ 机构		大型商业银行	股份制商业银行	城市商业银行	民营银行	农村商业银行	外资银行
四季度	不良贷款率	1.38	1.64	2.32	1.00	3.90	0.67
	资产利润率	0.94	0.86	0.70	1.05	0.82	0.63
	拨备覆盖率	234.33	192.97	153.96	391.12	128.16	313.90
	资本充足率*	16.31	13.42	12.70	15.15	13.13	18.40
	流动性比例	54.97	61.63	63.51	68.29	63.15	69.81
	净利润	10606	4233	2509	82	2287	216
	净息差	2.12	2.12	2.09	3.74	2.81	1.78

注：1. 外资银行资本充足率不含外国银行分行。

2. 自2014年二季度起，工商银行、农业银行、中国银行、建设银行、交通银行和招商银行等六家银行经核准开始实施资本管理高级方法，其余银行仍沿用原方法。

3. 自2019年起，邮政储蓄银行纳入“大型商业银行”汇总口径。

表11.5　2019年底商业银行主要指标（法人）　　单位：亿元、%

时间/指标 \ 机构	大型商业银行	股份制商业银行	城市商业银行	民营银行	农村商业银行	外资银行
不良贷款余额	8959	4805	4074	48	6155	94
次级类贷款余额	3651	2097	1946	21	2390	35
可疑类贷款余额	3807	1657	1270	15	3313	40
损失类贷款余额	1502	1052	858	12	451	20
不良贷款率	1.38	1.64	2.32	1.00	3.90	0.67
资产利润率	0.94	0.86	0.70	1.05	0.82	0.63
拨备覆盖率	234.33	192.97	153.96	391.12	128.16	313.90
资本充足率*	16.31	13.42	12.70	15.15	13.13	18.40
流动性比例	54.97	61.63	63.51	68.29	63.15	69.81
净利润	10606	4233	2509	82	2287	216
净息差	2.12	2.12	2.09	3.74	2.81	1.78

数据来源：中国银保监会。

表 11.6　商业银行主要指标分机构类情况表（法人）（2020）

单位：亿元、%

时间/指标	机构	大型商业银行	股份制商业银行	城市商业银行	民营银行	农村商业银行	外资银行
一季度	不良贷款余额	9553	5052	4519	63	6831	103
	次级类贷款余额	4129	2091	2333	29	2849	37
	可疑类贷款余额	3906	1836	1303	20	3529	44
	损失类贷款余额	1519	1124	882	14	453	22
	不良贷款率	1.39	1.64	2.45	1.14	4.09	0.71
	资产利润率	1.02	0.99	0.81	1.00	0.98	0.86
	拨备覆盖率	231.70	199.89	149.89	348.53	121.76	299.33
	资本充足率*	16.14	13.44	12.65	14.44	12.81	18.43
	流动性比例	55.37	59.36	65.27	67.68	64.65	74.81
	净利润	3083	1315	766	24	737	76
	净息差	2.04	2.09	2.00	3.88	2.44	1.70

数据来源：中国银保监会。

表 11.7　我国银行金融机构 2014 年与 2019 年相关数据之比

	2014 年	2019 年	增加	增长率（%）
银行业法人机构（家）	4091	4607	516	12.61
资产总额（万亿元）	172.3	290	117.7	68.3
负债总额（万亿元）	160.0	255.6	95.6	59.75
资本充足率	13.18	14.64	1.46	1.06
贷款损失准备金余额（万亿元）	1.96	4.5	2.54	129.6
拨备覆盖率	232.1	186.08	46.02	−19.83
贷款余额（万亿元）	89.38	127.2	37.82	42.31
不良贷款余额（万亿元）	1.43	2.41	0.98	68.53
不良贷款率	1.60	1.86	0.26	16.25
关注类贷款余额（万亿元）	2.1	3.77	1.67	79.52
关注类贷款率	3.1	2.96	−0.14	−4.52

数据来源：中国银保监会。

11.4.2.2　银行金融机构风险

从表11.7可以看到近5年我国银行金融机构的变化，可以看出资产和负债增长率分别是68.3%和59.75%，不良贷款增加68.53%，总体保持平稳。不良贷款率增加16.25%，资产质量略有下降。从分机构情况看，城市商业银行不良贷款率2.32%；农村商业银行不良贷款率3.9%，明显高于大型商业银行和股份制银行。

2020年6月末中国银行业不良贷款余额为3.6万亿元，比年初增加4004亿元；增长12.5%，拨备覆盖率178.1%，比年初降4个百分点。从分机构情况看，一季度城市商业银行不良贷款率2.45%；农村商业银行不良贷款率4.09%，上升明显。2020年因疫情影响，不良贷款上升明显。

根据我国不良资产白皮书可以了解到自2014年以来，不良贷款呈现出一些新的变化趋势：从地区看，不良贷款由东部沿海地区向中西部地区扩散，内蒙古、山西和四川等中西部省区不良贷款增长迅速。从行业看，不良贷款主要在制造业以及批发和零售等行业集中暴露。同时，已经向其上下游的相关行业扩散。从企业规模看，不良贷款由小微企业向大中型企业扩展，个人客户的不良率也有所上升。

金融资产质量是实体经济运行的风向标。从目前的情况看，2020年整体宏观经济环境比较严峻，因此部分行业、领域和地区的信用风险将会持续暴露，不良贷款余额和比率的上升趋势将不会改变。商业银行将如何防范不良贷款快速上升的风险值得关注点。总体来看，商业银行的不良贷款继续保持“双升”势头，在经济依然面临较大下行压力、结构调整加速、经济金融改革全面深化的背景下，商业银行的风险暴露尚未见底，未来仍将面临较大风险压力。

11.4.3　地方政府融资平台风险

地方政府融资平台是指由地方政府及其部门和机构、所属事业单位等通过财政拨款或注入土地、股权等资产设立，具有政府公益性项目投融资功能，并拥有独立企业法人资格的经济实体和行业性投资公司。近年来，地方政府通过融资平台进行举债融资，促进了地方经济社会发展，为应对金融危机发挥了一定的积极作用。但随着融资平台数量的迅速膨胀及贷款规模的急速增长，相关问题初步出现，潜在风险引起关注。地方政府融资平台主要存在以下金融风险：

一是高负债率及缺乏还款来源存在偿付风险。

地方政府融资平台主要的作用是为地方政府融资，缺少突出的主营业务和充足的固定资产，通常以政府划拨的土地、股权作为资产，在融资中较多地依靠地方财政进行担保，造成了其高负债率。同时，平台公司投资投向单一，贷款缺乏还款来源，担保普遍不足，倘若依靠土地和税收的地方政府财政收入出现大幅度下滑，则会直接威胁地方财政的偿付能力，从而导致融资平台难以履行其偿债义务，出现贷款偿付风险。当前我国已有多个地方政府出现该问题。

二是投资项目效益不高及偿债主体不明确形成项目风险。

地方政府融资平台投资项目大多用于基础设施建设，投入大，建设及回收期长，项目收益不稳定，效益不高，偿债能力弱。一些平台公司承担的项目过多，承建项目效率不高，债务偿还和投资失误的责任主体不明确，对所投的项目缺乏严格科学的项目论证，投入产出效率过低，造成资金浪费和损失，甚至出现“半拉子”工程，形成项目建设风险。

三是法人治理结构不完善及违规操作存在潜在风险。

当前我国地方融资平台多为国有投资公司，政府干预较多，在管理上主要存在以下问题：①平台公司法人治理结构不完善，政企不分。尤其是平台公司的高管人员，大多是由政府官员担任，缺乏必要的企业经营管理经验和风险防范意识，甚至存在不计项目经营效益，单纯追求政绩的倾向，在投融资的过程中容易发生重大的失误。②政府融资运作过程不规范。一些地方政府为了让融资平台能从银行获得贷款，违规向银行提供担保。有些融资平台一笔注资用作多家公司或项目的注册资金或项目资本金，或是用贷款资金作为注册资本金。甚至出现不同的平台公司之间相互担保，形成连带风险。③银行方面为完成业绩对国有项目一般审查不严，存在道德风险。

四是贷款资金流向缺乏监管容易行成信贷资金安全风险。

由于城市基础设施项目建设一般所需要的资金规模较大，地方政府需要从多家银行分别贷款，从而出现一些平台公司把分别借来的贷款放在一个统一的资金池里，再根据不同的项目进度统一安排使用。贷款资金进入平台公司账户之后，贷款银行无法对贷款资金的使用进行有效的监控，缺乏流向监管，容易造成信贷资金被违规挪用的风险。

五是信息不对称及过度信贷造成商业银行流动性风险。

银行在与融资平台的合作过程中，由于信息不对称，平台公司的信息透明度，尤其财务透明度低，使银行很难全面掌握了解平台公司的实际负债情况，且其政府背景贷款的原因提高了银行的信任度，无法对贷款风险做出正确的估计。同时，银行的相当一部分资金投向了融资平台，且大部分是大型的中长期基础设施项目，导致银行信贷结构不合理，形成过度信贷，减弱了银行资金的流动性。另外，向平台公司发放贷款的许多是地方城市商业银行及农村信用联社，其风险控制机制比较薄弱，且容易受到地方政府的行政干预，加大了贷款的收回风险。

11.4.4 企业结构性产能过剩行业风险

我国在金融危机后，放出大量的货币，市场资金宽松环境下，产业盲目发展。由于在全球经济增速放缓的大格局下，与经济周期变化密切相关行业产生产能过剩，具体包括房地产、工程机械、钢铁、风电设备、光伏、有色金属、水泥、煤化工、船舶制造九大行业。我国钢材市场在产能严重过剩、供需关系严重失衡的压力下，钢材价格大幅回落，原材料成本高企，导致国内钢铁企业亏损加剧。光伏行业深陷重复建设、产能过剩的困境，而且高度依赖出口。在经济增速下行压力下，产能过剩行业的信用风险逐步暴露。2016 年以来，供给侧改革强力推进，成效显著，叠加房地产市场回暖，上游煤炭、中游钢铁、化工、建材、有色等产品价格上扬，产能过剩行业盈利改善。供给侧改革加快了行业结构性调整，产能过剩行业加速分化。

一是违约增加拖累银行资产质量。从工农中建交五大行年报来看，新增贷款仍主要集中在制造业，而制造业不良贷款增加主要原因之一就是产能过剩压力增大，产业链末端的企业违约风险增多。近几年来经过大力调整，已有所好转，但还存在较多隐患。

二是产能过剩行业风险已逐渐得到处置。随着供给侧改革的进一步推进，钢铁、水泥、电解铝等产能过剩行业产能利用率持续回升，产能过剩矛盾得到部分缓解；产能过剩行业整体盈利改善明显，但行业表现存在分化，中上游钢铁、煤炭、水泥等行业盈利能力持续提升，下游火电行业受煤价高企影响盈利进一步下滑；受盈利改善及去杠杆政策影响，产能过剩行业债务负担有所减轻，但仍处于历史高位，资产负债表的修复尚需时间；在金融去杠杆背景下，产能过剩行业收益率整体走高，债券发行规模同比下降，存量债券规模增速放缓；AAA 级发债主体信用利差下行为主，其中电解铝、钢铁、化工行业利差下行幅度较大，显示投资者对产能过剩行业高等级发债主体信心有所恢复；产能过剩行业无新增违约主体，级别下调明显减少，上调大幅增加，各评级机构对产能过剩行业信用风险预期改观；受益于盈利持续改善、债务负担及债券集中偿付压力的减轻，产能过剩行业信用风险总体稳中有降；行业差异、个体差异依然存在，关注部分负债和对外担保较高、盈利不佳、投资激进、现金流弱化、再融资受限的民营企业信用风险。

11.4.5　影子银行风险

"影子银行"在我国主要以融资类信托、委托贷款、贷款公司、民间借贷、地下钱庄、当铺、担保公司、合作社、养老产业等形式出现。经常提及的中国的影子银行通常可分为三类机构和业务，第一类是银行的表外业务，如理财产品；第二类是非银行类金融机构，如信托公司、小贷公司、财务公司和典当行等；第三类是民间金融。

11.4.5.1　影子银行之理财产品业务关联风险

（1）中国银行业理财产品基本概况。

根据中国银行业理财市场报告显示，2013年底，我国商业银行理财产品总存续数量为4.45万只，存续金额为10.24万亿元。到2017年末，我国商业银行理财产品总存续数量为9.35万只，存续金额为29.54万亿元。五年间，银行理财产品存续数量增长110%，以平均每年20.4%的复合增加率高速增长；存续金额增长188.48%，以平均每年30.32%的复合增加率急速增长。无论是存续数量还是存续金额，其复合增长率远超GDP增长率，说明我国理财产品市场发展速度远超经济增速。2019年银行理财产品存续余额稳健增长，非保本理财产品4.73万只，存续余额23.40万亿元，同比增长6.15%。净值型产品发行力度不断加大，2019年净值型产品存续余额10.13万亿元，同比增加4.12万亿元，增长68.61%。

（2）中国银行业理财产品出台的政策。

银行理财市场从2012年同业业务高速扩张积累了大量风险。2016年底，金融系统开启供给侧改革，通过公开市场锁短放长与理财纳入MPA考核，抑制了风险的进一步扩张。2017年，为整治银行业市场乱象，严守不发生系统性金融风险的底线，银监会组织开展了“三三四十”等系列专项治理行动。“三三四十”具体指：三违反、三套利、四不当、银行业存在的十个方面问题。2018 年，政策集中落地：4 月 27 日，中国人民银行、中国银行保险监督管理委员会、中国证券监督管理委员会、国家外汇管理局联合发布《关于规范金融机构资产管理业务的指导意见》；9 月 28 日，银保监会正式公布实施《商业银行理财业务监督管理办法》，作为资管新规的配套实施细则，适用于银行尚未通过子公司开展理财业务的情形；12 月 2 日，《商业银行理财子公司管理办法》的颁布，标志着银行资管业务线及银行理财行业的变革正式启动。2019 年 12 月《净资本管理办法》正式推行，作为《理财子公司办法》的配套监管制度，理财子公司净资本充分借鉴了同类资管机构的净资本监管要求，并根据资管新规、理财新规提出的新要求和商业银行理财子公司特点进行了适当调整。

（3）中国银行业理财业务中的主要风险。

一是银行保本理财产品存在误导。从法律上讲，银行代客管理资产，只是承担在代客资产管理中相应的操作风险、声誉风险，由客户承担信用风险、市场风险等投资风险。但在实际操作中，很难真正落实到位，往往银行还隐性承担了信用、市场风险。银行理财产品设计有缺陷。商业银行为了争取客户，只顾提高收益率，往往在一些理财产品的设计上，期限过度错配，加上监管不够充分，投向风险过高的领域。

二是银行理财产品被当作流动性管理的工具。如有些商业银行将理财产品充当流动性管理、调节关键时点存款规模的工具。通常把理财产品到期时间设定在月末、季末或年末等关键时点，将客户的理财到期资金直接记录为当期存款，然后再在下月、季或年度开始时再将其转回高收益率的理财产品，以使银行的资产负债表数据在一定程度上高估了真实的存款基数。这种与银行表内业务绑定的做法，不利于银行理财业务的长远发展。

三是银行理财业务与自营业务的风险隔离不彻底。有些商业银行的理财业务与自营业务由同一部门进行经营与管理，没有专门从事理财业务经营与管理的部门，自营产品与理财产品交叉销售，而且还与银行自营的表内外业务相互影响，相互依存。同时按照现行的监管规定，银行理财产品在对外签署理财投资协议、产品说明书或其他相关合同签订等活动中，基本上都是以商业银行名义进行。由此导致商业银行理财业务与商业银行自营业务的风险不能有效隔离，理财产品出现风险时就会直接危及商业银行。

四是银行理财没有严格按产品进行核算。有些银行通过滚动发售不同期限的理财产品持续募集资金，以期限错配溢价、流动性溢价、信用风险溢价来获取收益，没有严格按规定实现单个理财产品的独立核算，或按产品独立核算的质量不高，没有做到每只理财产品都有资产负债表、现金流量表和利润表。还有些商业银行通过低概率的高预期收益率来吸引客户，但产品到期后，实际收益率远远未达到产品说明书中所列示的预期收益率，甚至出现亏损，就通过违规转移内部收益来填补收益缺口，以保证理财产品预期收益的刚性兑付。

五是银行理财业务第三方合作机构的风险管理薄弱。依据现行的规定，商业银行不具有法律规定的主体投资资格，银行要发行理财产品就只能通过与有资质的第三方机构合作，并在法律上明确要承担相应的风险。在这种模式下，银行理财产品的风险，在很大程度上取决于合作机构的风险管理能力。若合作机构没有根据合同或协议约定履行日常跟踪管理，一些理财资金的实际用途很难得到有效监督、监控，甚至有些连基本的监控手段、渠道都没有。出现风险后一些第三方合作机构反应迟缓、消极，还把责任都推给银行，对此银行又很难约束第三方的行为，除非与其不做业务。这既增大了银行的潜在风险，也直接影响到了银行对客户合法权益的保护，使商业银行为客户利益服务和为客户创造价值的原则受到影响。近年快速增长的信托业务，就是在这种特定环境下的一种非正常发展，是监管不完善的一种具体表现。

银行理财产品的风险一旦暴露，由于缺乏有效的风险处置机制，商业银行很难在短时间快速遏制和有序处置，从而造成风险的扩散和传播，极有可能引发银行的声誉风险，甚至还会影响其理财业务的正常运行。

11.4.5.2　影子银行之民间金融风险

（1）民间金融基本概况。

民间金融可以简单定义为自然人、组织或非金融企业绕开官方金融体系而从事的金融活动，它并不受严格的、正规的、官方监督体系监管。民间金融的具体形式有民间借贷、典当行、小额贷款公司、私人钱庄等几种，但近几年随着互联网的发展，P2P 网贷也成为民间金融的形式之一。民间金融由于方式灵活、程序简便等优势而在我国迅速发展。据统计，2011 年，我国民间金融规模为 4.47 万亿元；2012 年，我国传统的私人钱庄和小额贷款公司的融资规模大概在计 4 万亿元左右，而典当公司和网络贷款的融资规模超5000亿元，这几种民间金融形式的融资规模合计为4.5万亿元，占到当年国民生产总值的7.37%左右；据西南财经大学2014年的调查显示，2013年我国22.3%的家庭有民间金融负债情况，这部分民间金融规模已达5.28万亿元，比2011年上升了18%。

自2013下半年以来，受经济下行、流动性趋紧等综合因素影响，各地非法集资吸储、民间借贷纠纷等案件大幅增加。如温州、神木、鄂尔多斯等地以及福建、四川等省份一批高杠杆、高成本扩张企业资金链断裂，民间借贷逾期违约案件高发，老板跑路频繁上演，标志着以民间借贷为主的我国民间金融风险进入集中暴露期。非法集资现象高发，背后意味着不少企业和项目资金链紧张，被迫借助高成本的违规融资手段来维持运转；企业老板频频跑路，代表着一部分企业资金链已断裂。不断聚集的借贷风险，可能引发更大范围的民间借贷危机。在经济回暖尚不明确，民间借贷利率上升，以及房地产和采矿业市场持续萎靡等情况下，民间金融市场风险敞口将进一步放大，至少带来三方面隐患：一是传导金融风险，形成恶性循环；二是冲击实体经济，加剧市场恐慌；三是群众利益受损，影响社会稳定。

（2）民间金融主要风险。

内部风险：民间金融活动过程中存在着各种因素影响参与主体的收益甚至是威胁其生存，这种因素给民间金融参与主体带来的不确定损失被称为是民间金融的内部风险。具体可以分为利率风险、信用风险、流动性风险以及操作风险几种。

一是利率风险。它是民间金融一直存在的内部风险，民间金融快速崛起的一个重要原因便是高额的利率，它一般都高于中国人民银行制定的基准利率，这使得大量资金从正规金融领域流入民间金融领域。但同时过高的利率也给民间金融带来极大风险，民间金融的借款方一般为中小微企业，并没有充足的资金支持，一旦承担不起过高的利息，便会导致资金链断裂，进而引发“多米诺骨牌效应”，给整个金融市场以及实体经济带来巨大冲击，温州民间借贷危机正是高利率引发的民间金融风险，导致大量小企业主跑路，这不仅给贷款人造成损失，也对企业中下游厂商产生较大影响。

二是信用风险。它是指民间金融主体不能按规定履行承诺或约定而带来的不确定损失。信用风险可以分为信用差价风险和违约风险两类，前者主要指因借款方的履约能力降低而给贷款方带来损失，后者指借款方无法按规定日期偿付本息而给贷款方造成损失的风险。在民间金融中，中小微企业以及农户为主要的借款方，他们自身的条件使之无法保证能够完全履约，这便产生了信用风险。

三是流动性风险。它是指民间金融机构在资金流动性上的不足而可能导致的风险。如新兴的 P2P 网贷是将从无数网民那里筹集的资金用于贷款，这难以保证资金池数额的充足，一旦出现大规模提现情况，对于网贷平台本身以及贷款者和借款者三方都存在风险。

四是操作风险。它是因为民间金融内部有关风险控制的信息系统出现错误而导致参与主体遭遇损失的风险。操作风险又可分为技术层面的风险和组织层面的风险，前者是民间金融机构硬件设施不完善带来的风险，而后者主要是指民间金融组织没有完善的风险防控体系。

民间金融的内部风险与我国金融市场所存在的风险有密切联系。其中利率风险是民间金融参与者因收获高利率而付出的成本信任补偿；民间金融交易双方因信息获取的不对称则造成了信用风险；参与主体资金来源的不确定性导致资金池规模的不稳定，进而产生流动性风险；缺乏风险防控体系则给民间金融带来了操作风险。

外部风险：因民间金融市场以外的因素而可能给民间金融带来的不确定损失被看作是民间金融的外部风险。具体来说主要有外部政策风险、法律风险以及环境风险。

一是政策性风险。它主要就是指国家对民间金融政策的变动对民间金融可能造成的损失。我国并没有明确民间金融的性质，其在我国地位较为尴尬，受国家政策态度影响较大。如在改革开放后，我国对民间金融的政策由绝对的禁止逐步转变为宽松，这极大地促进了民间金融的发展。但到 1995 年，国家政策突变，再次收紧了民间金融管制，甚至是取缔民间金融，这无疑又极大地阻碍民间金融发展。十年之后，国家意识到民间金融对我国市场经济发展的重要性，相关部门对民间金融发展又持宽松态度。国家政策态度的反复极易影响民间金融市场的稳定，进而带来风险。进入互联网时代后，面对新的民间金融形式，我国的政策管理较为滞后，这也带来了民间金融的政策性风险。

二是法律风险。它主要是指民间金融的各类参与主体在民间金融运作过程中因法律问题而可能产生的损失。这一方面是因为我国并没用出台专门针对民间金融的法律法规，另一方面也是因为民间金融往往是一种基于地缘、人缘、血缘的金融活动，因此借贷双方往往不会制定周密的合约条款，一旦出现金融风险，贷款者的权益很难得到法律保障。此外，金融创新活动也会带来法律风险，我国的民间金融实践表明，法律大都滞后于民间金融创新。

三是环境风险。它主要是指自然、社会、政治环境的变化给民间金融体系以及参与主体带来的风险，如地震、洪水等自然灾害给借款人带来巨大财产损失，以致其难以按时偿还借款，从而带来民间金融风险。

我国民间金融外部风险的产生主要有两个原因：一是我国国家政策和态度频繁变动，很难根据国家政策做出预期。但社会以及经济的发展变化又必然导致国家政策的改变。二是我国民间金融地位暧昧，对其合法性的讨论争议不断，而且民间金融中的创新形式也少有合法性的定位。

11.4.6 互联网金融风险

随着互联网信息技术的不断发展，同时互联网技术在金融方面的有效融合在一定程度上促进了我国金融方面的快速发展，因此对我国经济建设方面也有着极大的影响。互联网金融的出现是互联网与金融业发展到一定程度的产物，属于新兴产业。近年来，我国在互联网金融方面的发展速度相对较快，并且现阶段起已成为我国金融领域的一项较为重要的一部分。对于当前的互联网金融，其主要的业态涉及第三方支付平台、互联网借贷方面以及众筹融资平台和大数据征信等方面。然而我国互联网金融的发展属于新的技术在金融中的应用，互联网金融在监管方面存在较大的缺陷，在许多方面还存在一定的不足之处，经过几年的整顿有了较明显的好转。

首先，在互联网第三方支付方面。2010 年，人民银行发布《非金融机构支付服务管理办法》，对非金融机构开展支付业务实施许可管理。自此，我国非银行支付服务行业进入了一个高速增长、持续创新的阶段，尤其是以移动支付、网络支付、条码支付等为代表的新兴支付方式和支付技术蓬勃发展，在全球范围内产生了广泛影响。2013 年 6 月，人民银行发布《支付机构客户备付金存管办法》，对客户备付金存放、归集、使用、划转等存管活动做了严格规定，明确了备付金存管银行的监督责任。但随着市场快速发展，作为支付机构预收客户待付货币资金的客户备付金规模不断扩大，支付机构违规经营、挪用占用备付金等行为不断发生，相关风险逐步暴露。一是部分支付机构违规挪用客户备付金，甚至为网络赌博等违法活动提供通道，损害消费者合法权益。二是许多支付机构追求以扩大客户备付金规模赚取利息收入，不断偏离支付服务主业，创新动力不足。三是部分支付机构以备付金存款为条件在银行间进行价格谈判，利用利息收入开展交叉补贴，一定程度上造成支付服务市场的无序和混乱，破坏了公平竞争的市场环境。四是部分支付机构通过多头开立账户，利用客户备付金在上百家商业银行间办理跨行资金清算，变相行使清算组织甚至央行的跨行清算职能，推高了信用风险，不利于货币政策传导和宏观审慎管理。

为切实推动支付产业健康可持续发展，坚决守住不发生系统性风险的底线，2016 年 4 月，国务院办公厅印发《互联网金融风险专项整治工作实施方案》，明确支付机构客户备付金应存放在人民银行或符合要求的商业银行，支付机构不得连接多家银行系统，变相开展跨行清算业务，支付机构开展跨行支付业务应通过人民银行跨行清算系统或者具有合法资质的清算机构进行。2017 年 1 月，经国务院批准，人民银行印发《关于实施支付机构客户备付金集中存管有关事项的通知》，建立了支付机构客户备付金集中存管制度。2017 年 4 月 17 日，开展备付金首次交存人民银行工作，交存比例均为 20%。2017 年 12 月，人民银行印发《关于调整支付机构客户备付金集中交存比例的通知》，将交存比例提高至平均 50%，从 2018 年 2 月至 4 月分步完成。2018 年 6 月，人民银行发布《关于支付机构客户备付金全部集中交存有关事宜的通知》，自 2018 年 7 月起逐月提高交存比例，至 2019 年 1 月实现客户备付金 100% 集中交存。在各方密切配合下，人民银行按计划圆满完成备付金集中存管工作。

其次，在 P2P 网络借贷方面。自从互联网金融行业在国内兴起，因早期 P2P 行业缺乏监管，国内的 P2P 迎来“野蛮生长”，全国各地出现了无数 P2P 公司，高达 5000 多家，但是这些公司的资质、资金管理水平、风险控制水平等参差不齐，甚至很多无牌无资质的小型现金贷平台，一些投资者被“高利息、高回报”蒙蔽损失惨重。因为缺乏监管、犯罪成本低，致使一些平台铤而走险，平台失联、卷款跑路的数不胜数。自从“E 租宝”案爆发以来，国家逐渐意识到 P2P 行业潜在的金融风险，2016 年开始，国家陆续出台监管措施开始整治 P2P 行业。近四年以来，国家正在逐步整治 P2P 行业，从规范到整治，从引导转型到全部出清，可以说到目前为止，随着整治不断深入，P2P 网贷行业风险持续得到缓释。

据最新数据显示，专项整治以来，全国累计有5000多家P2P网贷机构退出。截至2020年一季度末，全国实际在运营的P2P网贷机构139家，较2019年初下降86%；借贷余额下降75%；出借人数下降80%；借款人数下降62%。机构数量、借贷规模及参与人数连续21个月下降。与此同时，国内17省已完成“清零”任务。据统计，截至目前，湖南、山东、重庆、河南、云南、四川、河北、甘肃、山西、内蒙古、陕西、吉林、黑龙江、江西、湖北、安徽、江苏17个省份已宣布全部取缔对辖内网贷业务，其余各地网贷机构也在陆续退出中。

2018年以来，随着整治工作的深入，P2P网贷平台“爆雷”不断，包括“钱宝网”在内的一大批P2P网贷平台相继出现资金链断裂，无法按期兑付的情况，导致一大批投资者深陷非法集资陷阱血本无归。随着此类问题的不断升级，多家P2P网贷平台因非法集资与自设资金池被立案侦查。据不完全统计，2019年有400余家涉嫌非法集资犯罪的网贷平台立案侦查。而2020年以来，诸如微贷网、爱投资（北京）等一批头部平台也面临涉嫌非法吸收公众存款被立案侦查的现实。公安机关也陆续开展对涉案资产查封冻结，并全力追赃挽损的工作。P2P网贷平台退出可以防范风险，有利于保护投资者的损失。但与此同时，化解网贷平台的风险还存在着不少的挑战。

对于现阶段我国互联网金融环境来讲其所面临的风险主要涉及法律方面以及市场和信用的风险，此外还有操作方面以及技术层面等方面的风险。

一是互联网金融法律方面的风险。对于互联网金融来讲其所面临的法律方面的风险涉及了传统性金融方式所面临的法律风险。该方面的风险体现在资金融通的环节以及支付和投资、信息中介服务环节等方面，主体对象在业务办理的过程中不依据我国当前实施的法律法规进行相关义务的履行。如对P2P网贷来说，在其发展中我国并没有制定相关的法律法规来规范其发展，这也给其发展带来法律性风险。以致网络借贷的野蛮成长，导致近些年的大力整顿，事后规范，严重影响社会稳定和投资人的损失，后遗症不少。

二是互联网金融市场风险。尽管互联网金融与传统形式的金融行业有着一定程度的差异，然而其根基依然是实体金融资产，所以该类风险还是相对难以避免的。并且市场风险的根本要素在于信息方面的缺失以及透明度不高造成的风险，尽管现阶段互联网金融中一切的交易是以信息真实为依托的，在信息传递上具有相对较高的效率，但是对于该部分信息的真实程度以及有效性是不能够得到充分的保障的。信息的真实程度得不到有效保障的主要因素在于参与交易双方的身份是无法通过网络信息做到充分确认的。

三是互联网金融流动性风险。对于现阶段的金融行业来讲其流动性风险通常指的是商业银行在进行债务的偿还阶段具有清偿能力，然而在实际的清偿过程中不能够及时取得相应的资金，或者不能够通过合理成本及时取得相应的资金处理资产方面的增长问题，或者用来支付期限已到的债务方面的风险。对于互联网金融来讲，其主要是通过互联网技术承载了传统银行存贷方面的业务。

四是互联网金融信用风险。对于互联网金融行业的信用方面的风险来讲，其通常情况下指的是在合同规定的时期内，参与网络借贷的一方不能够在合同所约定的时期内进行相关债务偿还方面的风险。所以，以信息数据系统为基础的关于信用方面的分析以及风险评估能力，就有着相对较为重要的作用。对于传统形式的银行金融机构来讲，其征信系统相对完善，在进行贷款业务的办理过程中对于服务对象的审查有着相对较为严格的审核机制，但是对于互联网金融借贷来讲，其涉及的业务相对较为小额，并且借贷的期限相对较短，所以其在进行借贷业务办理过程中面临着比传统形式的金融机构更为困难的考验。

五是互联网金融技术风险。对于互联网金融来讲，其主要依托的互联网信息技术在进行金融业务的办理时，很容易受到互联网技术层面的影响，导致风险的出现。因为互联网金融业务的接口大多数采取的是与银行进行直接性的关联，在整个支付的流程中会对使用者的姓名、密码还有银行账号信息进行保留，部分不法分子极有可能利用互联网系统的漏洞将客户的相关数据信息盗取，以此对被盗取信息客户的资金进行盗用。此外，办理金融业务的客户端以及第三方支付平台、银行之前在进行数据交流的过程中，不法分子会采取对数据流篡改的形式，从而获得不正当的利益，并且数据也会出现处理结果不准确的情况。

11.4.7　当前的金融状况

在当前公共卫生事件的影响下，金融行业会受到一定影响，因此国家出台了多项政策支持实体经济发展和维持金融业的良性发展。数据显示，2020 年上半年末，广义货币（M2）余额 213.49 万亿元，同比增长 11.1%，连续 4 个月保持两位数增速；上半年社会融资规模增量累计为 20.83 万亿元，比上年同期多 6.22 万亿元；上半年人民币贷款增加 12.09 万亿元，同比增加 2.42 万亿元。上半年金融对实体经济支持力度比较大，而且在持续加大，具体表现是总量指标广义货币供应量和社会融资规模增速明显高于2019年，全社会流动性合理充裕。而金融支持实体的结构也在持续优化。据央行数据显示，截至2020年5月末，普惠小微贷款余额12.9万亿元，同比增长了25.4%，增速高于人民币各项贷款的增速12.2个百分点。制造业中长期贷款余额为4.28万亿元，同比增长19.6%，增速创2011年2月以来新高。与此同时，商业银行对房地产行业新增贷款占各项贷款增量的比例在2020年1至5月已经降到25%。我国金融政策是要更大力度地让利于实体经济，加大薄弱领域金融支持力度。对小微企业的金融服务要“增量、扩面、提质、降本”。同时积极服务重点领域和重大项目。引导资金更多投向制造业、基础设施等重点领域。央行将继续实施稳健的货币政策，统筹推进疫情防控和经济发展、社会发展的各项工作，保持流动性合理充裕，扎实做好“六稳”工作，全面落实好“六保”任务。新冠疫情对金融业的影响主要体现在以下几个方面：

一是对银行业的冲击主要是间接影响、整体可控。根据我国过去的经验，预计当前的公共卫生事件在短期内将对银行信贷需求产生暂时性冲击，对疫情严重地区影响偏大。在对公信贷方面，主要影响批发零售、住宿餐饮、物流运输、文化旅游等行业。在零售信贷方面，短期对住房按揭信贷的增长有影响，同时以信用卡为代表的消费信贷需求可能因此减弱，但从中长期来看，零售信贷仍然具有广阔的增长空间。区域信贷需求方面，湖北等地区金融机构的金融活动受到较大影响，上半年湖北地区存贷款增长减缓。但此次事件或将对银行一般存款增长带来一定冲击，并带来银行中间业务收入短期明显减少。此次事件对银行业资产质量的影响预计总体有限，但短期内，需要特别关注抗风险能力较弱的小微企业和个人经营性贷款。

二是当前的公共卫生事件对非银行业金融机构存在一定影响，但也存在机遇。一方面，保险、证券、资管等行业经营环境都出现边际恶化态势，如保险、证券等行业线下营销、展业等活动短期受到抑制。随着国内实体经济下行压力加大和中小企业经营形势有所恶化，非银行业资产端可能面临较大的资产减值压力。另一方面，此次事件增强了公众对健康风险的保障意识，寿险业务，特别是健康险业务或将迅速增长。

三是对金融市场会产生短期冲击，但中长期还是取决于经济基本面。对股市而言，此次事件短期会通过影响市场参与者预期、经济基本面等多种方式对市场运行带来负面冲击，中长期市场将迎来修复上扬行情。对债市而言，近期利率债收益率快速下行，绝大多数悲观预期已经迅速在价格当中得到相对充分的反映，此后利率走势将随着事件的发展而变化。从中长期来看，人们的恐慌情绪缓解之后，债市走势将取决于基本面等因素。

四是为对抗疫情的冲击，国家出台多项货币和财政政策。货币政策上，国内上半年三次降准，全面降准与定向降准结合，释放大量流动性，引导市场利率下行，降低企业融资成本。同时针对小微企业出台贷款延期支持工具和信用贷款支持计划两项直达实体经济的货币政策工具，解决小微企业融资难问题。财政政策上政府也更加积极主动，为对抗疫情新增减税降费近 5000 亿元、新增专项债券超 2 万亿元，专项债发行明显提速扩容。货币政策与财政政策双重发力下，经济有望继续平稳回升。

第 12 章　我国区域金融风险的防范和化解对策

12.1　引言

当前，我国虽然没有发生系统性金融风险的可能，但地方金融风险已有局部显露，一旦处理不善就会引起地方金融危机，甚至蔓延至全国，产生系统性金融风险。有效防范和化解地方金融风险是我国各级政府和监管机构必须面对的现实问题，也是党中央重点关注的问题。根据上述对国内外经济形势的分析，以及对产生风险因素的分析和对风险传导机制的认识，为有效防范和化解区域金融风险，我们认为，金融风险的预防和化解应该是整个金融体系一起开展防范才能进行有效的预防。我国目前金融体系包含制定政策的中央政府和地方部门，负责制定金融政策和监管金融体系的“一行二会”，负责地方金融监管的地方金融监管局，负责金融操作的金融机构、地方金融机构和金融中介，以及金融服务需求的各行业企业、投资者、政府平台公司，这些部门均是参与区域金融风险防范和化解的主体，需要重点关注和协同作战。防范和化解金融风险我们要从金融环境、金融监管的宏观层面、金融机构和地方金融的微观层面以及企业和政府平台层面全面防范和化解。金融监管和政府融资平台债务风险以及房地产金融风险已在第 6 章、第 7 章和第 8 章作了详细论述，本章就宏观层面、支持中小企业发展以及金融机构、影子银行以及其他风险防范给出对策建议。

12.2　宏观层面的区域金融风险防范和化解对策

12.2.1　加快金融改革和政策协调，促进金融业的发展

一是加快金融改革，促进金融业发展。在现代经济运行和发展中，金融资源配置的取向、格局和方式直接引导和制约着其他经济资源的流向、流速、布局和效率。我国金融改革滞后，国有金融机构经营管理水平有待提高，金融结构不合理，间接融资比例过高；资本市场发展不平衡，存在结构性分割及效率低下等问题，尤其是以当前我国这种以银行信用为基础、以存贷款为主体的金融体系缺陷暴露得更加突出，不仅引致了经济和金融运行中的一系列矛盾和弊端，而且给经济社会的健康可持续发展留下了一系列严重的隐患。金融体系改革需要正确处理好货币政策调控、金融监管与充分发挥金融市场在配置金融资源方面决定性作用之间的关系，凡是市场机制能够发挥作用并且能够解决的问题，应交给金融市场去解决，不应由货币政策和金融监管代劳，以改变政府部门越位、缺位和错位等问题。中国的金融体系改革，要发挥资本市场在配置金融资源方面的决定性作用，必须改变以银行信用为基础、以存贷款为主体的间接金融架构，建立以“直接金融为主、间接金融为辅”的现代金融体系。

要推进体制改革和金融监管转型，形成有效的市场风险约束机制，强化预期引导，加快建立存款保险制度和有序打破“刚性兑付”。要建立和完善信息披露机制、退出机制、存款保险制度等一系列市场化风险约束机制。存款保险制度，可以为推行利率市场化和银行业退出机制的建立与实施提供重要制度基础，不仅能有效保障存款人的利益，增强存款人对金融安全的信心，还能避免银行风险扩散和转嫁到政府财政领域。对于非银行金融机构，则需要通过有序打破“刚性兑付”的手段给予投资人警示，使其逐步建立正确的风险观，正确应对投资风险。

二是加强政策协调，促进金融业发展。国家对金融业的政策支持主要体现在货币政策、税收政策、财政政策以及产业政策四个方面。财政、税收政策方面，政府还需继续支持中小微企业、“三农”企业的发展；应当再进一步减免税收，

扩大优惠范围，提高出口退税、降低企业、个人所得税等；货币政策上，应保持汇率的稳定，使之抵消部分因客观环境恶化而产生的出口增长被动回落的风险；要保证企业资金需求，指导金融机构支持实业企业；政府应帮助金融企业做好产业规划，从整个社会层面优化资源配置。同时，各个政策之间应相互配合，综合作用，更能发挥控制金融风险的作用，实现资源配置的最优化。

12.2.2 构建符合新环境要求的金融监管新制度

在我国经济进入新常态的发展进程中，金融已经深入到各行各业，进入到每个家庭、每个个人。面对现代的金融新常态，我们需要构建符合当前环境的防范和化解区域金融风险的监管新制度，需要改变传统的金融风险防范机制。当前金融体系面临的主要风险之一就是部分金融活动游离于体制外而监管不到位。体制外金融过快发展的一个重要原因是监管体制的过度管制。因此，必须通过改革实现监管转型，防止监管真空和监管套利，对跨市场、交叉性的产品要加强协调和改革，逐步建立“混业经营、统一监管”的金融监管体制。监管转型，重在构建市场化的风险约束机制。

一是更新金融防范理念和方式。首先，要更新金融风险防范理念。由原来的限制金融行业的合并到鼓励各金融公司的联合，由限制金融行业经营业务转向鼓励各金融行业之间的良性竞争，使其在合作中竞争，在竞争中不断发展。其次，要改进金融风险防范方式。在当前信息化时代，经济和金融状态的不确定性增大，金融风险在时刻在变化，我们需要时刻关注其变化，密切关注其发展，加强防范和了解金融机构的风险性。虽然金融的风险具有其本身的不确定性，但是只要根据要求制定符合要求的金融机构监管制度，就可以很好地规避风险，保证金融系统高效运作。

二是创新金融风险防范机制。要使新型的金融风险防范适用于现阶段我国金融公司的发展要求，需要全社会的共同努力，方可达到理想境界。要研究和比较世界上众多发达国家金融管理制度，总结经验教训，取其精华，去其糟粕，逐步建立起一种创新型适应现代金融发展要求的风险防范机制，防止风险跨地区传递。

三是完善地方金融监管体制。对于区域金融风险防范，需要完善地方金融管理体制；应以提高区域金融监管效能、促进金融发展、防范金融风险为基本原则，并力求在促进地方金融发展与防范金融风险之间实现合理的均衡。为切实做到合理的平衡，需要完善这些方面的工作：一是合理统筹中央与地方监管目标差异。要求跳出短期利益格局来正确处理金融发展与风险防范关系，在维护地方金融稳定的前提下，始终兼顾控制风险与鼓励发展的双重目标。中央与地方都应秉承适度管理理念，正确对待地方金融监管与金融创新关系，给基层创新留下空间，在金融监管与金融创新之间形成良性动态循环发展的路径。二是强化监管协作机制。中央与地方合理划分监管边界，明确分工，避免重复监督或监管真空。三是强化风险处置责任。健全金融消费者保护机制，逐步建立责任主体清晰、可操作性强的风险处置机制和处置程序。

四是完善我国金融监管法律制度体系。首先，完善金融法律法规体系，在金融风险监控的空白领域中实现法律法规的全方位规范，尤为重要的是尽快建立金融机构市场退出的破产制度，降低金融机构破产过程中不必要的损失。在法律法规层面还需建立对违规者的追究机制，规定具体的归责原则、责任承担制度，建立对高风险金融机构的判断和救助体系，依法规范金融行为。其次，推进地方金融管理立法，确保地方金融管理具备合法基础。当前，地方金融管理部门履职依据基本是中央文件或省级政府规定，法律效力层级不高。应积极推进相关立法，通过立法保障制度成果，提升管理效力。最后，要发挥地方司法部门保驾护航作用。严惩金融犯罪，制裁违法、违规经营活动，保障金融业的健康发展都离不开司法部门的保驾护航。司法机关特别是人民法院要树立全局观念，充分发挥司法职能作用。与有关部门紧密配合，共同担负起维护金融秩序，防范和化解金融风险的责任。严厉打击金融领域内的犯罪活动。公正、合法、及时审理金融领域中发生的经济纠纷案件。

12.2.3　构建良好经济运行环境，有效防范区域金融风险的发生

当前我国金融领域面临的风险，一些是金融体系自身发展不完善、监管机制不健全导致的，另一些则是实体经济风险在金融领域的反映，二者往往是交织在一起的。因此，防范和化解金融风险，要从金融体系和实体经济两方面入手，既要加快金融体制改革和金融监管转型，又要巩固实体经济的坚实基础，多管齐下，标本兼治。

一是大力发展实体经济，减少金融泡沫。在泡沫横生的时代，规避金融风险

最有效的方法就是发展实体经济，改变目前金融资产增长远高于实体经济增长的不利局面。发展经济最根本的就是加强实业经济，尤其是加工制造业。实业经济能有效地将资源配置给不同层次的市场，创业板、科创板、新三板以及注册制就是我国探索金融发展之路的有力措施。只有以上市公司的价值增长和发债公司的价值增长为投资目标的市场，才是金融证券市场的基础，也是金融证券市场发展的基础。培育优质上市公司和发债公司，使公司业绩不断增长，做实做强做大基础“标的”市场，才能减少金融泡沫。要鼓励一定程度上的金融创新，最好是将实体经济与金融创新有机结合起来，在生产要素、经营要素、销售要素等各个方面实现创新型发展。为了降低风险，在大规模推出新的金融产品、金融服务前需进行严格调查、准确论证。

二是发挥市场配置作用，减少政府对经济的干预。政府应避免对区域经济发展进行过多干预，以减少因政府行为不当而引发金融风险的可能。而更多地通过运用市场规则进行公平、公正的裁判，保证银企双方成为独立经营的市场主体，疏导产品、货币流通与信用活动规范地运行。这能从政府层面最大限度减少发生区域金融风险的可能性。

三是加强区域内金融机构合作，营造良好的区域经济环境。首先，应建立信息共享机制。帮助和促进区域内部信息共享机制的建立，充分发挥不同金融机构的各自优势，促进区域经济发展。其次，加强相互监督制约机制。各金融机构应严于律己，自觉接受检查监督，对破坏金融秩序影响金融稳定的机构要予以制止、检举。否则金融机构各自为了自身利益，争先起诉企业，产生“囚徒效应”，使得企业大面积破产，这必然会使整个区域的稳定与经济发展受到严重的伤害。因此，相互制约、加强监督、守法经营是各方利益的共同保证。

12.3 改善中小企业金融服务，防范区域金融风险扩大

当前我国中小企业占企业总数的90%以上，金融风险的发生自然主要来自中小企业，由于其企业规模小、抗风险能力弱、管理不规范、抵押物不足等诸多

原因，必然导致其融资难和融资贵，从而其经营成本高、资金链更紧张，在经济下行背景下其破产概率高。虽然船小好掉头，但隔行如隔山，转行成本和转行条件也较高，对于一些企业不转等死，转不好找死的现象明显，如何改善中小企业的金融服务和转型服务将是防范金融风险的重要内容之一。

12.3.1　夯实促进中小企业发展的制度基础，改善中小企业贷款困境

国务院颁布了《中华人民共和国中小企业促进法》，人民银行也专门印发了《关于进一步加强对有市场、有效益、有信用中小企业信贷支持的指导意见》，要求商业银行在坚持信贷原则的前提下，加大对中小企业支持力度，制定适合中小企业的信贷评估审查制度，允许商业银行试办中小企业专利权质押贷款业务等。一些银行也对此做出呼应，配合各地政策，出台向中、小企业贷款倾斜的政策，改善中小企业贷款困难现状。但这些还无法从本质上改善中小企业获得贷款的自身要素，中央和地方政府要从创业扶持、资金支持、创新推动、市场开拓、服务保障、权益保护等方面，努力优化中小企业发展环境，并重点扶持“战略专一化、研发精深化、产品特色化、业态新型化”的中小企业，推动战略性新兴产业和新型业态发展以及传统产业转型提升。需要出台解决中小企业发展基础的财政倾斜、税收优惠、科技支持、管理提升等全面支持，改善其发展环境。

12.3.2　积极支持中小金融机构发展，改善中小企业融资现状

在本地区政府和银行管理机构应在机构拓展上实施市场准入差别化政策，积极推动银行体系对中小企业倾斜投入，支持各家银行设立小企业金融服务特色分支机构和专营部门，鼓励设立专营微小企业金融机构，包括村镇银行、民营银行、小贷公司等。在贷款结构上给予各银行中小企业贷款比重规模，并实行规模单列、单独统计考核、配备专项激励费用；在产品开发上从信用担保、供应链金融、科技金融等多个方向给予支持，开发无抵押、无担保、利率低于市场平均水平的适合中小企业特点的贷款产品。

12.3.3　加大政府层面对中小企业融资担保、中介服务等方面的配套扶持，为中小企业融资增信

首先，地方政府要发挥政府财政的“后援”作用，拿出一定总量的专项资

金，分别用于成立政府独资或控股的中小企业担保公司，以及促进商业性融资担保机构加快发展，安排信贷风险补偿金以及引导商业银行通过开展“投贷”“投保”联动机制，[①] 加大对中小企业的倾斜力度；其次，政府应投入资金建立中小企业服务网络和设立“中小企业融资市场”，为辖区内所有中小企业提供银行贷款、PE 投资等各类融资服务，解决银行和中小企业的信息不对称问题。同时，还向企业提供财务、法律、会计、人力资源服务，帮助中小企业规范财会制度、改善经营管理。

12.3.4 鼓励企业自身通过多层次资本体系解决资金问题，减少间接融资比例

鼓励企业自身通过多层次资本市场体系解决资金问题，促进中小企业通过股权融资、中小企业集合债券、集合票据等多种融资工具融资，地方政府应积极推进地区股权托管交易中心发展，积极推动符合条件的非上市企业进入代办股份转让系统进行股份转让。各级地方政府应该创造性地提出实施中小企业创业投资引导基金方案。由政府建立引导基金，通过参股的方式与社会资金主体共同发起设立创业投资企业，投资于符合当地城市功能定位和相关产业政策、产业投资导向的创业期科技型、创新型中小企业，促进解决中小企业融资难题。加大力度发展直接融资，将有利于优化金融资源配置，分散金融体系的风险，提高金融体系对国民经济的服务效率。

12.3.5 出资成立中小企业纾困基金，帮助中小企业渡过融资难关

当前，中小企业不仅仅是融资难，还贷也难。它们一直是困扰企业发展的重要因素。当企业费尽周折跨过融资难这道坎，从银行融到资金后，又将面临还贷难的问题。企业在银行的贷款到期时必须先还后贷，而此时往往因生产、经营、资金周转等原因，企业一时缺乏足额的还贷资金。如果依靠自身能力还贷，只有限产限购，压缩周转资金，生产和经营势必受到很大影响。迫不得已，企业往往只好在资金市场以高息短期拆借资金来周转一下，还掉老贷款，再贷出新贷款，

① “投贷联动”是指政府通过创业投资与商业银行联合，依托这一平台，引导银行信贷投向的运作机制。“投保联动”是指政府通过创业投资与融资担保机构联合，依托这一平台，引导融资担保和银行信贷投向的运作机制。

然后归还临时拆借的资金，此流程即“过桥还贷”。过桥还贷资金的筹集难度较大，费用也很高，造成企业的融资成本加大，负担过重，影响了企业的健康发展。而且，企业之间的资金拆借行为也有违国家金融政策。对此应当引起政府的重视。发挥省市政府引导的作用，由财政先期筹集资金，设立“中小企业纾困基金”，同时制定相关中小企业纾困基金管理使用暂行办法。为资金周转暂时出现困难的中小企业按时还贷续贷提供临时性周转借款，解决了企业的燃眉之急。政府和财政部门筹集设立专项过桥资金，不仅直接减轻了企业的负担，解决了企业还贷难的问题，对非法变相集资放贷和高息拆借行为也能起到遏制作用。非法变相集资放贷和高息拆借行为影响和扰乱金融市场，潜藏着对社会造成极大危害的不安定隐患和风险，企业直接使用政府提供的过桥资金，可以有效防范、化解因非法变相集资放贷造成的社会不安定因素。其次设立中小企业风险补偿资金，对金融机构贷款给中小企业所产生的贷款损失给予补偿，引导金融机构增加中小企业贷款。

12.4　金融机构的风险防范和化解对策

12.4.1　完善金融机构经营管理机制，提升金融系统免疫力

一是建立资产盈利机制，确保资产的安全性。金融系统应建立起金融资产保值增值和盈利机制，即从注重信贷资产的发放转移到以信贷资产的流动性、安全性和盈利性的统筹兼顾，运用资产、负债、成本和收益之间的关系以及风险程度不同的资产之间的合理配比，尽可能用较低的成本取得更佳的收益。

二是完善内部监控机制，防范道德风险。内部监控是尽早发现、校正违规经营的首道防线。通过检查、审计和督导待内部监控措施发现问题，并及时反馈，能减少决策层工作的盲目性，使其工作更具有针对性，通过违规违法经营的迅速纠正，将可能发生的问题消灭在萌芽状态，从而保证金融系统的安全和健康，这对于防范区域金融风险意义重大。

三是构建科学的内部评价机制，保障金融机构有序发展。构建一个科学而又

符合实际的内部评价机制，是完善金融风险防范的重要内容，也能使我国体系改革和协调成本减小，在改革过程中遇到的阻力也相对减小。要建立内部评估机制，评估行业风险、产品风险、操作风险；正确处理业务发展和防范风险的关系，要平衡激励和惩处的关系，不应盲目加大业绩指标，导致基层为完成考核指标，而降低风险要求；当前金融机构所发生的金融案件和增加不良贷款，部分原因是基层高管和员工为了完成上级下达的任务，而放低门槛、与企业合谋，甚至编制假材料发放贷款。

12.4.2 正确处理商业银行内控与发展关系，实现可持续发展

一是要处理好内部控制与外部监管的关系。在强化银行内控制度建设的同时，要充分发挥外部监督功能。人民银行和银监会可以从整个银行业所面临的风险来指导各商业银行进一步强化内部风险控制，并及时发现属于整个行业可能发生的潜在风险，避免金融风险的进一步扩大。通过外部审计机构对银行业的审计，可以发现一些银行内部审计、检查所不能发现或忽视的问题，从而更好地规范经营。因此，银行内部审计要与外部审计有机结合，形成信息共享共同监管的机制。

二是要处理好内部控制与业务发展的关系。要在业务发展中加强内控，在内控中促进业务发展。在业务发展的过程中要保证内控措施的落实，使“内控优先”的理念能够贯彻到业务经营的各个层面。正确理解内控制度建设在商业银行业务发展中的基础性地位，辩证看待内控与发展的关系，确立科学的内控管理理念。内控制度建设要根据业务发展，及时制订涵盖商业银行各个部门、各项业务、各种产品的全方位的统一内部控制管理要点，推行涵盖事前监测、事中管理、事后处置的全过程控制管理方式，并及时进行完善和更新。要本着先规范后发展的原则，确保在业务发展的同时，风险控制措施配套落实，决不能一味地强调业务发展而放松甚至放弃了内部控制。与此同时，在处理业务发展过程中的各种矛盾时，要以低风险或零风险作为出发点和立足点，充分进行可行性论证，坚持管理过程中的相互制约，强调决策行为的科学性，在风险可控的前提下，实现业务经营的健康发展，走出“一管就死，一放就乱”的怪圈。

三是要处理好内部控制与对外服务的关系。服务是银行业永恒的主题，加强银行内控建设须处理好与对外服务的关系。从本质上讲，银行的内控建设与对外

服务是相辅相成的，不存在对立的关系。银行与客户的关系要建立在和谐、双赢的基础上。如将相关服务条款融入到内控建设体系中，形成规范的服务标准，则会带来内控和服务双赢的局面。反之，那种一味迁就客户、无条件允诺客户的行为，不但会对银行内控制度的建设带来负面影响，而且会扰乱金融秩序。鉴于当前银行业激烈的竞争态势，银行的对外服务主要体现在品牌和产品上，服务品牌的创建对人的素质有很高的要求，需要从制度上加以保证：而加强以理财为主要营销手段的增值服务，则更需要内控制度的保障。理财产品电子化程度较高，品种较新，如果相应的内控措施不能跟上，则易形成新的风险点，影响银行的整体形象。在内控建设和对外服务上要做到用爱心服务客户，用制度控制风险。

四是要处理好内部控制与改革发展的关系。强化内控管理是银行稳健经营和可持续发展的基础。改革是对不适合生产力发展的生产关系进行调整的过程，是保证生产力发展的必然要求。内控制度的建立和完善过程也是银行业改革的一个组成部分，同时强化内控管理也是保护改革发展成果的必要措施。在处理内控建设与改革发展的关系上，既不能用旧的内控制度来约束新的发展趋势，也不能以改革的名义放弃内控管理。当改革发展与现行内控制度发生矛盾的时候，要以法律为准绳，在充分确认风险可控的前提下进行操作，同时要及时修订完善相关的内控制度来适应改革形势的发展。

12.4.3　改革地方金融机构管理机制，提升地方金融机构经营能力

一是要转变目前地方金融机构的管理方式，避免对地方金融机构采取财政性存款或补贴等“诱导性”干预以及滥用行政权力的直接干预。

二是要进一步理顺地方政府与地方金融机构投资关系。当前，我国大多数地方性金融机构由地方财政部门直接投入资金，属于国有或国有控股性质。各级财政部门可以借鉴国外经验，以主要投资者的身份，向国有及国有控股金融机构派出股东代表或董事，参与金融企业的管理，在股东大会或董事会等公司治理机构中充分发挥作用。通过现代企业公司治理结构的要求，适时适度参与国有及国有控股金融机构的管理，以维护金融国有资本的安全和完整，实现金融国有资产的保值增值。

三是要探索逐步引导社会审计机构参与监管。在我国，由于监管力量有限，目前还无法做到对所有监管对象进行全面审计和检查，导致监管漏洞依然存在。

地方政府可探索在加强管理、提高信用的前提下，将社会审计力量分阶段、有步骤地引入金融审计领域，把社会审计机构的参与作为加强对金融监管的有益补充，提高监管效率。加强地方金融机构人才管理，积极引进高素质金融管理人才，并采取挂职交流等多种方式加强人才培养，提升管理人员综合素质。

12.4.4 加强风险地区的金融机构管理，防范金融风险扩大

目前由于经济下滑，已出现地区或行业金融风险苗头，如钢铁、水泥、电解铝、焦炭、船舶、光伏、工程机械等产能过剩行业以及房地产行业等，已出现相关企业违约和老板跑路现象。为化解风险，首先，金融机构应及时对已出现风险行业和地区及时排查各类隐患，建立规范的金融中介机构信息披露机制，及时披露并制止金融机构经营中存在的高风险行为。其次，要建立不良资产的处置机制，及时处置已产生的不良贷款，防范金融资产的损失扩大。再次，要构建市场化的风险“熔断”机制，避免金融风险传染和扩散，妥善处理非系统风险，实现对潜在风险的“缓释”。对于特定领域和地区的非系统风险要定点爆破，避免风险在该领域的过度积累。

12.5 影子银行的风险防范和化解

影子银行风险是区域金融的主要风险点之一，而影子银行风险主要集中在民营金融领域。由于不受监管或监管较少，影子银行运作不规范、缺乏透明度等问题给金融体系平稳运行带来巨大的潜在风险。中国社会科学院金融研究所的一项研究指出，中国影子银行规模已经超过了 GDP 的 40%。影子银行应筹资者和投资者们的多样化需求而产生，依托现代信息业而发展，通过金融创新有效提高了金融效率，发挥着类似于商业银行的期限转换、流动性转换、信用转换等基本功能，在一定程度上满足了实体经济迫切的投融资需求。在信贷持续收紧的背景下，房地产企业、产能过剩行业和部分地方政府融资平台转向从影子银行体系融资，这使得各领域的运行风险向影子银行体系过度集中，影子银行面临的风险不断上升。此外，影子银行的资金链涉及银行，其风险将有可能辐射到正规金融系

统。因而影子银行的风险防范和化解也是区域金融风险防范的重点。

12.5.1　明确影子银行管理主体，加大影子银行管理力度

一是地方政府要真正树立起科学合理的金融发展观，明确地方金融管理的行为边界，有所为有所不为。将地方金融管理工作的重点从争取资金投入转为协调和服务，以市场化的金融资源配置为主导，不干预金融机构的具体业务操作，依据地区实际情况和经济发展规律制定本地区的金融业发展规划，着力加强地方金融生态和信用环境建设，为地方金融体系整体功能的发挥创造良好的外部条件。

二是坚持发挥中央金融管理部门对地方金融工作的指导、协调和督促作用，同时注重引导、调动和发挥好地方政府的作用。强化地方政府的金融监管意识和责任，进一步明确地方政府对小额贷款公司、融资性担保公司、典当行等具有融资功能的非金融机构（“影子银行”）的管理职责。强化地方政府的风险处置责任，有效打击高利贷、非法集资、地下钱庄、非法证券等违法金融活动。大力改善地方金融生态环境，减少行政干预，促进经济和金融健康发展。

三是健全地方金融管理制度。针对地方金融快速发展的局面，首先，国家应出台地方金融管理的指导意见，明确各地或各区域发展重点，加强对地方金融发展的引导，防止出现一哄而上的局面，促进地方金融机构可持续健康发展。其次，完善地方金融机构管理的相关配套法律法规，研究制定统一、规范的业务流程和操作标准，加强对地方准金融机构和其他机构的管理，规范地方金融机构发展。

四是完善以地方政府为主导的民营金融管理工作机制。因掌握的资源较多，由地方政府主导地方金融发展具有得天独厚的优势。但由于地方金融管理涉及部门较多，地方政府应加强与相关部门的沟通协调，建立以地方政府为主，“一行两会”、工商、税务等多部门参与的监督管理机制，加强相互间的协调和合作，防止出现监管真空。

12.5.2　完善民间借贷立法条例，建立民间金融监控体系

一是建议立法对非法集资的高利贷放贷方给予当处罚。目前，对于非法集资活动的借款方，即非法集资活动的实施主体，法律明确规定予以打击和惩处。而作为非法集资活动的放贷方，即投资者和参与者，法律则没有明确规定予以禁

止。因此建议全国人大立法坚决禁止和打击非法高利放贷行为（典当行等法律允许的特殊行业除外），让非法高利放贷收益得不到法律的有效保护，这样既可以减少非法集资案件的发生，也可以从根本上消除因非法集资形成的社会稳定问题。

二是统一执法标准，协调解决争议。针对跨区域，特别是跨省非法集资案件等问题，建议公安部、最高人民法院、最高人民检察院制定具体规则，对案件管辖、资产处置等予以明确。特别是将具体司法活动中如何理解认定公开宣传和向社会不特定对象吸收资金等容易引起歧义的关键问题作出解释，有效解决地方对非法集资活动认识不统一、打击不力等问题。

三是加强对融资性担保公司、典当、小额贷款公司、投资公司、理财咨询公司、P2P 平台等市场主体融资交易的调研和监控，避免金融风险的链条传递和行业传染。加强与金融监管部门的协调配合，建立金融风险防范协同联动机制。

12.5.3 建立地方金融风险防范制度

为防范地方金融带来的区域金融风险的扩散，应健全多项地方金融风险防范制度。

一是建立地方金融风险基金制度。建立以防范地方金融破产保护为根本目的的地方金融风险基金制度，提高公众信心，防范系统性金融危机，维护金融体系稳定。

二是建立贷款担保风险分散制度。鼓励支持和规范民间担保公司的建立与发展，继续完善民营中小企业信用担保和再担保体系。

三是建立破产清算制度。建立破产清算制度，防范企业逃废银行债务风险，保障地方金融作为债权人的利益。我国的破产法仅适用于具有法人资格的企业，我国目前存在的大量的私营企业、个人合伙企业、个体工商户都不是法人企业，不能作为法人申请破产，只能适用民事诉讼程序。

四是建立地方金融市场准入制度和信用评估制度。金融业是一个高风险行业，因对地方金融，包括现在的互联网金融，应建立市场准入门槛和信用评估机制，促进地方金融机构注意维护自身信誉，不断提高自身信用等级，维护地方金融稳定。

五是建立地方金融机构信息披露制度。为促进地方金融遵纪守法、合规经营，应多措并举提高地方金融信息披露，提高其金融服务水平。要提高地方金融监管水平，加强对地方金融机构信贷资金用途的动态监测管理。

12.5.4　加强地方金融信用建设

加强信用建设，树立规则和信用意识，改善中小民营企业的融资条件、民间金融的生存土壤。加快征信体系建设，以降低道德风险，建立有效的中介机构体系培育有信誉的品牌中介机构，加快征信立法和制定社会信用信息法，为各种社会征信机构开展企业和个人信用信息收集、保存、评级等方面提供法律依据。降低中小企业和个人贷款的道德风险，从而降低银行贷款的违约率。建议建立一个由中央银行牵头由各金融机构参与并联合工商管理、消费者协会、税务、保险、不动产管理等部门组成的征信体系，建立包括企业法人、个体工商户、私营企业、合伙制企业、自然人在内的信用数据库，随时向客户提供有不良信用记录的黑名单，以保证金融交易中有关当事人的利益，包括存款人、贷款人、存款保险机构、信用担保机构、金融机构本身的利益。就民间金融的信用建设而言，应尽快建立中小企业信用管理体系，将中小企业的公共信用记录，如纳税、债务、资质等信息完整保存下来，作为金融机构发放贷款的依据。

12.5.5　培育多层次直接融资市场，给予民间投融资多渠道出口

通过扩大企业债券发行、中小企业上市、开展股权交易等各种方式拓宽直接融资渠道，把更多的中小企业引入合法融资渠道，鼓励金融创新，推进商业票据短期融资、债券金融、衍生产品的发展，加强创业板市场的建设和完善发展场外交易市场、柜台市场和无形市场。更多引入境内外的风险投资机构，修改公司法，认定民营企业发行公司债券的资格，适当降低发债公司净资产额的限额，规定根据企业的注册资本净资产、经营状况、现有规模等综合指标来确定企业的发债规模，发展投资基金和信托基金，引导民间资本投入基础设施建设、公益事业或其他生产等领域。

12.6 其他风险化解建议

对当前已经发生的金融风险应加大力度及时化解，提高存量资产运营效率，促进经济发展。

12.6.1 建立省级不良贷款信息汇总和报告制度，及时分析和化解风险隐患

要防范和化解金融风险，政府要及时、全面了解金融业信贷资产状况，特别是对于处于不良边缘的资产特点、行业特征以及有关集群性情况，要重点关注可能产生连锁反应的金融风险；要认真分析哪些小企业的问题可能影响到哪些大企业？分析哪些大企业、龙头企业出现问题可能影响哪些小企业；针对已经产生的风险问题，要分门别类研究，提出如何拆解担保链，防范金融风险传导；对确有生产能力且经营正常的企业，仅仅因为过去互保问题，应敦促银行和企业协商解除互保关系，尽可能争取获得各家银行总行、法律及外部监管部门的支持，以此防止事态的扩散。

12.6.2 建立并购基金，支持龙头企业兼并收购不良企业，低成本盘活存量资产，提高经济效益

要通过兼并收购解决龙头企业主业失败而导致的上下游企业出现经营困难的问题，考虑建立兼并收购基金，支持大企业并购，支持龙头企业以稳住上下游产业链企业的销售、原材料采购和资金借贷等渠道。通过政府主持协调、支持让利，防范企业经营继续恶化，陷入泥潭；通过政府进行资产托管，清理债务，派出团队，确保企业正常经营不破产，争取时间，寻找并购买家，充分利用原有企业的有效资产，逐步改变经营困难局面。

12.6.3 全面分析省内产能过剩行业，成立产业投资基金，帮助企业转型，促进各地区产业结构调整

针对各省部分产能过剩行业企业，应分门别类对待处理，通过产业投资基金

完成以下建议：

针对优质企业支持其并购其他企业、吸纳产能；针对设备落后企业，鼓励引入资金，完成技改转产；针对前景暗淡无市场和污染企业，采取关停措施；针对有生产能力企业，政府要积极引导和支持，适当给予暂时困难产业或值得发展产业补助，鼓励产能输出，去国外建设产业园等。

12.6.4 建立政府债务转让平台和不良资产处置中心，及时处理借贷纠纷和盘活不良资产，化解金融风险

清理规范民间借贷，针对民间融资管理要先立法，再建立起登记制度和交易平台；对出现的民间借贷纠纷，政府要建立债务转让平台，促进民间借贷纠纷阳光化，债转股或分年还款，防止高利贷逼死企业；严厉打击中间资金客，追回资金，保护弱势群体的利益。针对不良资产和企业应增加打包、重组、重整等重要处置办法分析；以发展、创新来促不良资产化解，在化解中可借助资本市场手段和银行间市场工具等切实解决实际问题。

12.6.5 借我国资本市场改革之力，完善地方股权交易中心各项功能，拓展企业融资之路，解困融资之难

当前我国在大力推进多层次资本市场建设，新三板和区域股权交易中心建设速度加快，各省应积极发展区域股权交易中心，完善区域股权交易中心的功能，借鉴成功地区经验，不断促进企业转变债券融资为股权融资，降低企业财务成本，提高企业资本实力，解决企业融资难问题，促进经济发展。同时借力我国资产证券化力度提升，充分应用资本市场，改短期借贷为长期借贷，降低企业还款压力，提供企业长期资本，实现企业变革，提升经营和管理能力，实现企业升级，化解产能过剩，走出企业困境，化解企业风险。

第 13 章　区域金融风险防范和化解案例

13.1　引言

当前我国中小金融机构整体经营稳健、风险可控，但也有个别机构由于前期积累问题较多，风险正在加速暴露。据央行发布的《中国金融稳定报告（2019）》，截至 2018 年末，央行金融机构评级涉及 4379 家银行业金融机构，其中高风险机构为 586 家，占比 13.4%，主要集中为农村中小金融机构。我国存款保险制度建立不久，市场化、法治化风险处置机制还不够完善，研究高风险银行风险处置的有效机制，确保其恢复正常经营或顺畅退出市场，是打好防范化解重大金融风险攻坚战的必要举措，对于最大限度地保护存款人利益和稳定金融市场秩序具有重要意义。

本章从案例分析地区担保链风险状况出发，分析资金链断裂的原因及影响以及担保链的传染机制及发展趋势，梳理在处置和化解企业信贷担保链风险的实践与创新做法，并总结出区域性金融风险防范和化解的建议。

13.2 案例一：钢贸信贷危机成因分析

13.2.1 案例背景

随着我国改革开放的不断深入，我国经济持续高速发展三十年，在高速发展阶段对钢铁等基础生产资料的需求逐步提高，钢贸行业得以不断发展、壮大。而钢贸企业由于其自身毛利率低、高杠杆运营、缺乏核心竞争力等自身特点，在面对复杂多变的国内外经济形势下，无法抗衡钢铁价格大起大落，从而导致其陷入行业性危机之中。在经济下滑的背景下，钢贸企业破产、老板失踪、银行将钢贸企业告上法庭等事件层出不穷。从轰轰烈烈开始，到凄凄惨惨结束。在 2008 年金融危机后，为钢贸企业的快速扩张提供了巨额信贷资金的银行也逐步暴露出信贷风险管理的种种漏洞，出现银行巨大亏损。本案例主要通过深入分析钢贸危机成因及银行在钢贸危机中暴露出来的诸多风险漏洞、监控盲点，对进一步提高风险识别能力、风险管控能力、完善银行风险管理体系，防范区域金融风险发生具有重要意义。

13.2.2 钢贸信贷危机形成分析

13.2.2.1 钢贸企业的主要运作模式

钢贸企业主要从事钢铁产品的购销业务，从业务模式上来分主要包括三类：代理销售、代理采购、自营方式。从事代理销售的钢贸企业通过与钢铁生产企业保持良好的关系，寻找下游客户并向其销售钢厂的产品；从事代理采购业务的钢贸企业主要通过绑定最终客户、为最终客户提供采购服务，为其从市面上寻找所需规格的钢材；从事自营业务钢贸企业直接向钢厂或钢材销售单位付货款采购钢材，放在仓库、码头、车站或钢材交易市场进行销售，采购前没有确定销售下家，价格随行就市；代理销售和代理采购两种模式由于锁定了上下游的一方，因此受价格波动影响不大，但利润率较低；自营模式承担了市场价格波动的风险，在行情好时能够获得较高的利润率，且能够保持较高的周转速度；但在行情差时，周转速度往往大幅降低，钢贸企业承担价格下跌带来风险的同时，也要承受资金占用带来的损失。

13.2.2.2　钢贸企业获得信贷的主要形式

一是不动产抵押贷款。在供应链金融兴起之前，钢贸企业取得贷款主要通过房产抵押的形式获得相应抵押率额度内的贷款；这种形式信贷规模占近年钢贸企业总信贷规模比例较低。

二是互保、联保货款。钢贸企业通过担保公司增信，或者钢贸行业商会内会员的互相担保获取贷款。

三是仓单质押贷款。银行为钢贸企业垫资并收取部分保证金，向钢贸企业上游的生产企业钢厂开具承兑汇票，钢厂收到承兑汇票后生产，接着将货物存入银行许可的仓库，仓库将货物提货单（又叫仓单）交给银行，银行开具发货通知，钢贸企业提货并开始销售，然后兑付银行的承兑汇票。

13.2.3　钢贸信贷危机的形成过程

2008 年金融危机后，钢材价格快速下跌，钢贸企业的原有盈利模式受到了冲击，部分钢贸企业资金链断裂，被迫退出钢贸行业。随着“四万亿”经济刺激计划的实施、房地产行业的持续走热及基础设施建设投资热情的高涨，使得钢贸企业的经营规模及盈利能力快速恢复，行业发展的良好态势及较低的进入壁垒吸引了更多的经营者进入钢贸行业，行业内竞争加剧，而此时国内钢铁生产企业新增产能逐步释放，钢铁产量高速增长国内银行开始通过互保联保、仓单质押等产品创新的方式对钢贸企业提供信贷资金，在创新模式推行的前期，确实有个别企业遇到经营困难、无法偿还银行贷款，银行通过互保联保企业或仓单质押避免了损失。尝到创新模式甜头后，银行大力推行该模式，一方面银行通过钢贸企业保证金存放获得大量存款，另一方面完成了放贷指标，获得利息和中间业务收入。在各方利益的推动下，钢贸信贷规模迅速扩张，钢贸企业高杠杆经营；据 21 世纪网数据，2011 年末全国钢贸类贷款总额约 1.89 万亿元，占银行业贷款总额约 3.5%，个别企业出现无法到期偿付贷款本息后，通过互保联保的形式传导给其他钢贸企业，进而成为行业性危机。随着“四万亿”投资刺激效应的逐步淡去，基础设施建设、房地产、汽车等钢铁下游行业均出现了一定的增速放缓，甚至需求下滑。快速增长的产能和需求的下滑导致钢材价格开始大幅下跌，钢材产品滞销日益严重，商业银行普遍开始收缩钢贸贷款规模，甚至只收不贷；钢贸企业经营困难遇上资金紧张，贷款风险逐步显现，作为本次钢贸信贷规模扩张起到关键作用的两种业务创新形式“互保联保”和“仓单质押”也逐步暴露出风险和弊端，贷款违约通过互保联保在行业中快速蔓延，大批钢材贸易企业由于违约被银行起诉；另一方面仓单质押贷款也暴露出重复质押、虚假仓单等信贷黑洞。

13.2.4 钢贸危机成因

反思本次钢贸危机经验教训，金融机构在行业风险、道德风险等方面的管控不力，以及仓单质押贷款、企业互保联保两种金融产品创新自身缺陷是形成本次钢贸危机的重要原因。

13.2.4.1 行业认识不足

钢铁行业产能过剩、需求下降，钢贸企业缺乏核心竞争力，盈利能力有限。在国家“四万亿”刺激政策的大环境下，钢贸企业和商业银行都对其可持续性，以及带来的实际效应过于乐观，反而忽视了本已严重过剩的产能和新增产能带来的供给快速增长，对钢铁产能过剩程度估计不足，误判了钢铁价格走势。对钢贸企业的未来经营效益趋势预测错误。

据统计，2011 年钢贸企业销售利润率仅为 2% ~4%，而钢贸企业贷款平均成本在 8% 以上，加上各种费用成本最高能达到 15%。钢贸企业必须保持高周转速度才能覆盖贷款成本。而在整体需求减少，行情下滑的情况下，周转速度不得不降低。钢贸贷款还本付息必然面临巨大压力。

13.2.4.2 道德风险防范不足

钢贸危机爆发以后，银行等金融机构调查发现，质押品被重复抵押情况严重，甚至出现了虚假仓单。据中国钢铁新闻网报道，2011 年钢贸行业银行质押贷款余额是该地区的钢材库存价值的 2.79 倍。质押的钢材如按 6 折的折扣率测算，粗略估计同批钢材平均被质押了近 5 次，在重复质押的情况下。原本作为风控措施的质押物在权属上存在争议；甚至质押物根本不存在，其风险缓释作用大打折扣。在钢贸业务利润率持续走低的情况下，部分信贷资金实际并未按照约定的贷款用途进行使用。而是流向了房地产、股市、期货、民间借贷等投机性领域。信贷资金未能按照贷款用途进行使用。

13.2.4.3　互保模式缺陷

企业互保最早出现时，确实利用其集中规模优势，在一定程度上解决了中小企业融资难的问题，为商业银行开展中小企业信贷业务提供了良好的思路。但随着时间的推移，其自身存在引发系统性风险的缺陷也逐步显现出来。在市场上升期，其能通过信用杠杆实现业务的快速扩张，但在市场下行的情况下，一家或多家钢贸企业的偿付困难会顺着担保链条蔓延至其他钢贸企业。而此时由于互保企业经营的同质性和单一性，互保企业也受到市场冲击，代偿能力有限或无法履行代偿义务，进而风险成倍放大，形成行业性危机。

13.2.4.4　仓单质押融资模式缺陷

仓单质押贷款是以仓单自身的价值作为主要的风险缓释措施的信贷形式。在该模式下，仓单的价值决定于仓单的开具人，也就是保管人的信用以及仓单对应商品的价值。若仓单的开具人信用存在问题，对同一批商品开具了多个仓单，或针对不存在的商品开具了仓单，作为质押品的仓单的价值也将大打折扣。另外虽然仓单融资在确定仓单价值时会给予一定的折扣，但融资人出现无力偿付贷款时，仓单对应商品的价值往往已经大幅降低。作为质押品其与融资人的经营存在很强的正相关性，在融资人出现经营困难时能够起到的风险缓释作用是非常有限的。

13.2.5　互保链的风险传导

担保链是指多家企业通过互相担保和连环担保连接到一起而形成的以担保关系为链条的特殊利益体。担保链风险的爆发并非偶然，而是多种要素的共同作用结果。一是风险源。我国宏观经济的持续下行背景下，企业内外环境交困，企业高负债经济模式难以为继。二是风险的聚集到达一定阈值。当风险源产生并积累到企业无能力控制时，风险便在担保链上传导，并最终传导到银行，产生区域金融风险。三是互保链。众多企业错综复杂、信用捆绑，形成风险共同体，传染载体形成。四是风险催化。风险爆发初期，部分银行采取抽贷方式规避风险，催化导致了企业资金链断裂，导致银行进一步收缩贷款，担保企业被银行追索，最终波及其他银行。传染路径见图 13.1。

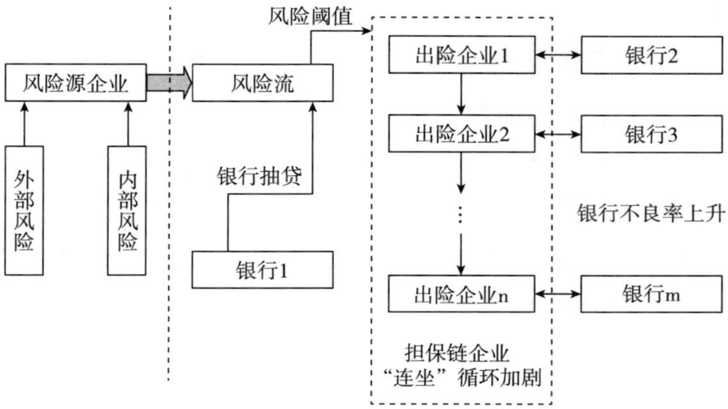

图 13.1 企业担保链风险传染路径

13.3 案例二：Q 地区的金融风险处置

13.3.1 案例背景

Q 地区的经济发展在融资性担保模式的发展壮大下，曾一度风生水起，然而，随着经济下行周期的到来，曾经作为经济增信扩融的“互保联保”模式，逐渐演变为下行周期诱发区域性金融风险的导火线，严重影响到企业生存与发展以及商业银行的资产安全，若处置不当，将引起区域金融风险发生。在 2012 年后，在民营经济发达、中小企业众多的多个城市地区，担保链资金断裂株连了辖区内众多企业，阻碍了当地的正常经济发展。

13.3.2 Q 地区金融风险形成的原因

一是宏观政策出现失误，企业盲目扩张。2008 年国际金融危机爆发，世界经济步入深度回调。为应对全球金融危机，2009 年国家出台了 4 万亿元刺激经济发展，银行积极开展信贷营销，Q 市新增本外币贷款 1080.9 亿元，年均增长率达到 32.7%，如此天量的信贷投放造成银行过度授信、多头授信极为普遍，极大助长了企业的“非理性”扩张与融资。随着我国宏观刺激计划逐步失效，长三角、珠三角一带率先出现倒闭潮，当地产业的订单纷纷转移至Q地区，该地区许多企业得到前所未有的发展机遇，规模不断扩张。在产业结构升级没有跟上的情况下，实体经济盲目扩张，造成Q地区化纤、纺织、鞋业和水暖、卫浴等传统产业产能过剩，许多企业营收持续恶化、利润空间不断收窄，此时银行看到企业出现问题，为规避风险开始紧缩信贷，一些经营不善的企业陆续出现资金链断裂，并引发相关担保链的企业相继受到传染、进而演变为银行不良信贷集中爆发，信用环境日益恶化。

二是民营经济融资结构缺陷明显。改革开放以来，Q地区发挥台港澳华侨优势，依靠侨资创办来料加工企业起步，经过30多年发展，成为本地区经济的主导力量。分析企业的融资渠道，可以发现Q地区民营企业融资基本路径是“内源融资—民间融资—银行贷款”，即从最初行业内部股东的自有累积，再慢慢外延至其他企业、个人，最后求助于银行。由于历史发展的原因，民营企业普遍存在“低、小、散”的特点，可供银行抵押品少，难以达到银行放贷的要求。为解决中小微企业存在的资质不高、抵押品不足的问题，互保联贷业务被银行广泛运用在中小微企业贷款中，并随着担保金额不断增加，企业的担保链条不断被拉长，这就形成了关系错综复杂的多层担保圈、担保网。

三是金融新业态过度发展，监管不到位。

随着金融市场准入门槛降低，一些受政策支持，抓住市场红利的细分行业开始崛起，小贷公司、典当行、融资性担保公司、财务公司、P2P等地方金融机构发展迅速，在支持Q地区经济发展中发挥了一定的补充作用。2016年，受资本“寒冬”和监管政策落地的影响，政策和市场环境的巨大改变让金融新兴行业发展成拐点，过去几年高歌猛进的准金融行业开始全面收缩。由于这些地方金融机构风险控制和监管的缺失，一些企业向银行贷款同时，又涉及从地方金融机构融资或民间借贷，当一方收缩融资额度，则导致银行与地方金融机构间产生风险交叉传染，银行资金稳定性和流动性双双受到挑战，银行风险管控的难度和复杂性进一步加大。

13.3.3 Q地区金融风险产生的后果

一是实体经济受到巨大冲击。自2015年以来，随着国内经济不断下行探底，辖内一些涉及互保联保的龙头企业相继出险。并通过担保链（圈）的传染，导致产业链下游企业资金链断裂引发信贷风险，整个行业陷入疲软，对Q地区整个产业基础产生巨大冲击。多家龙头上市企业受经济下行影响，经营出现亏损，股票也遭到风投公司抛售，导致停牌倒闭；地区多层担保圈出现问题，涉及的银行贷款金额高达200多亿元。担保链风险不仅是链上企业，由于履行代偿，积累的利润代偿责任后，还遭受巨额财产损失，资金流严重失血，相继出现减产、停产甚至倒闭。由于担保代偿引发企业间资信的恶化，一些自身生产经营状况正常的担保企业迫于潜在的担保责任的无形压力而出现转移资产，或停止转贷和付息。在银行尚未实际追索担保责任的情况下，担保企业已因对外担保产生的或有负债而自行“倒下”。

二是小微企业融资难问题进一步凸显。由于小微企业对担保方式的依赖度非常高，随着信贷风险不断暴露，银行业为控制风险不断压缩担保贷款，小微企业融资难问题进一步凸显。2012年至2014年，Q地区银行业每年对小微企业新增贷款投放分别为137.84亿元、141.21亿元、134.51亿元，而2015年、2016年仅新增35.7亿元、33.57亿元，小微企业贷款出现断崖式萎缩。由于金融风险的持续爆发、债务纠纷频发，导致企业间以及与社会公众间的信任度急剧下降，提供资金或担保的意愿大幅降低，导致辖区内企业的融资状况明显恶化，银行贷款更难获得，民间借贷融通能力也大幅减弱，一些主要依靠民间借贷应急周转资金来源的小微企业陷入融资的困境。同时，高位运行的金融不良资产一时难以消化，挤占贷款额度，加剧小微企业信贷资金的短缺。

13.3.4 风险处置和化解的实践

据调查，当年Q地区存在3家以上担保的企业超过一千多户，贷款余额超过一千多亿元。各担保链交叉密集，风险逐圈扩散，处置难度极大。地区经济虽然呈现企稳回升的苗头，但市场需求仍显疲软，金融风险持续发酵，信贷风险防控化解工作成为了Q地区较长一段时间的主要工作，政府牵头，通过“政、司、银、企、保”五位一体形成合力，精准施策，推进风险处置、解圈解链，逐步化解风险。具体主要措施：

一是政府相关部门建立严厉问责制和处置工作协商制。首先建立起严厉的问责机制，落实全面风险管理责任制和资产质量管控“一把手”负责制。实行重点风险项目行领导督导工作制度，推进风险防控协调工作常态化。市政府重新成立金融防范工作小组，市委书记作为第一责任人，市长作为第一组长，分管副市长为组长，协同公安、国土、房管、人民银行和金融监管等部门建立联动机制，并设立案件调处和巡视督查两个实质性的工作小组，推动工作落实。其次，建立了处置不良贷款工作机制。建立政、司、银、保、企五位一体，市县、乡联动的防控化解金融风险工作格局。同时，强化督查，依托效能办检察院开展督查，形成震慑。

二是引入司法机构，多措施并举，强化处置风险工作。首先，协调司法机构，充分调动基层法院、法官的积极性，推动法院制定科学合理的审判高效制度，如以物抵债，由原来至少半年以上压到最快 51 天完成。对拒不执行法院判决的企业及个人，采取强制腾空、拘留等强制手段，提高司法处置执行效率。其次，合力推进司法重整工作。倒排工作进度，通过扩大试行简易程序、合并公告事项、简化财产申报核查评估、畅通快审快判通道和程序等方式，加快司法重整进程。设立破产专项资金，推进企业开展司法重整试点。最后，发挥财政资金的引导和撬动作用。市政府出资设立不良资产投资基金，通过省属投资通道，买断或代持辖区银行不良资产包，委托第三方代理清收不良资产，多种方式扩大资金规模，形成“筹资 + 融资 + 清收”不良处置良性运作机制。同时，出台政策支持国有企业承接银行不良资本包，实施差异化考核及规范处置制度，解除相关责任人的后顾之忧。

三是金融机构积极配合，制定化解措施做好处置工作。首先，加强对续贷企业授信管理，充分运用转贷、重组等手段，力争增强授信业务风险缓释能力，降低预期损失。其次，对愿意代偿企业提高不良容忍度，允许企业代偿风险贷款后脱保，甚至通过为代偿企业适当增加授信额度，提供优惠贷款利率支持企业渡过难关，以此解开担保链条，防范风险蔓延，避免区域金融环境出现恶性循环。再次，可适当放宽抵押率，鼓励企业提供新增抵质押物置换担保贷款。最后，加大对风险企业的排查，以贷款重组作为风险化解的主要手段，积极通过贷款展期、债务承接、减免本息开展重整，并积极寻找打包转让、以物抵债等处置渠道和方式，采取措施压降化解不良贷款。

四是帮扶危困企业，防止担保链风险扩散。首先，建立“五位一体”困难企业协同帮扶制，进行“一企一策”精准帮扶。在协调出险企业的资金问题时，组织相关部门摸清企业资产、负债、现金收支的真实情况，对于正常经营的企业，在保证企业运营资金的情况下合理安排偿债计划，协调民间借贷出借人慎用起诉手段，维护企业信用，避免企业陷入破产清算的境地；协调银行顺向作为，防止因个别银行压贷、抽货使企业新增民间借贷；采取措施制止暴力收贷，逐步消化企业存量借贷，努力保障企业正常经营资金需求。其次，加强重点企业处置督导，创新分摊担保责任方式。建立“三个一”机制（一个协调处置工作小组、一个化解方案、一套督促落实机制），处理重点大户。创新采取平均分摊担保责任、部分代偿后免责等方式，推进担保链风险化解工作。建立重点担保圈联系挂钩制度，“一圈一策”妥善化解。主要手段是通过司法协调，由担保企业部分代偿后割断担保链，减轻担保企业负担。2016 年以来，全区累计化解处置 68 个风险担保圈。

五是规范民间融资行为，推动民间融资规范发展。首先，制定出台民间融资管理暂行规定、民间融资登记制度等十多个政策文件，结合培训提升、健全监管制度、强化风险防控等方面加强民间融资管理。其次，建立民间借贷清理维稳制度。设立民间借贷登记服务机构，并成立金融风险应急处置工作领导小组，建立重点企业民间借贷清理维稳制度，地方金融机构监管责任人制度，完善相关政策体系，促进民间融资的阳光化和规范化，防范民间借贷风险向金融体系传导。

六是加大对失信行为的惩戒力度，营造良好金融生态。首先，加快信用体系建设、建立行业信用信息记录制度、健全惩戒失信的长效机制、加大宣传力度等方面优化金融生态环境。其次，设立市级政策性融资担保公司，逐步建立健全市区、县两级政策性融资担保体系。再次，建立政、司、银、企联动打击恶意逃废债工作机制。设立金融案件诉调中心、巡回法庭、快速审理模式，联动打击恶意逃废债工作机制。采取民刑并重、常规与超常规并用的方式，针对风险区域，通过经侦约谈乃至采取司法强制措施、追究刑事责任等手段，督促逾期企业还本付息。

13.3.5　启示

担保链所引发的区域性金融风险从本质上看，是我国金融制度尚不健全的产物，对其的破解既需要应急和治标，更需要长效与治本。因此，为防范此类风险需要从制度层面加强顶层设计、完善相关法律法规，建立健全区域性金融风险的监测与防范系统，确保经济可持续、健康发展。

一是要加强政府职能转变，积极开展金融供给侧结构改革，控制区域金融风险发生。在经济上行时期，各级政府应扮演好“守夜人”的角色，减少政府对市场行为的直接干预，通过市场合理资源配置引导银行资金对符合经济发展方向的行业的支持力度。在经济下滑时期，政府提请企业注意防范风险，积极推动企业转型升级，建立现代企业的公司治理机制和良好的管理制度，全面提升企业竞争实力。同时，要建立由政府引导的风险基金和建立协调和处置机制以及金融风险监测和风险提示平台，对发现的风险，要尽早制定风险防控和化解措施，及时解决企业融资困境，防范区域金融风险的爆发。

二是要全面打造企业信用信息交换共享平台，及时解决企业信息不对称问题，防止银行和企业道德风险滋生。要统筹研究、顶层设计，政府要重视社会信用环境建设，整合工商、税务、质监、海关、科技、住建、水电气等条块部门单位，建立中小企业信用信息交换共享平台，以打通银行与中小微企业的融资对接通道，积极推进区域内企业征信机构、评级公司的培育工作，形成企业信用建档、政府增信、银行配合的良性机制。

三是建立政府投入为主体的政策性信用担保体系，尽快构建政府、银行和融资担保机构合作模式，建立并推动服务中小微企业的普惠金融体系，鼓励有条件的地方政府设立中小企业发展基金，积极扶植中小微企业成长，全方位提高中小微企业的融资服务，加强对担保链和其他融资方式的风险识别努力，防范再次发生担保链此类风险。

四是积极引导民间资本进入金融领域，支持企业多渠道融资，有效降低企业融资成本。着力畅通民间投资渠道，鼓励和引导民间资本进入金融领域，探索民间融资规范化和阳光化途径，拓宽民间资金向产业资本转化的通道，继续协调推进民间信贷登记中心，形成“政府主导，市场运作”的民间融资阳光化操作模式，同时，拓展企业上市、发债、场外市场挂牌融资等直接融资渠道，设立产业股权投资基金及专项子基金，规范发展各类地方金融机构，改善中小微企业“融资难，融资贵”的局面。

五是加大对失信行为的惩戒力度，重构社会信用环境。要加强司法的硬约束，进一步修订和完善相关法律法规，完善和规范企业破产行为，严厉处置部分担保企业恶意逃废债行为，提高信用成本，遏制连环担保风险对区域经济的破坏。要建立健全社会信用体系建设，通过完善制度，加强教育，营造诚实、自律、守信、互信的社会信用环境，使诚实守信者得到保护，作假失信者受到惩戒，重构道德的高地和社会信用的大厦。

13.4 案例三：中小金融机构的风险化解

13.4.1 中小银行的主要风险

据中国人民银行发布的《中国金融稳定报告（2019）》，截至2018年末，央行金融机构评级共涉及4379家银行业金融机构，其中高风险金融机构为586家，占比13.4%，主要集中为农村中小金融机构。从报告数据中看，我国中小金融机构整体经营稳健、风险可控，但个别机构前期积累问题较多，风险正在加速暴露。通过对全国中小银行调查，总体看中小银行当前存在的主要风险包括六个方面。

一是大股东资金占用，公司治理机制缺失。大股东一股独大，规范的股东管理和公司治理没有同步跟上。既存在股东不作为、不到位，从而导致“内部人”控制问题；也发生了少数股东乱越位、胡作为，随意干预银行正常经营的问题。有的股东甚至把银行当作自己的提款机，肆意进行不正当关联交易和利益输送。从万德数据统计可以获得，全国城商行、农商行股东持股比例较为分散，大股东持股比例相对较低，股权结构较为复杂。以发行同业存单的银行为例统计，国有行及股份行第一大股东持股比例均高于20%，而城商行、村镇银行以及农商行第一大股东持股比例平均为18.8%、13.5%以及11%。由于城商行、农商行监管存在一定的异地扩张限制，大多数城商行、农商行实际控制人与地方政府密切相关，但部分城商行、农商行在扩张过程中引入一定民营资本，缺乏监管的民营资本造成部分中小银行股权管理混乱，形成股东关联交易，加大银行经营风险。从公司治理来看，部分中小银行公司治理存在股东资质不合规、股权管理不到位、违规变更股权等问题。

二是追求规模，弯道超车，同业存单套利，表外信用下沉。同业存单2014

年之后，同业存单业务快速发展。2015～2016 年，随着宽松的货币政策，市场流动性充裕，且同业资金成本较低，银行通过大量发行同业存单，资产端期限错配到同业理财、委外、非标、债券等扩大资产规模。由于同业存单在发行规模上受监管限制少，大量发行同业存单、购买同业理财成为了中小银行资产规模弯道超车同时赚取期限利差的重要工具。一方面购买收益更高的同业存单以及同业理财。另一方面通过同业理财将资金委外，加杠杆、加久期、降信用，提高资产收益率。银行出于资产质量管理的考虑，一般有动力将资产质量较好的企业及贷款留在表内，而表外资产不纳入不良贷款考察范围，更方便进行隐匿。所以同业存单通过委外下沉的信用投放，有着比表内更为严峻的信用风险。

三是中小银行业务下沉，信用风险增加。

城市商业银行大多由城市信用社合并而来，其定位于为中小企业提供金融支持，随着城商行异地新建分支行被监管叫停，城商行的主要经营范围局限于当地，银行业务信用风险受当地经济发展情况影响明显。农村商业银行主要分为非县域农商行、县域农商行以及城区农商行，它们业务更偏向对农村金融的支持，落实三农政策，信用业务下沉程度更高，风险增加明显。另外，大中小型银行在客户类型上存在分层，中小银行的客户更多集中于中小微企业，而近些年中小企业生存环境趋于恶劣，为中小银行积累大量资产质量压力。

四是期限错配程度高，存在流动性风险。近些年，银行竞争激烈，银行业的竞争会使风险被低估。我国中小银行在宽松货币的环境下产生一种流动性永远充裕的错觉，明显加大了资金业务的发展力度，且大多业务存在期限错配。然而中小银行流动性风险管理体系不完善，大量中小银行没有设立相应的资产负债管理部门，仍由计划财务部门与资金业务部门共管，管理能力不足。另外，对于流动性风险的管理停留在传统头寸管理，人员配置少，专业能力弱，管理的精细化程度远不能达到要求。而中小银行在以同业存单为“规模加速器”的扩张模式中，高度依赖增加期限错配谋求更高的收益率，赚取利差。从同业存单平均剩余期限来看，城商行、村镇银行、农商行及农信社期限显著低于国有行及股份行。然而愈发加重的期限错配叠加缺失的流动性管理水平，一旦面临货币政策转向或流动性收紧，则会引发流动性危机，而由于委外的资金还会进入股市与债市，中小银行的流动性风险提高了整个金融业的系统性风险。

五是中小银行整体的资产质量显著恶化。2019 年城商行与农商银行的不良率较 2017 年分别上升 0.8 个百分点和 0.74 个百分点至 2.32% 和 3.9%，拨备覆盖率则分别下降 60.52 个百分点和 36.16 个百分点至 153.96% 和 128.16%。究其原因，首先是中小银行新增不良的压力加大，2018 年以来经济下行压力加大，中小银行的民营、小微企业客户面临比以往更加恶劣的生存环境，经营压力显著上升。其次，监管对不良的认定标准趋严，曾经通过各种监管套利隐匿的不良需要真实暴露。

六是资本充足率水平较低，资本补充难度加大。从资本充足率相对值来说，中小银行明显低于五大行，且呈现下滑趋势。截至 2019 年底，城商行资本充足率处于四类银行中最低水平且 2019 年初以来有所下滑，为 12.7%，仅高于监管红线 2 个百分点；股份行次之，资本充足率为 12.77%；农商行资本充足率则在近几年持续明显下滑，由 2017 年末的 13.30% 逐年下降至 13.13%。中小银行资本基础较弱，面临的资本充足率压力不断加大。面对日益加剧的资本补充压力，商业银行通过各类外源融资渠道充实自身资本。但对中小银行而言，核心资本补充难度较大。大量中小银行为非上市银行，无法利用定增、优先股、可转债等资本补充工具，仅能通过利润留存、发行二级资本债等方式补充资本。

13.4.2 近期典型中小银行风险案例

13.4.2.1 包商银行事件

（1）基本情况。

包商银行股份有限公司（简称包商银行）于 1998 年 12 月 28 日经中国人民银行批准设立，前身为包头市商业银行，2007 年 9 月 28 日经中国银监会批准更名为包商银行，成为区域性股份制商业银行，总部设在包头市，有员工 8000 多名。2009 年，经第五届中国金融专家年会组织委员会、中国金融研究院、中国金融网评选，包商银行被评为 2008 中国最具影响力中小银行。2010 年，包商银行获得内蒙古自治区人民政府“金融优质服务奖”，被《银行家》杂志评为“最佳城市商业银行”，获得全国大型城市商业银行竞争力第一名，被《亚洲银行家》杂志评为亚洲银行第十位，被《理财周报》评为“2010 年中国十大最佳城市商业银行”。

鉴于包商银行出现严重信用风险，为保护存款人和其他客户合法权益，依照《中华人民共和国中国人民银行法》《中华人民共和国银行业监督管理法》和

《中华人民共和国商业银行法》有关规定，中国银行保险监督管理委员会决定自2019年5月24日起对包商银行实行接管，接管期限一年，自2019年5月24日起至2020年5月23日止。

（2）包商银行的风险成因。

大股东明天集团（持股89%）长期违法违规占用大量资金，逾期难以归还，造成包商银行资不抵债，产生信用危机，触发了法定的接管条件。

核心因素：股权问题引发经营风险，信用危机和大股东控制。包商银行的大股东是明天集团，该集团合计持有包商银行89%的股权，由于包商银行的大量资金被大股东违法违规占用，形成逾期，长期难以归还，导致包商银行出现严重的信用危机，触发了法定的接管条件被依法接管。这里面主要问题在于公司治理层面存在严重问题。

财务和业务指标：包商银行各项经营指标显著承压，信用风险突出，资本充足率自2017年起已突破监管红线。一是盈利能力方面，包商银行盈利能力持续恶化，其营业收入、利息净收入和净利润同比增速明显下降，分别由2014年末的25.5%、25.3%、22.1%持续下降至2017年三季度末的0.5%、-6.3%、-13.9%。二是资产质量方面，不良率持续攀升。截至2017年一季度末，包商银行不良贷款率持续攀升至1.7%，较2014年末上行33BP，关注类贷款占比亦快速上升至3.87%，较2015年末上升1.44%，另外，不良贷款偏离度（=逾期90天以上贷款/不良贷款）达192.21%，处于较高水平，显示大量逾期贷款没有确认为不良，资产质量认定不严格，隐含较大的信用风险。三是包商银行同业业务和金融市场业务迅速发展，对同业资金的依赖程度高，同业负债占比偏高，业务调整压力大。截至2017年二季度末，未包括同业存单的同业负债占比达32.24%，其中，同业及其他金融机构存放款项占比为29.9%，较2016年末大幅上升12.1%。而存款占比则由2014年末的58.4%持续下滑至2017年二季度的42.8%。四是资本充足水平方面，包商银行的资本补充压力巨大。截至2017年三季度末，其资本充足率为9.5%，已无法满足10.5%的监管要求；核心一级资本充足率为7.4%，也低于7.5%的监管要求。

（3）处置经验。

接管并发挥存款保险处置平台作用。2019年5月包商银行被中国人民银行、银保监会联合依法接管，并委托建行托管。存保机构使用存款保险基金以收购大额债权的方式处置风险，对个人储蓄存款全额保障、对大额对公和同业债权部分收购，最大化保护了客户合法权益，稳定了市场预期。后续，将在大额债权收购与转让的基础上清产核资，推进市场化改革重组。

13.4.2.2　锦州银行重组

（1）基本情况。

锦州银行股份有限公司成立于 1997 年，前身是 1992 年 8 月创建的锦州市城市信用社联合社。员工由初期的 655 人发展到 2340 人。分支机构由初期的 14 个发展到 112 个。2019 年 9 月 1 日晚间，锦州银行在港交所披露半年报，公司上半年亏损 9.99 亿元，去年同期盈利 42.3 亿元，不良贷款率为 6.88%，较 2018 年 12 月 31 日上升 1.89 个百分点。财报显示，于报告期末，锦州银行资产总额为 8254.58 亿元，较 2018 年 12 月 31 日下降 2.4%；发放贷款和垫款净额达 3982.24 亿元，较 2018 年 12 月 31 日增长 14.1%；存款余额达 4478.67 亿元，较 2018 年 12 月 31 日增长 0.5%。报告期间，经营收入达 135.47 亿元，较截至 2018 年 6 月 30 日止六个月增长 40.1%。据财报，于报告期末，锦州银行拥有村镇银行 7 家，分布在中国辽宁省锦州市 5 家，朝阳市 1 家，本溪市 1 家，下设村镇银行营业部及支行 24 家。

（2）风险成因及核心问题。

大股东控制和流动性风险。锦州银行股权高度分散，主要股东多为问题民企（如东旭集团等）；原董事长作为内部人长期控制银行，关联贷款额度大、资产质量压力大；依赖同业激进扩张，审计师无法出具意见导致年报反复推迟。包商事件后市场流动性分层叠加上述因素导致其在 2019 年 5 月出现流动性风险。

（3）处置经验。

快速引入三家战略投资者重组，建立公司治理新机制。2019 年 7 月，工商银行、信达资产管理公司和长城资产管理公司受让存量股份，财务性投资入股锦州银行进行股权重组，三家机构合计持股 25%，受让价格为 2018 年中报数据（每股净资产 7.19 元）的 50%。2019 年 9 月锦州银行更换董事会，建立新的管理团队。

13.4.2.3　恒丰银行处置

（1）基本情况。

恒丰银行（前身为烟台住房储蓄银行）成立于 1987 年 10 月，并于 2003 年在烟台住房储蓄银行基础上经过整体股份制改造，改制变更为恒丰银行股份有限公司（简称恒丰银行），是经中国人民银行批准的全国12家股份制商业银行之一，目前总部位于山东省济南市。截至2019年，恒丰银行在全国设有14家一级分行，2家总行直管行，共256家分支机构；另外还发起设立了5家村镇银行。恒丰银行处置时点2019年8月左右总资产4315.83亿元。总负债11451.76亿元。

（2）风险成因及核心问题。

内部人控制和信用风险。近几年，恒丰银行接连陷入两任董事长贪污腐败被查、推迟发布年报等负面事件，加上业务激进扩张和内部人控制等问题，经营陷入困境，不良资产逾千亿元，实际上已资不抵债。

（3）处置经验。

山东省政府注资加战略投资者入股。地方政府牵头风险处置取得实质进展。2017年底，山东省政府牵头恒丰银行处置与风险化解工作，组建新的管理团队。2019年10月，历史实收资本确认为112.1亿元，总部由烟台迁至济南；12月市场化改革方案取得突破性进展，中央汇金、山东省金融资产管理股份有限公司（地方AMC）分别出资600亿元、360亿元作为战略投资者入股恒丰银行，新加坡大华银行和其他股东增资40亿元。据财新网有关报道，山东省政府为处置恒丰银行向中央专项借款700至800亿元，同时与中央汇金签署回购协议，约定3年内回购其300亿股股份，定增后，山东省政府仍是恒丰银行的实际控制人。

13.4.3 防范和化解中小银行风险的建议

一是加强对中小银行早期识别以及监督指导。有效识别中小银行的风险状况，摸清其风险底数是风险防范和化解的重要前提。金融监管部门要加强监督指导，要综合运用评级、现场核查、压力测试等多种手段，及时有效识别金融机构风险状况，尽快制定并启动干预措施和程序，切实做到早发现、早干预、早处置，防范金融风险的升级与扩散。

二是完善中小银行的风险防范和化解的法律制度。稳步推进《商业银行法》《银行业监督管理法》《存款保险条例》《企业破产法》等法律法规的修订，明确人民银行、监管部门和存保机构在风险防范和化解中的职责分工和处置权力。建立起规范的风险处置制度和政策，包括原则、目标、程序以及风险识别、早期纠正、风险预案、损失分担到清算退出机制。

三是建立量化的风险处置标准。可参考美国、日本、韩国等国家将资本充足率作为早期的主要处置触发指标，并设置可量化的处置标准，提升风险处置的可操作性和科学性。建立标准清晰、衔接缜密的风险识别和风险处置的触发机制，抓住最佳处置时机。

四是明确各处置主体风险处置责任。针对已发现的高风险中小银行，要逐个制定方案，分类实施、精准拆弹，妥善化解风险。如农信社的风险处置责任由省级地方政府负责，村镇银行的主发起行牵头村镇银行重大风险处置。应结合已有风险处置实践经验，不断压实金融机构的主体责任、地方政府的属地管理责任、金融监管部门的监管责任，建立处置协调合作机制，形成风险防范合力。

五是充分发挥存款保险制度的作用。首先，要做好存款保险风险预警和早期发现和纠正预案。在原有早期纠正措施的基础上，提高标准，如可增加限制分红、停办高风险业务、限制新业务发展或新设分支机构等措施，避免风险扩大和传染。其次，进一步明确存保机构运用存款保险基金的标准，明确参与风险银行的接管、重组和破产等风险处置的形式、职责范围，提升其风险处置的专业性和权威性。最后，创新市场处置工具及处置方式，不断探索运用现代技术和处置方式，进一步丰富和完善风险处置手段。

参考文献

［1］ Abiad A. Early Warning Systems for Currency Crises：A Regime – Switching Approach ［M］. Hidden Markov Models in Finance. Berlin：Springer US，2007.

［2］ Acharya V V. A Theory of Systemic Risk and Design of Prudential Bank Regulation ［J］. Journal of Financial Stability，2009，5 (3).

［3］ Adam Dasgupta，Titman. Financial Constraints，Competion and Hegging in Industry Equilibrium ［J］. Journal of Finance，2007 (62).

［4］ ADRIAN T，BRUNNERMEIER M. Co VAR ［R］. Federal Reserve Bank of New York Staff Reports，2008.

［5］ Adrian，Tobias，Shin，Hyun Song. Financial Intermediary Leverage and Value at Risk ［R］. Staff Reports 338，Federal Reserve Bank of New York，2008.

［6］ Afonso G，Kovner A，Schoar A. Stressed，not Frozen：The Federal Funds Market in the Financial Crisis ［R］. Federal Reserve Bank of New York Staff Reports，2011.

［7］ Aghion P，Bacchetta P，Banerjee A. A Corporate Balance Sheet Approach to Currency Crises ［J］. Journal of Economic Theory，2004，119 (1).

［8］ Allen F，Gale D. Bubbles and Crises ［J］. The Economic Journal，2000，110 (460).

［9］ Allen F. and Gale D. Comparing Financial Systems ［M］. Cambridge：MIT Press，2001.

［10］ Alvarez – Plata P，Schrooten M. Misleading indicators? The Argentinean Currency Crisis ［J］. Journal of Policy Modeling，2004，26 (5).

［11］ Anabtawi I，Schwarz S L. Regulating Systemic Risk：Towards An Analytical

Framework [J]. Notre Dame Law Review, 2011, 86 (4).

[12] Andrey Pavlov, Susan Wachter. Subprime Lending and Real Estate Prices [J]. Real Estate Economics. 2011 (1).

[13] Arner D. W, Barberis J. N, Buckley R. P. The Evolution of Fintech: A New Post – Crisis Paradigm? [J]. Social Science Electronic Publishing, 2015, 47 (4).

[14] Arnold B, Borio C, Ellis L, et al. Systemic Risk, Macroprudential Policy Frameworks, Monitoring Financial Systems and the Evolution of Capital Adequacy [J]. Journal of Banking & Finance, 2012, 36 (12).

[15] Awrey D. Complexity Innovation and the Regulation of Modern Financial Markets [Z]. Oxford Legal Studies Research Paper, 2011.

[16] Bahl R, Duncombe W. State and Local Debt Burdens in the 1980s: A Study in Contrast [J]. Public Administration Review, 1993, 53 (1).

[17] Baldacci E, Kumar M. Fiscal Deficits, Public Debt and Sovereign Bond Yields [J]. Social Science Electronic Publishing, 2010, 184 (8).

[18] Basel Committee on Banking Supervision. Basel Ⅲ: Aglobal Regulatory Framework for More Resilient Bank and Banking Systems [J]. Basel, 2011 (7).

[19] Bekaert G, Harvey C R. Emerging Equity Market Volatility [J]. Journal of Financial Economics, 1997, 43 (1).

[20] Berg A, Pattillo C. Predicting Currency Crises: The Indicators Approach and An Alternative [J]. Journal of International Money & Finance, 1999, 18 (4).

[21] Berg A. and C. Patillo. Are Currency Crises Predictable? A Test [R]. IMF Working Paper, 1998.

[22] Bernanke B S, Lown C S. The Credit Crunch [J]. Brookings Papers on Economic Activity, 1991 (2).

[23] BERY A, Pattillo C. Are Currency Crises Predicable? A Test [R]. IMF Working Paper, 1998.

[24] Borio C E V, Lowe P W. Asset Price Financial and Monetary Stability: Exploring of the Nexus [R]. BIS Working Papers, 2002.

[25] Borio C, Drehmann M. Towards an Operational Framework for Financial

Stability: 'Fuzzy' Measurement and Its Consequences [J] . Social Science Electronic Publishing, 2009, 15 (9) .

[26] Borio C. Implementing the Macro Prudential Approach to Financial Regulation and Supervision [J] . Financial Stability Review, 2009, 4 (13) .

[27] Boschi M, Goenka A. Relative Risk Aversion and the Transmission of Financial Crises [J] . Journal of Economic Dynamics and Control, 2012, 36 (1) .

[28] Brunnermeier M K, Pedersen L H. Market Liquidity and Funding Liquidity [J] . Review of Financial Studies, 2009, 22 (6) .

[29] Burnside C, Eichenbaum M, Rebelo S. Understanding the Korean and Thai Currency Crises [J] . Economic Perspective, Federal Reserve Bank of Chicago, 2000, 24 (3) .

[30] Bussiere M, Fratzscher M. Towards A New Early Warning System of Financial Crises [J] . Journal of International Money & Finance, 2006, 25 (6) .

[31] Caillault C, Guegan D. Empirical Estimation of Tail Dependence Using Copulas: Application to Asian Markets [J] . Quantitative Finance, 2005, 5 (5) .

[32] Calvo G A, Leiderman L, Reinhart C M. Inflows of Capital to Developing Countries in the 1990s [J] . The Journal of Economic Perspectives, 1996, 10 (2) .

[33] Candelon B. , Dumitrescu E. I. , Urlin C. Towards A Unified Statistical Framework to Evaluate Financial Crises Early - warning Systems: Financial Crises Early - warning Systems [R] . Working Paper, 2009.

[34] Caramazza F, Ricci L, Salgado R. Trade and Financial Contagion in Crises [R] . IMF Working Paper, 2000.

[35] Cardarelli R, Elekdag S, Lall S. Financial Stress and Economic Contractions [J] . Journal of Financial Stability, 2011, 7 (2) .

[36] Caruana J. Macro Prudential Policy: Working toward Sa New Consensus [C] . The BIS's Financial Stability Institute and the IMF Institute, Washington DC, 2010.

[37] Cassou S P , Shadmani H , Vázquez, Jesús. Fiscal Policy Asymmetries and the Sustainability of US Government Debt Revisited [J] . Empirical Economics,

2017, 53 (7) .

[38] Cerra V, Saxena S. C. Contagion, Monsoons and Domestic Turmoil in Indonesia's Currency Crisis [J] . Review of International Economics, 2002, 10 (1) .

[39] Chan K S, Dang V Q. The 1997 Asian Currency Crisis Financial Linkages and the Monetary Policy of Japan [J] . Review of International Economics, 2012, 20 (1) .

[40] Chang R, Velasco A. Banks, Debt Maturity and Financial Crises [J] . Journal of International Economics, 2000b, 51 (1) .

[41] Chang R, Velasco A. Exchange Rate Policy for Developing Countries [J] . The American Economic Review, 2000a, 90 (2) .

[42] Chang R, Velasco A. Liquidity and Crises in Emerging Markets: Theory and Policy [R] . NBER Working Paper, 1999.

[43] Charles P. Kindleberger, Manias, Panics and Crashes. A History Financial Crisis [M] . Beckangton: Macmilian Press, 1996.

[44] Chen Z , He Z , Liu C . The Financing of Local Government in China: Stimulus Loan Wanes and Shadow Banking Waxes [R] . NBER Working Papers, 2017.

[45] Chung H. , J. Kim. Housing Speculation and Housing Price Bubble in Korea [J] . International Journal of Property Sciences, 2009 (1) .

[46] Cifuentes R, Ferrucci G, Shin H S. Liquidity Risk and Contagion [J] . Journal of the European Economic Association, 2005, 3 (2/3) .

[47] Corsetti G, Pesenti P, Roubini N. Paper tigers? A Model of the Asian Crisis [J] . European Economic Review. 1999, 43 (7) .

[48] Crockett A. Financial Stability a Goal of Public Policy [J] . Economic Review, 1997, 82 (Fourth Quarter) .

[49] Crockett A. Marrying the Micro and Macro Prudential Dimensions of Financial Stability [R] . BIS Speeches, 2000.

[50] Crockett A. The Theory and Practice of Financial Stability [J] . Economist, 1996, 144 (4) .

[51] Daglish, T. What Motivates A Subprime Borrower to Default? [J] . Jour-

nal of Banking and Finance, 2009 (33) .

[52] Dagum. A New Approach to the Decomposition of the Gini Income Inequality Ratio [J] . Empirical Economics, 1997, (22) .

[53] Daniel McAuley. What is Fintech [EB/OL] . https: //medium. com/wharton - Fintech/what - is - Fintech - 77d3d5a3e677#. ucrupaize, 2016 - 06 - 30.

[54] Danielsson J, Zigrand J P. Equilibrium Asset Pricing with Systemic Risk [J] . Economic Theory, 2008, 35 (2) .

[55] Denison D V, Guo Z. Local Government Debt Management and Budget Stabilization [J] . Journal of Biomechanics, 2015, 27 (6) .

[56] Department for Business Innovation & Skills. A New Approach to Financial Regulation: Judgment, Focus and Stability [EB/OL] . http: //www. hm - treasur - y. gov. uk/d/consult_ financial_ regulation_ condoc. pdf, 2011.

[57] Derrick Reagle, Dominick Salvatore Derrick Reagle and Dominick Salvatore, Forecasting Financial Crises in Emerging Market Economics [J] . Open Economics Review, 2000 (11) .

[58] Diamond D W, Dybvig P H. Bank Runs Deposit Insurance and Liquidity [J] . Journal of Political Economy, 1983, 91 (3) .

[59] Donato Masciandaro, Francesco Passarelli. Financial Systemic Risk: Taxation or Regulation? [J] . Journal of Banking & Finance, 2013 (37) .

[60] Dooley M P. A Model of Crises in Emerging Markets [J] . The Economic Journal, 2000, 110 (460) .

[61] Dornbusch R. After Asia: New Directions for the International Financial System [J] . Journal of Policy Modeling, 1999, 21 (3) .

[62] Drehmann M, Tarashev N. Measuring the Systemic Importance of Interconnected Banks [R] . BIS Working Papers, 2011.

[63] Duisenberg, W F. The Contribution of the Euro to Financial Stability [A] . In: Globalization of Financial Markets and Financial Stability - challenges for Europe [C] . Baden - Baden, 2001.

[64] Engel R. F. and T. Bollerslev. Modeling the Persistence of Conditional Variances [J] . Econometric Reviews, 1986 (5) .

[65] Erruunza V, Losq E. International Asset Pricing under Mild Segmentation: Theory and Test [J]. The Journal of Finance, 1985, 40 (1).

[66] Faulk D, Killian L. Special Districts and Local Government Debt: An Analysis of "Old Northwest Territory" States: Special Districts and Local Government Debt [J]. Public Budgeting & Finance, 2016, 37 (1).

[67] Fintech Weekly. Fintech Definition [EB/OL]. https://www. Fintech-weekly. com/Fintech – definition, 2016 – 06 – 30.

[68] Fisher I. The Debt – deflation Theory of Great Depressions [J]. Econometrica, 1933, 1 (4).

[69] Flood R P, Garber P M. Collapsing Exchange Rate Regime: Some Linear Example [J]. Journal of InternationalEconomics, 1984, 17 (1/2).

[70] Frankel, J. A. and A. K. Rose, Currency Crashes in Emerging Markets: An Empirical Treatment [J]. Journal of International Economics, 1996 (41).

[71] French Parliament. French Banking and Financial Regulation Bill [R]. Paris: French Parliament, 2010.

[72] Friedman. J. Regional Development Policy: A Case Study of Venezuela [M]. Cambridge Mass. I. T. Press, 1996.

[73] Furman J, Stiglitz J E. Economic Crises: Evidence and Insights from East Asia [J]. Brookings Papers on Economic Activity, 1998 (2).

[74] Galesi A, Sgherri S. Regional Financial Spillovers across Europe: A Global VAR Analysis [R]. IMF Working Paper, 2009.

[75] Garcia – Herrero A, Wooldridge P. Global and Regional Financial Integration: Progress in Emerging Markets [J]. BIS Quarterly Review, 2007 (9).

[76] Gauthier C, Souissi A L M. Macro Prudential Regulation and Systemic Capital Requirements [R]. Working Paper, 2010.

[77] Gerlach S, Smets F. Contagious Speculative Attacks [J]. European Journal of Political Economy, 1995, 11 (1).

[78] Glick R, Hutchison M M. Banking and Currency Crises: How Common are Twins [R]. Working Paper, 1999.

[79] Goetz V P. Asset Prices and Banking Distress: A Macro – economic Ap-

proach [R]. BIS Working Papers, 2004.

[80] Goldstein M., Reinhart C. Forecasting Financial Crises: Early Warning Signals for Emerging Markets [R]. Washington: Institute for International Economics, 1997.

[81] Goldstein M. The Asian Financial Crisis: Causes, Cures and Systemic Implications [J]. Thunderbird International Business Review, 1999, 41 (6).

[82] Graciela L. Kaminsky. Currency Crises: Are They All the Same? [EB/OL]. Journal of International Money and Finance, 2006-06-15.

[83] Graeiela Kaminsky, Saul Lizondo, Carmen. M. Reinhart. Leading Indicators of Currency Crises [R]. IMF Working Paper, 1997.

[84] Hatcher M. Indexed Versus Nominal Government Debt under Inflation and Price-level Targeting [J]. Journal of Economic Dynamics & Control, 2014, 45 (6).

[85] Hasman A, Samartin M. Information Acquisition and Financial Contagion [J]. Journal of Banking and Finance, 2008, 32 (10).

[86] Hildreth W B, Miller G J. Debt and the Local Economy: Problems in Benchmarking Local Government Debt Affordability [J]. Public Budgeting & Finance, 2002, 22 (4).

[87] Houben, A, Kakes, J and G. Schinasi. Towards A Framework for Safeguarding Financial Stability [R]. IMF Working Paper, 2004.

[88] Huiran Pan, Chun Wang. House Prices, Bank Instability and Economic Growth: Evidence from the Threshold Model [J]. Journal of Banking and Finance. 2013 (5).

[89] Hull, I. The Macro-financial Implications of House Price-indexed Mortgage Contracts [J]. Economics Letters, 2015 (127).

[90] IMF. Global Financial Stability Report [R]. World Economic and Financial Studies, 2007.

[91] Lqbal J, Strobl S, Vähämaa S. Corporate Governance and the Systemic Risk of Financial Institutions [J]. Journal of Economics & Business, 2015, 82 (1).

[92] Janakiraman S N, Lambert R A, Larcker DF. An Empirical Investigation of the Relative Performance Evaluation Hypothesis [J]. Journal of Accounting Re-

search, 1992, 30 (1).

[93] Jeanne. O, Masson. P. Currency Crises, Sunspots and Markov – switching Regimes [J]. Journal of International Economics, 2000, 50 (2).

[94] Jeffrey D. Sachs, Aaron Tornell, Andrés Velasco, et al. Financial Crises in Emerging Markets: The Lessons from 1995 [J]. Brookings Papers on Economic Activity, 1996 (1).

[95] John M. Letiche: Causes of the Financial and Economic Crisis in Southeast Asia and the Need for National, Regional, IMF structural Reforms Journal of Asian Economics, 1998, 9 (2).

[96] Kaminsky G, Lizondo S, Reinhart C M. Leading Indicators of Currency Crises [R]. IMF Staff Papers, 1998.

[97] Kane E. J. Technological and Regulatory Forces in the Developing Fusion of Financial - Services Competition [J]. Journal of Finance, 1984, 39 (3).

[98] Kellee S. Tsai. Capitalism Without Democracy: The Private Sector in Contemporary China [M]. New York: Cormell University Press, 2007.

[99] Kellee S. Tsai. Imperfect Substitutes: The Local Political Economy of Informal Finance and Microfinance in Rural China and India [J]. World Development, 2004, 32 (9).

[100] King M A, Wadhwani S. Transmission of Volatility between Stock Markets [J]. Review of Financial Studies, 1990, 3 (1).

[101] Kodres L E, Pritsker M. A Rational Expectations Model of Financial Contagion [J]. The Journal of Finance, 2002, 57 (2).

[102] Korinek A. Systemic Risk – taking: Amplification Effects, Externalities and Regulatory Responses [Z]. Networks Financial Institute Working Paper, 2011 (13).

[103] Korinek A. Systemic Risk – taking: Amplification Effects, Externalities, and Regulatory Responses [Z]. Work – in – Progress of University of Maryland, 2009.

[104] Krugman P. A Model of Balance of Payments Crisis [J]. Journal of Money Credit and Banking, 1979, 11 (3).

[105] Krugman P. Bubble, Boom, Crash: Theoretical Notes on Asia's Crisis [R]. Working Paper, 1998.

[106] Krugman Paul. A Model of Balance of Payments Crises [J]. Journal of Money, Credit and Banking, 1979, 11 (8).

[107] Kumar M, Moorthy U, Perraudin W. Predicting Emerging Market Currency Crashes [J]. Journal of Empirical Finance, 2003, 10 (4).

[108] Liu D, Zhou G, Zhu K, et al. The Regional Financial Risk Early - warning Model Integrating the Regression of Lagging Factors [J]. Applied Mathematics & Information Sciences, 2013 (3).

[109] Liu M, Staum J. Systemic Risk Components in A Net - work Model of Contagion [R]. Working Papers, 2012.

[110] Margaret J. Miller. Credit Reporting Systems and the International Economy [M]. Cambridge: The MIT Press, 2003.

[111] Markose S, Giansante S, Gatkowski M, et al. Too Interconnected to Fail: Financial Contagion and Systemic Risk in Network Model of CDS and Other Credit Enhancement Obligations of US Banks [R]. Working Paper, 2009.

[112] Matej Blasko, Joseph F. Sinkey Jr. Bank Asset Structure, Real - estate Lending and Risk - Taking [J]. The Quarterly Review of Economics and Finance, 2006 (46).

[113] Mckinnon R I, PILL H. Credible Liberalizations and International Capital Flows: The "Over Borrowing Syndrome" [J]. NBER East Asia Seminar on Economics, 1996, (5).

[114] Minsky H P. The Financial Instability Hypothesis [R]. The Jerome Levy Economics Institute Working Paper, 1992.

[115] Minsky H P. Unless Corrected, Deficit in Trade Could Trigger Bigger Financial Crisis [J]. Money Manager, 1978 (2).

[116] Mishkin F S. Global Financial Instability: Framework, Events, Issues [J]. Journal of Economic Perspectives, 1999, 13 (4).

[117] MitchelL M, Pedersen L H, Pulvino T. Slow Moving Capital [R]. NBER Working Paper, 2007.

[118] Mondria J, Quintana - domeque C. Financial Contagion and Attention Allocation [J] . The Economic Journal, 2013, 123 (568) .

[119] Mora, N. , The Effect of Bank Credit on Asset Price: Evidence from Japanese Real Estate Boom During the 1980s [J] . Journal of Money , Credit and Banking, 2008, 40 (1) .

[120] Nag A K, Mitra A. Forecasting Daily Foreign Exchange Rates Using Genetically Optimized Neural Networks [J] . Journal of Forecasting, 2002, 21 (7) .

[121] Obstfeld M A M Taylor. Global Capital Markets: Integration, Crisis and Growth. Japan - U. S. Center Sanwa Monographs on International Financial Markets, 2002 (154) .

[122] Obstfeld M. The Logic of Currency Crises [R] . NBER Working Papers, 1994.

[123] Oet M V , Bianco T , Gramlich D , et al. SAFE: An Early Warning System for Systemic Banking Risk [J] . Journal of Banking & Finance, 2013, 37 (11) .

[124] Paligorova, T. and Stantos, J. C. Monetary Policy and Bank Risk - Taking: Evidence from the Corporate Loan Market [J] . Journal of Economics Literature, 2012 (7) .

[125] Pan H. R. and Wang C. House Prices, Bank Instability and Economic Growth: Evidence from the Threshold Model [J] . Journal of Banking & Finance, 2013 (37) .

[126] Philip R. Lane, Aaron Tornell. Why Aren' t Savings Rates in Latin America Procyclical Original Research [J] . Article Journal of Development Economics, 1998, 57 (1) .

[127] Pierre L J. Bubbles and Macro Prudential Supervision [R] . Paris: Bank of France and the Toulouse School of Economics, 2009.

[128] Raymond Vernon. International Investment and International Trade in the Product Cycle [J] . The Quarterly Journal of Economics, 1966 (5) .

[129] Reinhart C M, Rogoff K S. From Financial Crash to Debt Crisis [J] . American Economic Review, 2011, 101 (5) .

［130］ Reuven Glick, Andrew K. Rose. Contagion and trade: Why Are Currency Crises Regional? ［J］. Journal of International Money and Finance, 1999, 18 (4).

［131］ Rigobon R, FORBES K J. No Contagion, Only Interdependence: Measuring Stock Markets Comovements ［J］. Journal of Finance, 2002, 57 (5).

［132］ Sachs J., A. Tornell and A. Velasco. Financial Crises in Emerging Markets: The Lessons from 1995, Brookings Papers on Economic Activity, 1996, (1).

［133］ Schneider M, Tornell A. Balance Sheet Effects, Bailout Guarantees and Financial Crises ［R］. NBER Working Paper, 2000.

［134］ Schwarcz S L. Regulating Shadow Banking ［J］. Review of Banking & Financial Law, 2012, 31 (1).

［135］ Schwarcz S L. Systemic Risk ［J］. American Law & Economics Association Annual Meetings, 2008 (20).

［136］ Solomon R H. Anatomy of A Twin crises ［R］. Bank of Canada Working Paper, 2003.

［137］ Stehle R. An Empirical Test of the Alternative Hypotheses of National and International Pricing of Risky Assets ［J］. The Journal of Finance, 1977, 32 (2).

［138］ Stepanyan, V., Poghosyan, T. and Bibolov A. House Price Determinants in Selected Countries of the Former Soviet Union ［R］. IMF Working Paper, 2010.

［139］ Stiglitz J. The failure of Acroeconomics in America ［J］. China & World Economy, 2011, 19 (5).

［140］ Susanne C., et al. The Financial Technology Handbook for Investors ［J］. Entrepreneurs and Visionaries. Wiley, 2016 (4).

［141］ Tarashev N, Borio C, Tsatsaronis K. Attributing Systemic Risk to Individual Institutions: Methodology and Policy Implications ［R］. BIS Working Paper, 2010.

［142］ Thomas F. Dapp, Fintech Reloaded: Traditional Banks as Digital Ecosystems ［J］. Deutsche Bank Research, 2015 (6).

［143］ Thomas L. Saaty. Time Dependent Decision – making; Dynamic Priorities in the AHP/ANP: Generalizing from Points to Functions and From Real to Complex

Variables [J]. Mathematical and Computer Modelling, 2007 (6).

[144] Tobias Knedlik, Rolf Scheufele. Forecasting Currency Crises: Which Methods Signaled the South African Crisis of June 2006? [J]. South African Journal of Economics, 2008 (9).

[145] Tsui, Kai yuen. Decomposition of China's Regional Inequalities [J]. Journal of Comparative Economics, 1993 (2).

[146] V Tc, Marcel Fratzscher. What Causes Currency Crises: Sunspots, Contagion, or Fundamentals? [R]. Economics Working Papers, 1999.

[147] Wei BGNF, Bostandzic D, Neumann S. What Factors Drive Systemic Risk during International Financial Crises? [J]. Journal of Banking & Finance, 2014, 41 (2).

[148] Wolf Wagner, Ian W. Marsh. Credit Risk Transfer and Financial Sector Stability Original Research [J]. Article Journal of Financial Stability, 2006, 2 (2).

[149] Wolfson J, Crawford C, Cooper BN, et al. The Dodd – Frank Wall Street Reform and Consumer Protection Act [J]. The CPA Journal, 2010, 80 (10).

[150] 安体富，窦欣．论土地财政与房地产调控 [J]．地方财政研究，2011 (2).

[151] 巴曙松，严敏．如何通过金融创新化解我国金融市场风险 [J]．南方金融，2010 (4).

[152] 巴曙松．中国金融科技发展的现状与趋势 [N]．21 世纪经济报道，2017 – 01 – 20 (4).

[153] 巴曙松．系统性金融风险的测度方法比较 [J]．湖北经济学院学报，2011 (1).

[154] 巴曙松．地方政府投融资平台的发展及其风险评估 [J]．西南金融，2009 (9).

[155] 曹红辉．地方融资平台：风险成因与治理 [J]．财政研究，2010 (10).

[156] 曹文炼，徐晓波．对我国金融风险预警指标体系的初步研究 [J]．宏观经济管理，1998 (4).

［157］曾胜，廖林．金融生态系统的评价模型构建［J］．统计与决策，2009（15）．

［158］昌忠泽．房地产泡沫、金融危机与中国宏观经济政策的调整［J］．经济研究参考，2010（32）．

［159］昌忠泽．流动性冲击、货币政策失误与金融危机——对美国金融危机的反思［J］．金融研究，2010（7）．

［160］昌忠泽．土地财政隐藏的风险及相关的对策建议［J］．山东财政学院学报，2011（1）．

［161］钞小静，惠康．中国经济增长质量的测度［J］．数量经济技术经济研究，2009（6）．

［162］陈保君，淄博银监分局区域金融风险研究课题组。区域金融风险预警系统研究——基于Z市的实证分析［J］．金融监管研究，2015（7）．

［163］陈宏．论如何防范和化解地方全融风险财会月刊［J］．财会月刊，2010（1）．

［164］陈丽杰，侯云哲．区域金融风险研究［J］．企业导报，2013（5）．

［165］陈丽杰．区域金融风险防范研究［D］．保定：河北大学，2013（6）．

［166］陈隆，徐明昌，张宏炬，余建荣．企业担保的风险监测与预警研究［J］．金融监管研究，2015（4）．

［167］陈秋玲，薛玉春，肖璐．金融风险预警：评价指标、预警机制与实证研究［J］．上海大学学报（社会科学版），2009（5）．

［168］陈守东，杨莹，马辉．中国金融风险预警研究［J］．数量经济技术经济研究，2006（7）．

［169］陈守东，马辉，穆春舟．中国金融风险预警的MS－VAR模型与区域状态研究［J］．吉林大学社会科学学报，2009（1）．

［170］陈松林．金融风险监测与预警研究［J］．经济科学，1997（3）．

［171］陈泰椰，任莹．地方政府融资平台贷款的风险管控［J］．区域金融研究，2013（11）．

［172］陈颖，王建红．区域金融风险管理的目标与策略研究［J］．海南金融，2011（7）．

[173] 陈哲明，彭耀辉．区域金融生态环境评价指标体系及模型构建 [J]．统计与决策，2006 (6)．

[174] 成善栋，徐红．房地产金融风险影响宏观经济安全的相关研究——兼论我国房地产金融潜在风险及政策建议 [J]．金融论坛，2010 (3)．

[175] 程棵，陆凤彬，杨晓光．次贷危机传染渠道的空间计量 [J]．系统工程理论与实践，2012，32 (3)．

[176] 崔艳娟，张凤海，徐晓飞．区域性金融危机预警体系的构建与检验 [J]．商业研究，2008 (11)．

[177] 戴双兴，吴其勉．土地出让金、房地产税与地方政府债务规模实证研究 [J]．东南学术，2016 (2)．

[178] 丁述军，庄须娟，李文君．区域金融风险部门间传染机理与实证分析 [J]．经济经纬，2019 (5)．

[179] 邓淇中，李鑫，陈瑞．区域金融生态环境指标体系构建及竞争力评价研究 [J]．湖南科技大学学报（社会科学版），2012 (11)．

[180] 邓岩等．区域经济发展中金融生态的作用与优化 [J]．金融理论与实践，2008 (7)．

[181] 邓郁松．区分三种房地产风险 [J]．上海房地，2014 (6)．

[182] 邓渊剑．信用评级与金融风险防范研究 [D]．天津：天津财经大学，2009 (5)．

[183] 董小君．金融风险预警机制研究 [M]．北京：经济管理出版社，2004.

[184] 方先丽．经济全球化与金融风险防范研究 [D]．上海：复旦大学，2003.

[185] 冯科．中国宏观金融风险预警系统构建研究 [J]．南方金融，2010，(12)．

[186] 符瑞武．我国影子银行与房地产金融风险研究——基于中央银行金融稳定的视角 [J]．华北金融，2014 (12)．

[187] 付刚．宏观审慎管理与系统性金融风险防范思考 [J]．金融发展研究，2010 (10)．

[188] 甘新亚．中国区域金融风险预警机制研究 [D]．济南：山东财经大

学，2019.

[189] 高波，王文莉，李祥．预期、收入差距与中国城市房价租金“剪刀差”之谜［J］．经济研究，2013，48（6）．

[190] 高连和．区域金融生态环境评价体系设计［J］．河南科技大学学报（社会科学版），2009，27（5）．

[191] 高源．中国区域金融风险测度及地区差异的研究［D］．济南：山东财经大学，2018.

[192] 宫晓琳．宏观金融风险联动综合传染机制［J］．金融研究，2012，（5）．

[193] 宫晓琳．未定权益分析方法与中国宏观金融风险的测度分析［J］．经济研究，2012（3）．

[194] 宫晓琳，杨淑振．量化分析宏观金融风险的非线性演变速度与机制［J］．金融研究，2013（4）．

[195] 关崇明，蒙泽群，唐宏飞．构建宏观审慎管理框架防范系统性金融风险［J］．南方金融，2012（11）．

[196] 管治华，蒋长流．建立地方资本预算约束地方政府融资平台负债汲取行为［J］．财政研究，2013（10）．

[197] 郭春松．银行业交叉金融业务风险预警体系研究［J］．金融监管研究，2018（1）．

[198] 郭佳．构建和谐金融生态与金融法制化［J］．决策探索（下半月），2009（4）．

[199] 郭名媛，张世英．VaR：金融风险计量方法及其应用研究［J］．长安大学学报（社会科学版），2005（6）．

[200] 郭玉清．逾期债务、风险状况与中国财政安全——兼论中国财政风险预警与控制理论框架的构建［J］．经济研究，2011，46（8）．

[201] 韩大海，张文瑞，高凤英．区域金融生态影响区域金融资源配置的机理［J］．财经研究，2007（4）．

[202] 郝寿义，安虎森．区域经济学［M］．北京：经济科学出版社，2004.

[203] 何建雄．建立金融安全预警系统：指标框架与运作机制［J］．金融

研究，2001（1）.

［204］何恺，程道平．我国城市房地产市场风险测度研究——基于综合赋权评价方法对济南市的测算［J］．价格理论与实践，2016（12）.

［205］贺聪，洪昊，王紫薇，陈一稀，葛声．系统性金融风险与我国宏观审慎管理体系研究［J］．经济科学，2011（10）.

［206］洪娟，曹彬，李鑫．互联网金融风险的特殊性及其监管策略研究［J］．中央财经大学学报，2014，1（9）.

［207］胡滨．区域金融生态环境评价方法与实证研究［J］．经济管理，2009（6）.

［208］胡翠萍．民间金融风险传导机理研究［J］．佳木斯大学社会科学学报，2014（8）.

［209］胡辉．我国金融风险预警机制研究［D］．镇江：江苏大学，2008.

［210］胡俊．我国房地产金融风险研究［D］．成都：西南财经大学，2010.

［211］胡燕京，高会丽，徐建锋．金融风险预警——基于 BP 人工神经网络的一种分析［J］．青岛大学学报（工程技术版），2002（4）.

［212］胡志强．基于金融结构变迁视角的区域金融风险测度——以安徽省为例［J］．金融理论与实践，2016（12）.

［213］胡卓群，徐旭海．合会倒会风险成因及其防范［J］．内蒙古金融研究，2010（12）.

［214］黄必成．浙江地方金融对经济发展的作用［J］．经济论坛，2006（2）.

［215］黄纯忠．健全金融法制绿化金融生态［N］．中国经济导报，2009-04-14.

［216］黄国平、刘煜辉．中国金融生态环境评价体系设计与分析［J］．系统工程理论与实践，2007（6）.

［217］黄国桥，徐永化．地方政府性债务风险的传导机制与生成机理分析［J］．财政研究，2011（9）.

［218］黄佳军，蒋海．金融集聚、信息缺陷与金融风险形成机制分析［J］．南方金融，2010（11）.

［219］黄益平，常健，杨灵修．中国的影子银行会成为另一个次债？［J］.

国际经济评论，2012（2）．

［220］黄朱文，黄丽鲱．区域金融风险监测预警机制研究［J］．青海金融，2017（12）．

［221］纪阳．对我国区域金融风险成因及防范的研究［J］．经济研究导刊，2011（8）．

［222］贾清显，陈妍．商业银行金融创新与金融风险内部控制——基于雷曼的案例析［J］．生产力研究，2010（3）．

［223］贾拓等．区域系统性金融风险的识别与防范——以泰州为例［J］．上海金融，2012（12）．

［224］贾银萍．关注地方政府融资平台贷款风险［J］．银行家，2009（7）．

［225］江曙霞，陈玉蝉．货币政策、银行资本与风险承担［J］．金融研究，2012（4）．

［226］姜建华，秦志宏．非均衡发展格局下的区域金融风险与宏观金融运行［J］．国际金融研究，1999（9）．

［227］姜正军．以地方政府为核心的地方金融监管体系研究［D］．天津：天津大学，2005.

［228］靳玉英，周兵．新兴市场国家金融风险传染性研究［J］．国际金融研究，2013（5）．

［229］居新可．系统性金融风险研究综述［J］．价值工程，2012，31（29）．

［230］康继军，张宗益，傅蕴英．金融研究金融发展与经济增长之因果关系——中国、日本、韩国的经验［J］．金融研究，2005（10）．

［231］孔庆龙，高印朝，樊锐．资产价格波动与银行危机的一般均衡分析模型的改进［J］．上海金融，2008（9）．

［232］赖娴．区域金融风险预警指标体系的构建与实证分析——以江苏省为例［D］．镇江：江苏大学，2009.

［233］赖一飞，唐松，黄芮．房地产投机泡沫测度实证研究［J］．武汉大学学报（工学版），2012（10）．

［234］兰静．房地产金融风险判断及防范体系架构探究［J］．经营管理者，

2014（11）.

［235］胡余平，蓝文兴．中国金融风险的现状及防范对策［J］．经济研究导刊，2009（30）.

［236］李彬彬，金融风险的特征及其防范对策［J］．黑龙江对外经贸，2007（1）.

［237］李波，伍戈．影子银行的信用创造功能及其对货币政策的挑战［J］．金融研究，2011（12）.

［238］李成，白璐．资本项目开放、金融风险传导与危机临界点预测［J］．金融论坛，2013（4）.

［239］李丹，张丽．基于金融生态视角对当前国际金融危机的分析［J］．金融教学与研究，2009（2）.

［240］李东晔，黄好杰，李延喜，高锐．基于模糊层次分析法的房地产泡沫程度评价研究［J］．技术经济，2009（8）.

［241］李飞，郑美莲．对区域金融风险传导的研究：文献综述视角［J］．区域金融研究，2018（11）.

［242］李嘉晓，秦宏，罗剑朝．论区域金融风险的防范与化解［J］．商业研究，2006（10）.

［243］李江平．中国金融危机防范研究［J］．陕西师范大学学报，2004（4）.

［244］李金，何雄亮．我国房地产泡沫的实证研究［J］．中南民族大学学报（人文社科版）.2010，30（6）.

［245］李蕾，魏岗．房地产金融风险的传导及防范［J］．河北金融，2013（7）.

［246］李梦雨．中国金融风险预警系统的构建研究——基于K－均值聚类算法和BP神经网络［J］．中央财经大学学报，2012（10）.

［247］李淼．FinTech来袭：重塑金融格局［J］．中国战略新兴产业，2016（14）.

［248］李婷婷．浅谈电子商务下网络金融风险的防范对策［J］．中国市场，2012（2）.

［249］李文丰，尹久．区域金融稳定评价体系与实证分析［J］．银行家，

2013（12）.

［250］李文森，何敏．区域金融风险分布图编制研究——基于江苏的探索［J］．金融纵横，2015（7）.

［251］李侠．地方政府投融资平台的风险成因与规范建设［J］．经济问题探索，2010（2）.

［252］李心丹．对构筑区域金融风险预警系统的思考［J］．南京金融高等专科学校学报，1999（11）.

［253］李兴智．构建良好金融生态环境，助推商业银行优质竞争［J］．金融理论与实践，2009（3）.

［254］李学兰．浙江民间合会的金融风险及其法律规制［J］．宁波经济，2008（11）.

［255］李扬，王国刚．中国城市金融生态环境评价［M］．北京：人民出版社，2005.

［256］李扬，张涛．中国地区金融生态环境评价（2008—2009）［M］．北京：中国金融出版社，2009.

［257］李援亚．民间金融：风险分析和监管探索［J］．财经论坛，2005（1）.

［258］李永．我国地方政府债务风险传导机制研究［D］．成都：西南交通大学，2013.

［259］李正辉，彭浬，谢梦园．区域性系统性金融风险影响因素研究——基于空间面板数据的实证分析［J］．财经理论与实践，2017（1）.

［260］李芝瑛，饶海琴．新经济环境下系统性风险产生原因的思考［J］．生产力研究，2014（2）.

［261］梁柯．金融全球化进程中我国金融风险防范［D］．开封：河南大学，2007.

［262］廖湘岳，戴红菊．商业银行贷款与房地产价格的关系研究［J］．上海经济研究，2007（11）.

［263］林海明，杜子芳．主成分分析综合评价应该注意的问题［J］．统计研究，2013（8）.

［264］林宏山．区域性金融风险防范的研究与思考——以漳州市为视角

［J］．福建金融，2013（2）．

［265］林璐．金融危机传染机制的综述［J］．金融经济，2008（10）．

［266］林谦，王宇．金融风险预警系统及发展［J］．统计与决策，2007（14）．

［267］林筱文，宋保庆．我国金融风险预警实证分析［J］．福州大学学报（哲学社会科学版），2011（4）．

［268］刘冰．地方政府性债务风险传导路径与免疫机制——以重庆市为例［D］．重庆：重庆理工大学，2015.

［269］刘春航，朱元倩．银行业系统性风险度量框架的研究［J］．金融研究，2011（12）．

［270］刘方涛．政府财政行为对金融风险影响的分析及定位［J］．改革与战略，2011（11）．

［271］刘国宏．基于金融生态视角的区域金融中心建设研究［D］．天津：南开大学，2012.

［272］刘海二，苗文龙．区域性、系统性风险的生成与演化［J］．西南金融，2014（7）．

［273］刘海虹，陈进．地方融资平台风险控制的整合路径研究［J］．财政研究，2012（6）．

［274］刘纪学，李娜．房地产泡沫形成机制的系统动力学分析［J］．系统工程，2015（7）．

［275］刘晶翠．甘肃省金融风险预警系统研究［D］．兰州：兰州大学，2008.

［276］刘立峰．宏观金融风险——理论、历史与现实［M］．北京：中国发展出版社，2000.

［277］刘林．基于模糊评判方法的区域系统性金融风险预警研究［J］．金融理论与实践，2014（12）．

［278］刘尚希．宏观金融风险与政府财政责任［J］．管理世界，2006（6）．

［279］刘巍巍．合会风险的法律控制——以中国农村民间金融安全为视角［J］．黑龙江省政法管理干部学院学报，2011（5）．

［280］刘锡良，苗文龙．风险准备、风险分担与金融风险防范及化解［J］．金融监管研究，2013（5）．

［281］刘向耘，王琰．房地产市场过度繁荣对金融膨胀的影响［J］．南方金融，2018（2）．

［282］刘晓欣，雷霖，靳亚阁．货币供给、房地产价格与金融稳定性——基于 SVAR 模型的实证研究［J］．上海经济研究，2017（7）．

［283］刘学良．防范我国房地产市场风险研究［J］．财经界，2013（9）．

［284］刘玉强．地方政府金融监管绩效的评估与改善研究［D］．湘潭：湘潭大学，2011.

［285］刘园丽．基于区间分析的金融生态环境评价及其实证［J］．统计与决策，2017（6）．

［286］刘知博，贾甫，韦静强．银行体制、资本市场与房地产金融风险［J］．经济体制改革，2014（5）．

［287］刘志红．防范系统性金融风险的审计视角［J］．审计研究，2011（6）．

［288］刘忠，汪仁洁．当前地方政府债务所蕴藏的金融风险及其防范［J］．云南社会科学，2014（2）．

［289］卢芹．中国金融风险预警指标体系研究［J］．特区经济，2012（8）．

［290］陆岷峰，葛和平．中国互联网金融生态足迹、承载力及效率的测算与评价研究［J］．管理学刊，2018（1）．

［291］陆岷峰，沈黎怡．互联网金融生态系统：运行机制、缺陷与优化［J］．南方金融，2017（1）．

［292］罗晓娟．信贷支持与房地产金融风险［J］．西南金融，2013（5）．

［293］吕江林．我国城市住房市场泡沫水平的度量［J］．经济研究，2010（6）．

［294］吕勇斌，陈自雅．区域金融风险部门间传递的空间效应——2005～2012 年［J］．财政研究，2014（8）．

［295］马天禄，陈双，胡丕吉．区域银行业压力与金融风险预警研究——以湖南为例［J］．金融发展评论，2014（2）．

［296］马勇．系统性金融风险：一个经典注释［J］．金融评论，2011（4）．

［297］毛泽盛，王元．中国信贷波动对金融系统性风险影响的实证研究［J］．国际金融研究，2015（12）．

［298］么英莹．商业银行风险处置问题研究［J］．华北金融，2020（5）．

［299］孟强．我国商业银行贷款规避房地产估价风险的分析［J］．会计之友（中旬刊），2008（1）．

［300］孟颖．金融风险的测评与防范［D］．保定：河北大学，2003.

［301］苗丽娜．基于系统动力学的金融生态环境评价研究［D］．武汉：武汉理工大学，2007.

［302］缪小林，伏润民．地方政府债务风险的内涵与生成：一个文献综述及权责时空分离下的思考［J］．经济学家，2013（8）．

［303］牛霖琳，洪智武，陈国进．地方政府债务隐忧及其风险传导——基于国债收益率与城投债利差的分析［J］．经济研究，2016，51（11）．

［304］牛润盛．区域性金融风险预警的神经网络模型研究［J］．黑龙江金融，2013（9）．

［305］潘长风．地方政府融资平台债务风险的防范和化解［J］．闽江学院学报，2016（1）．

［306］潘长风．我国房地产市场价格机制的形成［J］．闽江学院学报，2013（7）．

［307］潘长风．钢铁贸易企业集群联保联贷担保模式探究［J］．闽江学院学报，2010（7）．

［308］潘长风．促进福建互联网金融发展的几点建议［J］．福建论坛（人文社会科学版），2017（5）．

［309］裴志杰．对我国区域金融的风险及防范的研究［D］．哈尔滨：东北师范大学，2004.

［310］彭建刚，童磊．基于房价波动的我国银行业系统性风险防范研究［J］．求索，2013（5）．

［311］彭军娥．区域金融风险预警指标体系研究［D］．长沙：湖南大学，2008.

［312］皮天雷．金融生态中的法律制度探讨——一个新制度经济学的角度

[J]．财经科学，2006（3）．

［313］齐娜．我国金融稳定的评价体系研究与实证分析［D］．南京：河海大学，2006.

［314］祁神军，朱哲，张云波．熵权可拓理论下区域房地产市场投资风险评估——以厦门市为例［J］．建筑经济，2014（12）．

［315］秦江波．中国金融风险的防范和控制［D］．哈尔滨：哈尔滨理工大学，2004.

［316］邱崇明，李辉文．房价波动、银行不稳定和货币政策［J］．财贸经济，2011（3）．

［317］屈波．金融创新风险的分类及其形成．金融发展研究，2009（7）．

［318］饶勋乾．基于金融脆弱性指数构建金融风险预警系统的实证研究［J］．山东财经大学学报，2015（1）．

［319］上官金丽．我国房地产投资风险评价研究［D］．南京：南京航空航天大学，2010.

［320］邵烨．经济全球化下我国金融风险传导机制及策略探讨［J］．商业时代，2012（26）．

［321］沈培龙，樊欢．基于可流动性资产负债表的我国政府债务风险研究［J］．经济研究，2012（2）．

［322］沈悦，郭培利．收入、房价与金融稳定性——源自异质面板门槛模型的解析［J］．经济科学，2015（6）．

［323］施颖霞．温州民间金融风险成因及防范对策探究［J］．现代经济信息，2011（10）．

［324］石俊志．金融危机生成机理与防范［M］．北京：中国金融出版社，2001.

［325］石莉．从创新经济学角度对日本泡沫经济的反思［J］．贵州社会科学，2015（4）．

［326］石润、潘焕学．我国区域金融风险的防范与化解策略研究［J］．区域金融研究，2014（11）．

［327］史晋川，严启发．浙江需要丰富的金融生态［J］．浙江人大，2009（5）．

［328］史晋川．金融与发展——区域经济视角的研究［M］．杭州：浙江大学出版社，2010.

［329］寿晖，张永安．基于 AHP－熵值法商业银行体系风险指标预警研究——来自 2003—2012 年数据［J］．华东经济管理，2013，27（10）．

［330］宋保庆．我国金融风险预警分析［D］．福州：福州大学，2011.

［331］宋凌峰，叶永刚．中国房地产行业宏观金融风险研究——基于金融稳定的视角［J］．经济管理．2010（12）．

［332］宋凌峰，叶永刚．中国区域金融风险部门间传递研究［J］．管理世界，2011（9）．

［333］宋清华，李志辉，金融风险管理［M］．北京：中国金融出版社，2003.

［334］宋威．金融生态优化与地方政府行为分析［J］．经济研究导刊，2009（23）．

［335］宋巍．我国经济新常态下影子银行的风险预警实证研究［J］．技术经济与管理研究，2018（1）．

［336］苏建兴．国际金融危机的原因和对中国经济的启示［D］．长春：吉林大学，2010（10）．

［337］苏明致，我国系统性全融风险的测度、传染与防范研究［D］．大连：东北财经大学，2014.

［338］隋平，陈平凡．论影子银行的风险与监管制度构建［J］．人文杂志，2013（7）．

［339］孙东亮，姚伟，徐荣贞．金融生态恢复力的作用机理及提升对策［J］．商业经济研究，2016（10）．

［340］孙立行．开放条件下中国金融风险预警指标体系研究［J］．世界经济研究，2012（12）．

［341］孙玲．金融风险的生成机理与传导问题研究［J］．中州学刊，2010（1）．

［342］孙命．基于风险传导的区域金融政策风险柔性管理研究［D］．武汉：武汉理工大学，2010（4）．

［343］孙强，崔光华．我国银行业系统性风险预警指标体系设计与实证分析

[J]. 中央财经大学学报，2017（2）.

[344] 孙清，蔡则祥."长三角"区域金融风险分析 [J]. 审计与经济研究，2008（1）.

[345] 孙晓宁. 我国系统性金融风险预警指标体系构建及实证研究 [D]. 青岛：青岛大学，2016.

[346] 孙涌，傅翔，朱静，刘可心. 基于症状监测的房地产金融风险预警研究 [J]. 区域金融研究，2017（9）.

[347] 孙玉实. 金融系统风险预警指标研究 [M]. 北京：中国金融出版社，2005.

[348] 谭瓦厦. 区域系统性金融风险监测研究刍议 [J]. 中国外资，2013（8）.

[349] 谭晓红. 我国房地产价格波动与金融风险研究 [D]. 成都：西南财经大学，2012.

[350] 谭政勋，王聪. 中国信贷扩张、房价波动的金融稳定效应研究——动态随机一般均衡模型视角 [J]. 金融研究，2011（8）.

[351] 谭浩俊. 地方政府融资平台隐藏四大风险 [N]. 证券时报，2009-11-25.

[352] 谭中明，赖娴，陈芳. 区域金融风险预警指标体系构建 [J]. 商业时代，2010（1）.

[353] 谭中明. 区域金融风险预警系统的设计和综合度量 [J]. 软科学，2010（3）.

[354] 唐红娟. 影子银行体系：功能、脆弱性与监管改革 [M]. 北京：知识产权出版社，2012.

[355] 唐君燕. 政府融资平台贷款6万亿，地方金融风险积聚 [N]. 华夏时报，2009-11-20.

[356] 唐平. 中国房地产金融风险分析 [J]. 经济体制改革，2007（3）.

[357] 唐蔚红，杨伟锋. 民间借贷风险的成因、表现及防范措施 [J]. 西部经济管理论坛，2013（7）.

[358] 唐旭，张伟. 论建立中国金融危机预警系统 [J]. 经济学动态，2002（6）.

［359］陶海映．金融危机对金融风险管理的启示［J］．统计教育，2009（11）．

［360］童光荣，张毅．金融传染的微观机理研究评述［J］．经济学动态，2008（2）．

［361］汪祖杰，吴江．区域金融安全指标体系及其计量模型的构建［J］．经济理论与经济管理，2006（3）．

［362］汪祖杰，张铁峰．区域金融生态环境质量评估指标体系研究［J］．金融研究，2006（5）．

［363］王春丽，胡玲．基于马尔科夫区制转移模型的中国金融风险预警研究［J］．金融研究，2014（9）．

［364］王浩，穆良平．当前我国房地产泡沫两种主要测度方法：研究思路、误区及适用性分析［J］．宏观经济研究，2015（2）．

［365］王靖国．系统性金融风险监测与防范的国际经验［J］．中国金融，2011（8）．

［366］王俊．基于 ARIMA 与 FSEM 视角的区域系统性金融风险预警研究［J］．海南金融，2014（9）．

［367］王立平，陈瑶．区域金融稳定预警指标体系研究［J］．金融观察，2007（9）．

［368］王去非，易振华．浙江担保链风险现状、传染机制及产生原因研究［J］．浙江金融，2012（12）．

［369］王赛．基于 KMV 模型的我国房地产行业信用风险度［J］．知识经济，2010（8）．

［370］王维安，贺聪．基于价格领导模型的房地产区域风险扩散研究［J］．数量经济技术经济研究，2005（6）．

［371］王曦．以金融控股模式整合地方金融资源的几点思考［J］．金融发展研究，2008（10）．

［372］王霞，王启利．区域系统性金融风险测度与防范［J］．江西科技师范大学学报，2014（12）．

［373］王锋，李宇嘉．我国经济增长背景下的房地产市场与金融稳定［J］．财贸研究，2008（10）．

［374］王营，曹廷求．中国区域性金融风险的空间关联及其传染效应——基于社会网络分析法［J］．金融经济学研究，2017，32（3）．

［375］王永巧，刘诗文．基于时变 Copula 的金融开放与风险传染［J］．系统工程理论与实践，2011，31（4）．

［376］王永勤，董蕴琳．关于我国金融风险问题的探讨［J］．华北金融，2009（1）．

［377］王园园．我国银行业系统性风险预警指标体系构建研究［D］．太原：山西财经大学，2015.

［378］王振磊．我国中小企业融资与金融生态发展关联性研究［J］．云南财经大学学报（社会科学版），2009（3）．

［379］魏巍贤，原鹏飞．住房价格上涨的金融支持及检验——基于 VEC 模型的实证分析［J］．财贸研究，2009（4）．

［380］温博慧．系统性金融风险测度方法研究综述［J］．金融发展研究，2009（1）．

［381］武晨．当前地方政府金融监管职权改革研究［D］．广州：华南理工大学．2013.

［382］武康平，皮舜，鲁桂．中国房地产市场与金融市场共生性的一般均衡分析［J］．数量经济技术经济研究，2004（10）．

［383］吴存荣．基础设施建设与政府投融资［J］．财政研究，2007（12）．

［384］吴国培，沈理明．金融风险预警系统的构建［J］．中国金融，2014（24）．

［385］吴海霞，邢春华，孙婵娟．运用信号分析法建立我国的金融风险预警系统［J］．金融论坛，2004（6）．

［386］吴佳．金融危机传染效应与我国金融风险预警研究［J］．北方经贸，2009（8）．

［387］吴诗伟，朱业．互联网金融创新与区域金融风险的实证研究［J］．金融与经济，2015（10）．

［388］吴养学，李飚．区域金融风险传导与防范研究［J］．产业创新研究，2020（3）．

［389］项后军，巫姣，谢杰．地方债务影响经济波动吗［J］．中国工业经

济，2017（1）.

［390］项俊波. 金融风险的防范与法律制度的完善［J］. 金融研究，2005（8）.

［391］肖崎. 金融体系的变革与系统性风险的累积［J］. 国际金融研究，2010（8）.

［392］肖泽群，程德理，肖万春. 基于核主成分子的我国房地产风险分析［J］. 经济研究导刊，2009（12）.

［393］熊燕. 现阶段我国商业银行房地产贷款风险探析［J］. 中国市场，2010（18）.

［394］徐道宣，石璋铭. 一种改进的 KLR 信号分析法应用研究［J］. 数量经济技术经济研究，2007（11）.

［395］徐峰. 我国金融风险防范机制研究［D］. 安徽：合肥工业大学，2007.

［396］徐慧玲，许传华. 金融风险预警模型述评［J］. 经济学动态，2010（11）.

［397］徐明东，陈学彬. 货币环境、资本充足率与商业银行风险承担［J］. 金融研究，2012（7）.

［398］徐诺金. 论我国的金融生态问题［J］. 金融研究，2005（2）.

［399］徐荣，郭娜，李金鑫，何龄童. 我国房地产价格波动对系统性金融风险影响的动态机制研究——基于有向无环图的分析［J］. 南方经济，2017（11）.

［400］徐小林. 区域金融生态环境评价方法［J］. 金融研究，2005（11）.

［401］徐晓明. 中国房地产行业风险分析研究［D］. 长春：吉林大学，2012.

［402］许安拓. 地方融资平台风险：总量可控局地凸显［J］. 中央财经大学学报，2011（10）.

［403］许传华，孙玲. 开放条件下金融风险的生成机理与传导机制［J］. 湖北经济学院学报，2012（3）.

［404］许菁. 我国金融风险预警模型的构建与实证检验［J］. 经济研究，2013（4）.

［405］宣昌能，王信．金融创新与金融稳定：欧美资产证券化模式的比较分析［J］．金融研究，2009（5）．

［406］杨德阔．金融危机影响下金融生态脆弱性表征与对策［J］．金融发展研究，2009（9）．

［407］杨冬．城投公司融资图谱：国开行成最大债主［N］．证券时报，2010－03－25.

［408］杨茜云．民间金融的风险防范分析［J］．现代商业，2012（7）．

［409］杨亚军．金融审计和区域性金融稳定研讨会综述［J］．审计研究，2015（7）．

［410］杨艳，刘慧婷．从地方政府融资平台看财政风险向金融风险的转化［J］．经济学家，2013（4）．

［411］杨阳．河南省金融风险预警系统及金融风险防范研究［D］．开封：河南大学，2011.

［412］杨宇珊．金融科技对我国系统性金融风险的影响研究［D］．长沙：湖南大学，2018.

［413］杨玉民，郑良泽．我国网上银行发展的新风险及对策［J］．韩山师范学院学报，2006（2）．

［414］姚国庆．经济虚拟化下的金融危机［M］．天津：南开大学出版社，2005.

［415］姚星垣，郭福春．构建浙江省区域金融风险预警体系研究［J］．浙江金融，2008（5）．

［416］姚永明．建立现代企业信用体系破解民营中小企业融资难题［J］．农村经济，2004（3）．

［417］叶艳兵，丁烈云．房地产预警指标体系设计研究［J］．基建优化，2001（6）．

［418］易传和，安庆卫．建立区域金融稳定评价指标体系研究［J］．财经理论与实践，2009（9）．

［419］易传和，褚彩云．区域金融稳定评价指标体系研究［J］．济南金融，2004（11）．

［420］易纲．银行不良资产率呈地域特征［J］．市场周刊，2005（3）．

［421］易宪容．“影子银行体系”信贷危机的金融分析［J］．江海学刊，2009（3）．

［422］殷德生．体制转轨中的区域金融研究［M］．上海：学林出版社，2000.

［423］殷孟波，邱宇．基于最大化铸币税原则的宏观金融风险分析［J］．金融研究，2010（1）．

［424］邢越．构建我国金融风险预警系统的研究［J］．海南金融，2005（4）．

［425］殷兴山，孙景德，徐洪水．区域金融稳定评价体系与实证分析[J]．上海金融，2005（3）．

［426］尤旸．区域金融风险预警指标体系的设计及实证［J］．经济研究导刊，2010（10）．

［427］于华鑫．山东省系统性金融风险识别及其估测［J］．济南：山东财经大学，2016.

［428］于蓓．我国上市商业银行系统性风险中共同风险因素分析［J］．技术经济，2012（8）．

［429］于尚艳．区域金融风险的成因分析［J］．吉林省经济管理干部学院学报，2008（3）．

［430］俞树毅．区域系统性金融风险监测研究［J］．武汉金融，2012（10）．

［431］翟光宇，唐潋，陈剑．加强我国商业银行次级债风险约束作用的思考——基于“相互持有”视角的理论分析［J］．金融研究，2012（2）．

［432］张宝林，潘焕学．影子银行与房地产泡沫：诱发系统性金融风险之源［J］．现代财经，2013（11）．

［433］张本照，孙悦．论区域金融创新与区域金融风险控制［J］．现代管理学，2005（2）．

［434］张峰．金融风险度量 VAR 方法及其应用［J］．长春师范学院学报，2009（12）．

［435］张凤超．东北区域金融风险分析［J］．长白学刊，2009（5）．

［436］张汉飞．金融空间结构和区域金融安全［J］．经济研究参考，2010

(57).

[437] 张红伟．实际经济波动对金融波动的影响和传导渠道［J］．广东社会科学，2002（6）．

[438] 张健华，王鹏．银行风险、贷款规模与法律保护水平［J］．经济研究，2012（5）．

[439] 张晋伟．中国金融风险的防范与控制研究［D］．太原：山西财经大学，2006.

[440] 张军洲．中国区域金融分析［M］．北京：中国经济出版社，1995.

[441] 张乐才．风险消释，风险传染与风险共享——基于浙江的案例研究［J］．经济理论与经济管理，2011（10）．

[442] 张亮．区域金融风险预警体系设计及应用分析——基于区域银行业视角［J］．重庆科技学院学报，2013（8）．

[443] 张平．我国影子银行风险助推了地方政府债务风险吗？——风险的传导机制及溢出效应［J］．中央财经大学学报，2017（4）．

[444] 张所续．我国银行信贷政策对房地产市场的影响［J］．资源与产业，2011（2）．

[445] 张晓晶，孙涛．中国房地产周期与金融稳定［J］．经济研究，2006（1）．

[446] 张晓朴．系统性金融风险研究：演进、成因与监管［J］．国际金融研究，2010（7）．

[447] 张晓霞．试论金融市场间的风险传递渠道与防范机制构建［J］．西部金融，2013（11）．

[448] 张辛雨，马野驰．东北三省区域金融生态环境评价［J］．工业技术经济，2020（8）．

[449] 张雪兰，何德旭．货币政策立场与银行风险承担——基于中国银行业的实证研究（2000—2010）［J］．经济研究，2012（5）．

[450] 张延群．度量35个大中城市的房地产泡沫——基于需求基本面的分析［J］．中国经贸导刊，2010（22）．

[451] 张耀平，罗小锋．如何构建我国农村金融风险预警系统［J］．商业时代，2005（12）．

［452］张亦春，许文彬．风险与金融风险的经济学再考察［J］．金融研究，2002（3）．

［453］张铁倩．河北省区域金融发展问题思考［D］．保定：河北大学，2010.

［454］张志文．金融发展与经济增长关系的国际经验研究［M］．北京：中国金融出版社，2008.

［455］张志英．金融风险传导机理研究［M］．北京：中国市场出版社，2009.

［456］张志元，雷良海，杨艺．区域金融可持续发展的城市金融生态研究［J］．金融研究，2006（6）．

［457］张宗益，吴恒宇，吴俊．商业银行价格竞争与风险行为关系——基于贷款利率市场化的经验研究［J］．金融研究，2012（7）．

［458］赵丙奇，廖红燕．民间金融：融资效率、风险及防范［J］．农村经济，2010（5）．

［459］赵敏，杨昀．贵州省金融生态环境评价指标体系浅析［J］．内蒙古煤炭经济，2019（12）．

［460］赵振然．系统性金融风险的产生与消除［J］．生产力研究，2012（2）．

［461］赵振宇．金融生态环境建设问题研究［J］．学习与探索，2009（4）．

［462］郑凯华．基于区域性风险防范的金融生态建设研究［D］．长沙：湖南大学，2014.

［463］郑长德．中国区域金融问题研究［M］．北京：中国财政经济出版社，2007.

［464］郑振龙．构建金融危机预警系统［J］．金融研究，1998（8）．

［465］支大林．中国区域金融研究［M］．哈尔滨：东北师范大学出版社，2004.

［466］中国人民银行福州中心支行金融稳定处课题组．建立福建省金融风险预警机制的探索［J］．福建金融，2005（4）．

［467］中国人民银行福州中心支行课题组．区域金融稳定评估研究［J］．

福建金融，2006（7）.

［468］中国人民银行金融稳定分析小组.2014 年中国金融稳定报告［M］.北京：中国金融出版社，2015.

［469］中国人民银行洛阳市中心支行课题组.区域金融生态环境评价指标体系研究［J］.金融研究，2006（1）.

［470］中国人民银行南宁中心支行金融稳定课题组.建立金融风险预警机制的若干构想［J］.南方金融，2005（2）.

［471］钟士取，储敏伟.民间金融风险的测度与预警研究——以温州为例［J］.上海金融学院学报，2015（1）.

［472］仲彬，刘念，毕顺荣.区域金融风险预警系统的理论与实践探讨［J］.金融研究，2002（7）.

［473］周才云.区域金融稳定预警指标体系与风险防范［J］.商业研究，2006（4）.

［474］周华，周晖，刘灿辉.中国金融风险预警研究——基于 MSVAR 模型的实证分析［J］.投资研究，2013（1）.

［475］周纪恩.金融全球化背景下的金融不稳定因素生成机制研究［D］.复旦大学，2010.

［476］周建松.政府的金融职能与地方金融产业的发展［J］.河南金融管理干部学院学报，2005（3）.

［477］周炯，魏佩佳.省域金融生态环境评价研究［J］.西北大学学报（哲学社会科学版），2012（1）.

［478］周立.中国各地区金融发展与经济增长实证分析：1978—2000［J］.金融研究，2002（10）.

［479］周泽炯.农村合作金融风险监测预警指标体系研究——基于德尔菲法和层次分析法的思考［J］.农村经济，2010（7）.

［480］周忠学，李永江.房地产业预警预报系统影响因素的主成分分析［J］.企业经济，2003（12）.

［481］朱永升，王卫华.房地产市场风险的影响因素及其模糊评价［J］.中国农业大学学报，2001（12）.

［482］祝小宇.地方投融资平台公司金融风险防范与化解［J］.经济体制

改革，2014（1）.

［483］庄毓敏，孙安琴，毕毅．信用风险转移创新与银行（体系）的稳定性——基于美国银行数据的实证研究［J］．金融研究，2012（6）.

［484］卓娜，昌忠泽．金融风险的成因、传导与防范：国内外研究述评［J］．技术经济，2015，34（3）.

［485］邹积尧，隋英鹏．浅议区域性金融风险的防范和化解［J］．河北大学成人教育学院学报，2000（12）.

［486］邹剑锋．区域金融风险分析——基于地方政府融资平台的探讨［J］．牡丹江大学学报，2015（3）.

［487］邹薇，杜阳．美元本位制视角下美国金融危机国际传染渠道研究［J］．湖南科技大学学报，2013（3）.

［488］邹小芃，牛嘉，汪娟．对地方金融风险的研究：文献综述视角［J］．技术经济与管理研究，2008（8）.